2024

대박 날
바이오
다크호스

여는 글

한국인이 사랑하는 고전 서양시의 대표적인 작품 중 하나는 미국 작가 로버트 프로스트의 '가지 않은 길'이다. 인생에서 필연적으로 마주하는 갈림길에 대한 선택과 결과, 의미에 대해 담담히 그려내며 오늘날까지도 큰 감명을 주고 있다. 우리네 인생에도 그대로 대입되기 때문이다. 하나의 선택으로 인해 종국에는 모든 것이 달라질 수 있고, 그 정도는 부정이든 긍정이든 위험의 크기와 비례한다.

제약·바이오산업은 그의 시에 빗대면 '미지의 길'이다. 제품 하나가 나오는 데 일반적으로 10년이 넘게 걸리고, 개발비용은 수천억 원까지도 든다. 그렇다고 성공이 담보되지도 않는다. 하지만 하나만 성공해도 우리나라를 먹여 살리는 반도체 분야와 맞먹는 매출이 오른다. 실제 삼성전자의 2022년 반도체 부문 매출액은 670억 달러였다. 세계 1위 반도체 회사의 판매 금액이다. 같은 기간 미국 화이자는 코로나19백신과 치료제로만 567억 달러를 벌어들였다.

선진국 반열에 올라선 우리나라도 이제 미지의 길에서 답을 찾아야 한다. 정부가 2023년 3월 '제3차 제약바이오산업 육성·지원 종합계획(2023~2027년)'을 발표한 배경이다. 정부는 이를 통해 2027년까지 블록버스터급 신약 2개(연간 매출 1조 원 이상), 글로벌 50대 제약사 3곳(연 매출 3조 원 이상), 의약품 수출 2배(2022년 81억 달러→2027년 160억 달러), 제약·바이오산업 양질의 일자리 창출 15만 개, 임상시험 글로벌 3위 달성 등을 이루겠다는 목표다.

이 목표가 현실화되려면 정부뿐만 아니라 민간, 개인 투자자들까지 힘을 보태야 한다. 하지만 현재까지는 정부도 제시한 계획과 달리 이렇다 할 움직임이 없다. 민간의 경우 2022년에 이어 투자 한파가 지속되고 있다. 중소벤처기업부에 따르면 벤처캐피탈들의 2022년 국내 바이오·의료 분야 투자는 1조 1,058억 원으로 2021년 1조 6,770억 원 대비 34.1% 줄었다. 상황이 이렇다 보니 개인 투자자들도 관망을 지속하는 분위기다.

러시아와 우크라이나 전쟁 등으로 인한 세계 경제의 불확실성 확대와 국내 경제의 급격한 침체가 투자시장을 꽁꽁 얼린 탓이다. 게다가 제약·바이오산업은 전문적인 분야이고 정보도 제한적이다 보니 기관이나 개인들의 투자도 쉽지 않다. 이는 재투자가 중요한 제약·바이오 기업 성장의 발목을 잡는다. 이데일리의 제약·바이오 전문 뉴스 브랜드 팜이데일리가 매년 〈대박 날 바이오 다크호스〉를 발행하고자 하는 이유다.

팜이데일리는 수백에 달하는 제약·바이오 기업의 옥석을 가려 〈대박 날 바이오 다크호스〉에 담았다. 앞으로도 기관과 개인 투자자들에게 가치 있는 정보를 제공하기 위해 시리즈로 출판할 예정이다. 이를 통해 '바이오 성공 투자 1%'의 문턱을 넘길 바란다.

추천의 글

황현순
키움증권 대표

"미래는 이미 와 있다. 다만 널리 퍼지지 않았을 뿐이다."
미국 저명한 소설가 윌리엄 깁슨의 명언이다. 하루가 다르게 변화하는 제약·바이오산업에 적용하기 가장 적합한 말이다. 국내 제약·바이오업계의 정수를 담은 〈대박 날 바이오 다크호스〉는 널리 퍼지지 않았지만 이미 우리 곁에 와 있는 미래를 보여준다. 상상하지 못했던 미래를 엿볼 수 있는 다양한 제약·바이오 스토리가 가득 차 있다. 첨단기술력과 빅데이터, 플랫폼이 결합돼 펼쳐지는 미래를 그려 보기에 충분한 영감을 준다. 무엇보다 일독 중 자연스럽게 얻게 되는 투자 정보는 현실을 바꿀 수 있는 가치를 담고 있다.

최윤섭
디지털헬스케어파트너스 대표

미·중 갈등 심화, 급속한 고령화, 러시아와 우크라이나 전쟁 장기화 등으로 세계는 거스를 수 없는 변화를 마주하고 있다. 국내 산업계도 마찬가지다. 언제까지나 우리 산업의 만형 역할을 해줄 것으로 기대됐던 반도체가 큰 어려움을 겪을 정도다. 이 와중에 코로나19 사태를 거치며 '제약·바이오산업이 미래다'라는 말이 나오고 있다. 성장잠재력과 파급력이 가늠할 수 없게 크기 때문이다. 다만 제약·바이오는 업계 외부나 일반 비전문가들의 입장에서 항상 접근하기 어려운, 문턱이 높은 분야다. 그런 의미에서 이데일리 제약·바이오 전문 기자들로 구성된 팜이데일리가 펴낸 〈대박 날 바이오 다크호스〉는 사막에서 오아시스를 찾은 기분이 들게 한다.

지성배
IMM인베스트먼트 대표(전 한국벤처캐피탈협회 회장)

제약·바이오 벤처 투자 1조 원 시대다. 제약·바이오 벤처는 대한민국 미래를 위한 가장 확실한 투자처이자 선택지라는 공감대가 형성됐다는 의미다. 남은 문제는 수많은 제약·바이오 벤처 중 진짜를 찾고, 훌륭한 미래 전략을 위해 '선택'하는 일이다. 성장잠재력 높은 제약·바이오 기업이 궁금하다면 이 책에 언급된 기업들을 주의 깊게 보시라 권하고 싶다.

이승규
한국바이오협회 부회장

코로나19 엔데믹 시대에 접어들며 제약·바이오업계가 속속 새로운 도전에 나서고 있다. 얼음장 같은 투자시장을 스스로 녹이며 K-바이오 위상을 높이고 있다. 여기에 옥석을 제대로 가려 투자가 진행된다면 '제약·바이오 강국'도 현실화될 것으로 본다. 이 같은 상황에서 〈대박 날 바이오 다크호스〉는 기업과 투자자 모두에게 참고서 같은 역할을 하고 있다. 대한민국 제약·바이오산업 생태계의 건전한 성장을 위해서 이 책을 권한다.

김재교
메리츠증권 IND 본부장

〈대박 날 바이오 다크호스〉가 해를 거듭하며 단단해지고 있다. 올해도 국내 제약·바이오 기업에 대한 꽉 차고, 신뢰 높은 정보를 담아 한눈에 그들의 숨은 전략과 미래를 엿볼 수 있도록 돕는다. 투자 정보를 얻으려는 투자자뿐 아니라 창업을 준비하는 예비 창업자 등 차세대 제약·바이오산업의 맥을 제대로 짚고 싶은 분들에게 이 책을 추천한다.

contents

01
AI 의료 강국에 앞장서다

웨이센

● AI 내시경 진단 보조 소프트웨어 개발 기업 ●

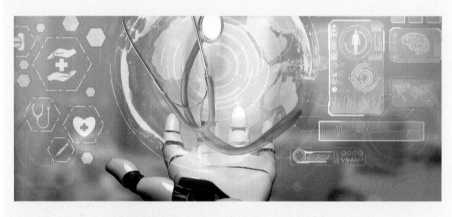

김경남 대표이사
· 카이스트 전자전기공학 학사
· 포항공대 전자공학 및 컴퓨터비전랩 석사
· 삼성전자 기업통신사업부
· 디엑스오텔레콤 연구소장
· 폴라리스오피스 부사장
· 셀바스AI 대표이사
· 대한디지털치료학회 산학협력이사
· 국가생명연구자원정보센터 자문위원

INFORMATION

설립일	2019년 7월 7일
비전 & 미션	의료환경에 쓰임이 있는 AI 메드테크 기술개발
주요 사업 분야	의료 AI
핵심기술	실시간 영상 분석 기술 및 의료 빅데이터 분석
상장	비상장(2024년 상장 예정)

김경남 대표 "최종 목표는 한국의 존슨앤드존슨메드테크"

"인공지능(AI) 내시경 영상 분석 서비스인 '웨이메드 엔도'와 공황장애 디지털치료제 '웨이메드 패닉'으로 예방부터 진단, 치료, 관리를 아우르는 메드테크 기업이 되겠습니다."

김경남 대표는 벤치마킹하는 기업이 있느냐는 질문에 '존슨앤드존슨메드테크'를 꼽으며 이같이 말했다.

웨이센은 'AI 메드테크 기업'을 표방한다. 메드테크란 메디컬 테크놀로지(Medical Technology, 의료기술)의 약자로 질병의 예방부터 진단, 치료까지 아울러 이를 위한 의료기기를 설계하고 제조하는 산업을 의미한다. 존슨앤드존슨메디칼도 2022년 사명을 존슨앤드존슨메드테크로 바꾸며 의료산업에 디지털 기술을 더 적극적으로 접목시키겠다는 포부를 밝혔다. 로봇수술기, 의료용 소프트웨어를 비롯해 디지털과 결합된 미래 의료 시장의 혁신을 주도하겠다는 의미에서다.

김 대표는 "존슨앤드존슨은 유일하게 의료기기와 제약·바이오를 함께 하는 기업"이라며 "메드테크에 선도적으로 아낌없이 투자하고 있어 좋은 레퍼런스로 삼고 있다"고 설명했다.

김 대표는 카이스트 전자전기공학과를 졸업하고 포항공대(포스텍)에서 전자공학 및 컴퓨터비전랩으로 석사학위를 받은 AI 전문가다. 삼성전자에서 직장생활을 시작해 폴라리스오피스 부사장을 거쳐 2015년부터 2019년까지 셀바스AI CEO를 지냈고 셀바스AI를 나온 해 AI 의료 기업 웨이센을 창업했다. AI 전문기업인 셀바스AI는 디지털교과서, 음성합성 솔루션 등을 개발해 제공하는 AI 융합 제품 회사로 자회사인 셀바스헬스케어를 통해 의료기기 관련 사업도 하고 있다.

김 대표는 "AI 전문기업에서 의료산업에 대한 성장 가능성을 발견하고, AI 기술로 모두가 더 건강하게 오래 살 수 있는 삶을 만들어보고자 하는 마음으로 창업을 결심했다"며 창업 배경을 말했다.

사명인 웨이센에도 이 같은 사업의 비전이 담겼다. 웨이센은 'WAY'와 'CENTER'의 합성어다. 김 대표는 "'정도경영을 기본으로 제대로 된 예방, 진단, 치료법을 의료 AI 분야에서 찾아 의료산업에 길을 제시하겠다'는 뜻을 담았다"며 "임상 유효성이 확실한 의료 AI 솔루션을 만들면 분명히 의료 환경에 도움이 되는 제품일 거라고 생각한다"고 강조했다.

사업 초기 AI를 접목시킬 수 있는 다양한 의료 관련 사업 아이템을 고민했다는 김 대표는 AI 기반 영상 진단 솔루션이 시장성과 현재의 기술 수준을 감안했을 때 가장 적합하다는 판단을 내렸다고 했다.

김 대표는 "한국은 전체 인구를 기반으로 한 주민등록번호 체계 위에 오랜 의료 데이터들이 축적돼 있고 정부가 건강보험 사업을 주도하는 반면, 일본은 직장보험 체계라 데이터의 지속 축적이 어렵고, 건강보험 사업을 하는 싱가포르(인구 600만)와 대만(2,400만)은 인구가 한국보다 훨씬 적다"며 "AI 기반 영상 진단 솔루션은 관련 데이터가 시계열로 쌓여 빅데이터를 통한 예측과 진단이 가능하므로 AI를 접목한 글로벌 플레이어들 사이에서 국내 환경이라면 글로벌까지 선두 기업으로 갈 수 있겠다고 봤다"고 했다.

웨이센의 임직원 수는 총 37명으로, 이 중 개발자 비중이 52%다. 석사 및 박사학위 소지자는 전체 임직원의 35%인 13명인데 컴퓨터공학 전공자가 제일 많다.

비상장사인 웨이센의 주식은 현재 장외거래는 되지 않고 있다. 최대주주는 김 대표다.

위·대장 동시 타깃 유일 회사… 25조 시장 게 섰거라

웨이메드 엔도는 내시경 검사와 동시에 AI가 실시간으로 이상 병변을 감지해 내시경 검진의의 고품질 내시경 검사를 돕는 의료 AI 소프트웨어다. 국내는 물론이고 위와 대장 모두에서 AI 내시경 영상 분석 라인업을 갖춘 곳은 세계에서도 웨이센뿐이라는 게 김 대표의 설명이다.

김 대표는 "조기위암(EGC)을 잘 찾아내야 하는데 이 병변의 특성은 단계가 다양해 패턴화하기 어렵다는 것"이라며 "예후 관리만 하면 되는 염증성위염, 위점막하종양(SMT)과 조기위암을 구분하는 게 어렵다. 특히 공간이 작은 곳의 음영지역 등 다양한 위치에서 조기위암을 발견하는 것이 어려워 진입장벽이 높다"고 부연했다.

실제로 경쟁업체라고 볼 수 있는 미국의 메드트로닉(GI 지니어스)과 일본의 올림푸스(엔도브레인-아이)는 모두 AI 대장내시경 영상 분석 기기만을 보유하고 있다.

웨이메드 엔도

웨이메드 엔도는 내시경 장비 브랜드와 상관없이 사용 가능할 뿐 아니라 위와 대장내시경을 동시에 이용할 수 있다는 게 강점이다.

그는 "정지 영상이 아닌 실시간 의료 영상을 분석해 의료진에게 도움을 줘야 한다는 점이 기술개발 시 가장 어려웠다"며 "동영상 학습 모델을 통해 위내시경 의료 영상 빅데이터를 활용했는데, 검사할 때부터 동영상을 수집해야 하기 때문에 의료진과 네트워크를 쌓아야 한다는 것도 난관이었다. 웨이센은 병원들과 긴밀하게 협력하고 공동연구를 한 덕에 사업에서 성공적인 성과를 이룰 수 있었다"고 말했다. 실제로 웨이센의 제품은 모두 병원들과 공동연구를 통해 개발이 시작됐다.

아직은 AI 위내시경 영상 분석 기기인 '웨이메드 엔도 ST CS'만 식품의약품안전처(식약처)의 혁신의료기기로 지정돼 있다. 김 대표는 "2024년 AI 대장내시경 영상 분석 기기도 혁신의료기기로 신청할 예정"이라고 밝혔다.

국내 대장내시경 장비 시장에서는 올림푸스의 '에비스 루세라 엘리트'와 '엑세라 Ⅲ'가 약 70%를 차지할 정도로 압도적이다. 이 때문에 웨이센은 내시경 장비 브랜드와 상관없이 웨이메드 엔도를 사용할 수 있도록 상호호환성을 높였다. 엔도브레인-아이가 올림푸스의 내시경 검사 기기에만 설치할 수 있는 것과는 다른 점이다. 또 위내시경 시스템과 대장내시경 시스템이 같아 한 번의 구매로 두 프로그램을 모두 이용할 수 있다는 점은 향후 경쟁업체가 시장에 진입할 때 장벽이 될 것으로 기대하고 있다.

웨이메드 엔도가 겨냥하는 글로벌 내시경 장비 시장의 규모는 약 25조 원에 달한다. 이 중 최근 급성장하고 있는 동남아시아와 중동 진출을 적극 추진 중이다. 김 대표는 "수면마취로 위·대장내시경을 한 번에 받는 경우가 많은데 프로그램이 제각각이면 번거로울 것"이라며 "웨이메드 엔도로는 위·대장내시경을 동시에 볼 수 있어 의료진이나 검사자 입장에서 모두 편리하다. 한국에서는 1년에 한 번 이상 하지 않는 내시경 검사를 베트남에서는 1년에 3회 이상 하는 이들도 많고, 이런 트렌드가 인접 국가에도 번지고 있다"고 했다. 실제

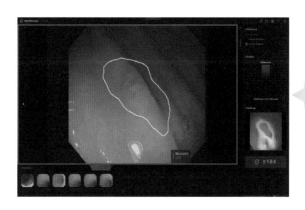

웨이메드 엔도는 정지 화면이 아닌 내시경을 하는 동안 실시간으로 의료 영상을 분석해 의료진의 판단에 도움을 준다.

로 웨이센은 2022년 베트남 하노이 세인트폴종합병원에 웨이메드 엔도를 설치했는데 설치한 지 1년이 채 되지 않아 검사 건수가 5,000여 건을 넘겼다. 이 같은 공로를 인정받아 2023년 6월 웨이센은 윤석열 대통령의 베트남 경제사절단에 동행했고 베트남 국빈 방문 첫날 열린 경제인 만찬에서는 윤 대통령이 자리한 헤드 테이블에 앉아 주목을 받았다.

김 대표는 "이 분야에서 탄탄하게 레퍼런스를 만들어가는 것이 메드테크 기업으로서 중요하다고 생각하고 있다"며 "매출을 내기 위해 무리하게 다른 사업에 눈 돌리지 않고 AI 소화기내시경 웨이메드 엔도를 캐시카우로 만들어갈 것"이라고 강조했다. 웨이센의 2023년 예상 매출 규모는 12억~15억 원, 2024년 목표 매출액은 30억 원이다.

웨이센은 2023년 1월 미국 라스베이거스에서 열린 '국제전자제품박람회(CES) 2023'에서 의료 AI 기업 최초로 혁신상을 수상했다. 웨이센이 수상한 제품은 웨이메드 코프, 웨이메드 엔도 프로, 웨이메드 EBUS로, 디지털 헬스케어 부문에서 2개, 소프트웨어 및 모바일앱 부문에서 2개를 각각 수상했다. 김 대표는 한국의 의료 AI의 우수성을 세계 시장에 알리는 데 기여한 공로를 인정받아 2023년 3월 열린 '국제의료기기병원설비전시회(KIMES) 2023'에서 보건복지부 장관상을 받기도 했다.

차기 먹거리는 디지털치료제⋯ 시장성 입증은 과제

웨이센은 AI 기술이 접목된 디지털치료제를 AI 내시경 영상 분석 기기 웨이메드 엔도의 뒤

웨이센이 CES 2023에서 의료 AI 기업 최초로 혁신상을 수상하게 된 제품 중 하나인 웨이메드 코프.

를 이을 신사업으로 준비하고 있다. 지금까지 국내에서 인허가를 마친 디지털치료제는 에임메드의 불면증 치료제 '솜즈', 웰트의 불면증 치료제 '웰트-아이' 두 가지다. AI 기술이 접목된 국내 첫 디지털치료제를 2024년 중 국내에 선보이는 것이 목표다.

이를 위해 웨이센은 2023년 7월 28일 식약처에 공황장애 치료제 '웨이메드 패닉'의 실증 임상시험계획(IND)을 제출했다. 디지털치료제는 실증 임상, 확증 임상의 두 단계 임상시험만 거치면 되는데, 선례를 감안하면 임상시험이 순조롭게 진행될 경우 2024년 하반기 중 인허가를 받을 수 있을 것으로 예상된다. 2023년 12월부터 임상시험에 돌입하는 것이 목표다.

웨이센이 AI 위내시경 영상 분석 기기인 웨이메드 엔도로 매출을 내고 있지만 김 대표는 대한디지털치료학회의 산학협력이사

로 활동하며 사업 초창기부터 디지털치료제산업에도 깊이 관여해왔다. 김 대표는 "지금까지 디지털치료제는 인지행동치료(CBT)에 대한 부분만 다뤘지만 웨이센은 의료 AI 제품을 개발한 노하우를 바탕으로 디지털치료제에 AI를 더해 경쟁력을 만들 것"이라고 말했다. 웨이메드 엔도 등 의료 AI를 통한 제도적 경험 및 임상시험 진행 경험이 웨이메드 패닉에도 도움이 될 것으로 기대하고 있다.

웨이메드 패닉이 디지털치료제로서 시장성을 입증하는 것은 과제다. 업계 선두 주자로 미국 식품의약국(FDA)의 허가를 받은 첫 디지털치료제를 선보였던 페어테라퓨틱스는 2023년 초 파산 후 남은 기술이 4개 회사에 분할돼 팔렸다. SK바이오팜이 SK그룹과 함께 투자한 미국 디지털치료제 개발 기업 칼라헬스도 2023년 5월 재정위기를 이유로 100여 명의 직원을 정리해고 했다. 디지털치료제 관련 특허 절반 이상의 출원지인 미국에서조차 기업들이 고전을 면치 못하자 디지털치료제의 실효성이나 시장성에 의문을 갖는 시선도 있다.

김 대표는 "예방, 관리, 치료 세 가지 목적 중 하나라도 충족하면 '치료제'로서의 존재 의의를 인정받을 수 있다"며 "AI 기술에 기반을 둔 '바이오 피드백'과 '동행 서비스'를 통해 다른 디지털치료제와는 다른 기술적 차별성을 만들고, 치료 효율을 높일 것"이라고 강조했다.

웨이센이 개발 중인 '바이오 피드백' 서비스는 스마트폰의 센서가 들숨과 날숨을 측정해 공황장애 증상이 나타났을 때 환자가 심호흡을 제대로 할 수 있도록 돕는다. 챗GPT가 접목된 '동행 서비스'는 환자가 사람이 많은 장소에 방문했을 때 챗봇으로 소통하며 심리적인 안정을 줄 수 있게 한다. 환자의 지속 참여(Retention)를 위해서는 마치 의사가 처방전을 주듯이 애플리케이션을 통해 단계별 처방을 내리는 방안을 고안했다.

김 대표는 "디지털치료제가 AI 기술과 접목됐을 때의 모범 사례 같은 케이스가 되겠다"며 "AI 디지털치료제 1호, 해외 수출 디지털치료제 1호가 목표"라고 말했다.

딥노이드

● 의료·산업 AI 솔루션 대표기업 ●

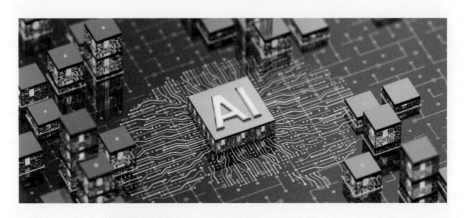

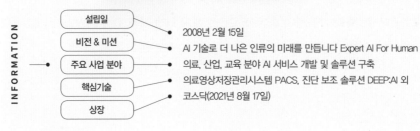

최우식 대표이사
· 연세대 전자공학 학사
· 한화 HW 개발 사원
· 삼성전자 SW 개발 선임
· 애플톤 SW 개발 CTO
· 에이엠텔레콤 상품기획수석
· 정석연구재단 경영총괄이사

INFORMATION

설립일	2008년 2월 15일
비전 & 미션	AI 기술로 더 나은 인류의 미래를 만듭니다 Expert AI For Human
주요 사업 분야	의료, 산업, 교육 분야 AI 서비스 개발 및 솔루션 구축
핵심기술	의료영상저장관리시스템 PACS, 진단 보조 솔루션 DEEP:AI 외
상장	코스닥(2021년 8월 17일)

혁신의료기기 지정 딥뉴로, 신의료기술평가 심사 통과

이르면 2023년 11월부터는 뇌동맥류로 자기공명혈관조영술(MRA) 결과를 볼 때 인공지능 (AI) 진단 보조기기를 활용할 수 있는 길이 열린다. 의료진들의 영상 판독 편의성이 높아지고, 뇌동맥류파열 등 중요한 상태를 놓쳐 뇌혈관질환의 골든아워를 놓치는 일도 줄어들 전망이다.

딥노이드 최우식 대표는 "뇌 MRA에서 뇌동맥류 의심 부위 검출을 보조하는 의료 영상 AI 제품 '딥뉴로 DN-CA-01(DEEP:NEURO, 이하 딥뉴로)'은 현재 비급여 적용을 위한 마지막 심사를 통과해 서울 시내 상급종합병원과 다음 절차를 논의 중"이라며 "이르면 2023년 11월에는 관련 매출이 시작될 것으로 본다"고 말했다. 딥뉴로는 2023년 3월 식품의약품안전처(식약처)로부터 혁신의료기기로 선정됐고, 최근 한국보건의료연구원(NECA)로부터 혁신의료기술평가 심사를 통과했다.

2023년 8월 21일 기준 식약처에서 지정한 혁신의료기기는 39개, 이 중 의료진의 진단을 보조하는 AI 의료기기의 수는 12개다. 딥뉴로는 AI 의료기기 중에서는 10번째, 혁신의료기기로는 32번째 제품이다. 혁신의료기기로 지정된 AI 의료기기 가운데 뇌 MRA 제품은 딥뉴로가 유일하다.

딥뉴로는 2020년 의대 교수들이 연구 목적으로 활용하기 시작했고, 이후 AI 의료기기에 대한 인식이 개선되면서 일선 병원에서도 의사를 보조하는 도구로 사용돼왔다. 하지만 아직까지는 딥뉴로 사용을 이유로 의사가 환자에게 추가 비용을 청구하면 불법이다.

최 대표는 "막중한 업무량과 오진 리스크를 줄이거나 연구에 활용하기 위해 의사 개인이나 병원이 AI바우처사업 등을 통해 딥뉴로를 구입해 사용하는 경우가 있지만 딥뉴로를 통해 병원이 추가 수익을 낼 수 없다면 시장에서 쓰는 데는 한계가 있다"고 목소리를 높였다.

딥뉴로가 받은 혁신의료기기 통합심사제도는 관계부처(식약처, 한국보건산업진흥원, 건강보험심사평가원, 한국보건의료연구원)가 합동으로 심사해 의료기기의 신속한 의료 현장 진입을 지원하는 제도다. 딥뉴로는 이 제도를 통해 혁신의료기술로 지정됨으로써 이르면 오는 2023년 11월부터 한시적 비급여 대상으로 임상 시장 진입이 가능해졌다.

최 대표는 "수가를 받아야 데이터가 쌓이면서 해외 진출할 때 레퍼런스가 된다. 예컨대 미국에 가서 우리 제품을 팔려고 하는데 한국에서도 쓰지 않는 제품이면 영업이 되겠느냐"며 "삼성전자, LG전자, 현대자동차가 글로벌 플레이어로 나갈 수 있었던 건 내수시장이 있었기 때문이다. 실제 임상 현장에서의 적용 사례 하나하나가 중요한 의료 분야는 더더욱 그렇다"고 강조했다.

딥노이드는 2023년 하반기부터 쌓일 비급여 청구 내역을 바탕으로 본격적으로 동남아시아, 미국, 유럽 진출을 준비해 2024년에는 해외에서도 매출을 내겠다는 계획이다. 2020년 6,100억 원 규모였던 글로벌 의료 AI 시장은 연평균 45.5%씩 성장해 2023년에는 1조 원대

규모가 될 것으로 예상된다.

최 대표는 "2023년부터 베트남 등 동남아시아 진출 준비를 많이 해왔고 2024년부터는 가시적인 성과가 나올 것"이라며 "기업공개(IPO) 당시 밝혔던 '2025년 해외 매출 비중 50%'라는 목표 달성을 위해 전 임직원이 노력하고 있다"고 말했다.

딥노이드의 사업별 제품 현황

의료 AI산업, 한국이 글로벌 시장서 선두

"미국, 유럽과 비슷한 시기 시작한 의료 AI산업은 오히려 한국이 글로벌 시장에서 앞서 있어 의료산업 중에서는 가장 유망한 분야라고 봅니다. 문제는 이 차이를 어떻게 계속 유지해가느냐인데, 의료 AI산업에서 퀀텀점프가 이뤄지려면 국가에서 수가 문제를 해결해줘야 합니다."

최 대표는 "제약·바이오산업은 미국, 유럽 위주로 이미 판이 짜여 우리나라 같은 신흥국이 역량을 발휘하기에는 장벽이 높다"며 이같이 말했다.

미국 제약사 중 시가총액 1위인 일라이릴리는 1876년 설립된 148년 역사의 기업이고, 유럽에도 머크(독일, 1668년 설립), 로슈(스위스, 1896년 설립) 등 100여 년의 역사를 가진 제약사들이 많다는 점을 지적한 말이다. 그는 "대표적으로 미국 식품의약국(FDA) 신약 허가 과정도 영어라는 언어장벽에서부터 시작해 전체적으로 자국 기업에 익숙하고 유리한 방식으로 제도가 짜여 있다"며 "이미 틀이 잡힌 시장에 후발 주자로 들어가는 것보다는 이제 막 규칙이 만들어지고 있는 시장에 들어가는 것이 유리하다고 봤다"고 AI 의료 영상기기 사업을 시작한 이유를 설명했다.

최 대표의 깨달음은 20여 년의 사업 경험에서 나온 것이다. 한화그룹의 한화정보통신에서 휴대폰 개발로 직장 생활을 시작한 최 대표는 삼성전자를 거쳐 휴대폰 개발업체 애플톤을 창업하면서 사업가로 변신했다. 하지만 이 과정에서 기득권과 경쟁하며 많은 어려움을 겪었다. 그는 "새로운 것을 해야 산업 경쟁력이 생긴다고 생각했고, 알파고 공개를 전후로 AI 관련 사업을 모색하던 도중 데이터가 많은 의료 시장이 성장성이 있다고 판단하면서 2008년 회사를 설립했다"고 했다. 현재 산업 AI 부문을 총괄하는 김태규 전무가 공동창업자다.

딥노이드는 과학기술정보통신부와 정보통신산업진흥원이 주관하는 AI바우처제도를 통해 임상 현장의 수요를 파악했다. AI바우처란 정부가 예산을 지원해 AI 관련 제품을 산업 현장에서 시범적으로 활용할 수 있도록 하는 제도다. AI 의료기기가 보험 코드를 받지 못해 급여 처방이 불가능하고, 신의료기술평가 전이라 비급여 처방이 되지 않더라도 AI바우처 제도를 이용하면 병원에서는 큰 비용 부담 없이 진료에 관련 제품을 활용할 수 있고, 개발 사도 매출을 낼 수 있다.

보건의료빅데이터개방시스템에 따르면 국내 연간 영상 촬영 건수는 엑스레이, 컴퓨터단층촬영(CT), 자기공명영상(MRI), MRA를 모두 포함해 2억 1,900만 건에 달한다. 같은 해 국내 영상전문의 수가 3,910명이었음을 감안하면 영상전문의 1명당 하루 평균 224건(연 근무일 수 250일 기준)을 판독해야 한다는 이야기가 된다.

최 대표는 "의료산업이 '치료'에서 '예방'으로 패러다임이 바뀌고 사회는 고령화되면서 의료 영상 데이터는 급증하는데 영상전문의 수는 4,000명에도 미치지 못하고 증감에 큰 변화도 없다"며 "인구가 많은 수도권 지역 영상전문의는 400건 안팎을 하루에 처리해야 한다는 이야기다. 그러다 보면 AI 의료 영상기기의 도움을 받아 업무 효율성을 높이려는 영상전문의의 수요와 기본적인 부분은 직접 보고 환자들에게 알려주고 싶다는 비영상전문의들의 수요가 있더라"라고 말했다.

하지만 사업적으로 유의미한 매출을 내려면 결국 보험 수가가 적용돼야 한다. 뇌혈관 MRA 진단 보조 AI 소프트웨어인 딥노이드의 딥뉴로는 2023년 8월 14일 한국보건의료연구원(NECA)의 혁신의료기술평가 심사를 통과해 이르면 3분기부터 비급여 처방이 가능해질 것으로 예상된다. 이후 보험 수가 적용을 위한 절차도 차례로 밟을 예정이다.

2023년 6월 말 기준 딥노이드의 최대주주는 최 대표로 19.99%의 지분을 보유하고 있다. 공동창업자인 김태규 전무가 15.61%로 그 뒤를 잇는다. 소액주주 수는 상반기 기준 2만 7,481명으로, 전체 주식 수의 약 63.34%를 소유하고 있다.

산업 AI 발판 삼아 의료 AI 개발 박차… 딥체스트로 미 진출

딥노이드는 AI 솔루션 개발, 배포, 활용 등 AI 영상 진단 전 과정의 생태계를 만들어가고

AI 의료 영상 판독 보조 솔루션 딥에이아이(DEEP:AI)

딥스파인(DEEP:SPINE)

식약처 허가 제품 제허 19-550호
척추 엑스레이 영상에서 압박골절 검출과 척추측만도
측정에 적용 가능한 의료 AI 솔루션

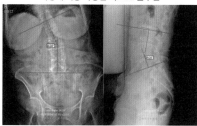

딥체스트(DEEP:CHEST)

식약처 허가 제품 제허 21-841841호
흉부 엑스레이 영상에서 폐질환 검출에 도움을 주는
의료 AI 솔루션

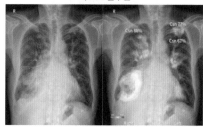

딥뉴로(DEEP:NEURO)

식약처 의료기기 허가 제20-467467호
뇌 MRA 영상에서 뇌동맥류 검출 및 추가 정보를
제공하는 의료 AI 솔루션

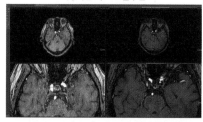

딥렁(DEEP:LUNG)

식약처 의료기기 허가 제20-578578호
흉부 저선량 CT 영상에서 폐결절 검출 및 추가 정보를
제공하는 의료 AI 솔루션

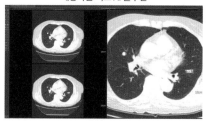

딥팍스프로(DEEP:PACS PRO)

의료 영상을 저장하고 관리하는 시스템
의료 영상 판독 시간을 최소화해 빠르게 데이터를
분석함으로써 의료진들의 진단 보조

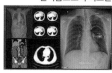 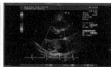

있다. 2021년부터는 산업 AI 분야에도 진출해 기대 이상의 성과를 냈다. 의료 AI 기업 중 AI 영상 진단 분야 '플랫폼'을 구축하고 있는 곳은 딥노이드뿐이다. 최 대표는 플랫폼 구축이 심화되는 의료 AI 시장 경쟁에서 끝까지 살아남을 수 있는 키가 될 거라고 본다.

딥노이드의 사업은 의료 진단·판독 보조 및 질병 조기진단을 위한 솔루션을 개발하는 의료 AI 사업, 딥러닝 기반의 비전 검사 솔루션 및 엑스레이 영상의 위해물품 자동 판독 솔루션을 개발하는 산업 AI 사업, 실무에 활용할 수 있는 맞춤형 AI 교육 서비스를 개발하는 AI 교육 사업으로 구성돼 있다.

의료 AI 영상 진단 제품군은 '딥에이아이(AI)'로 묶인다. 현재 딥뉴로, '딥체스트(DEEP:CHEST)' '딥렁(DEEP:LUNG)' 등 17개 제품이 뇌 MRI·CT, 흉부 엑스레이, 폐 CT 등에서 진단 및 판독을 돕는 소프트웨어로 개발되고 있다. 식약처로부터 혁신의료기기로 선정된 딥뉴로의 경우 국내 상급종합병원에서 환자 332명을 대상으로 진행한 임상시험에서 딥뉴로를 활용했을 때 영상의학전공의보다 66분, 영상의학전문의보다는 60분의 판독 시간을 단축할 수 있는 것으로 나타났다.

의료 AI 부문이 담당하는 AI 솔루션으로는 AI 영상 저장 및 전송 시스템을 구축하는 데 사용되는 AI 영상 판독 지원 솔루션 '딥팍스(DEEP:PACS)'가 있다.

이 밖에 AI 플랫폼 부문에는 의료인이 코딩 없이 직접 AI 연구개발을 할 수 있도록 하는 AI 개발 도구인 '딥파이(DEEP:PHI)'가 있다. 2022년 5월 기준 딥파이는 국내 220개 기관에서 사용되고 있다.

의료 AI로 사업을 시작했지만 사업을 영위하는 데 있어 현재까지 가장 기여도가 높은 것은 산업 AI다. 딥노이드의 영상 판독 솔루션 기술을 위험물품 탐지에 적용한 것이다. 이미 한국공항공사를 필두로 공공기관 등에서는 딥노이드의 '딥시큐리티(DEEP:SECURITY)'가 유명하다. 공공기관, 대기업에서 먼저 찾아와 의뢰할 정도다. 손동국 경영지원본부장은 "산업 AI 부문에서는 우리가 의도한 것이라기보다는 고객사가 먼저 요청해서 만들어진 사업들이 많다"고 설명했다.

산업 AI 부문에서 자리를 잡을 수 있었던 데는 최 대표의 경력이 미친 영향이 컸다. 최 대표는 "자사 기술을 활용해 산업 AI 부문에 진출하려 했다가 실패한 의료 AI 업체들이 많지만, 우리는 산업 쪽 경험과 네트워크를 바탕으로 비교적 수월하게 산업 분야에 진출할 수 있었다"며 "삼성전자가 반도체산업이 안 좋을 때 가전에서 매출을 내고, 가전이 안 팔릴 때 휴대폰으로 치고 나가듯, 상호 보완하면서 지속가능한 성장을 해나가겠다"고 강조했다.

딥노이드는 2023년 7월 21일 179억 원 규모의 유상증자를 공시했다. 이 중 58억 원은 이제 막 세를 키워가는 산업 AI 사업을 확장하는 데 쓰일 예정이다. 제조산업에서 자동화된 AI 비전 품질검사로 생산 품질을 향상시키는 '딥팩토리(DEEP:FACTORY)'를 제품화하기 위해 투자에 나선다는 게 회사 측 설명이다. 나머지 120억 원은 연구개발(R&D) 인력 강화 및 영업·마케팅 비용으로 활용할 예정이다.

하지만 최 대표는 회사의 정체성은 '의료 AI'에 있다는 점을 재차 강조했다. "먹고사는 문제가 해결돼야 본질적으로 달성하려는 목표에 더 근접할 수 있다. 산업 AI는 의료 AI로 본격적인 매출을 낼 때까지 캐시카우 사업으로 가져갈 것"이라며 "산업 AI는 회사와 의료 AI 사업의 지구력을 기르기 위한 매출 사업"이라고 했다.

차기작인 딥체스트 사업화 준비도 착실하게 진행되고 있다. 딥체스트는 흉부 엑스레이에서 이상 부위를 검출해 의료진의 진단을 보조하는 AI 소프트웨어다. 딥체스트는 미국 진출을 준비하고 있다. 박진수 의료AI사업본부장은 "현재 FDA를 통해 딥체스트 허가 절차를 밟고 있다"며 "선례를 감안할 때 2024년 하반기 중에는 관련 성과가 나올 것으로 기대하고 있다"고 말했다.

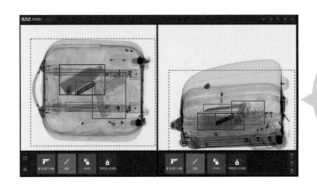

딥노이드의 영상 판독 솔루션 기술을 위험 물품 탐지에 적용한 딥시큐리티의 항공 보안 검색 화면.

흑자전환 계획 이상 무… 2024년엔 연 매출 100억 원

2024년 매출 313억 원, 영업이익 164억 원. 2021년 코스닥 기술특례상장 당시 딥노이드가 세운 추정손익이다. 코로나19로 해외 판로 확보가 지연되면서 2024년 영업이익 72억 원 달성은 어려울 전망이지만, 최 대표는 손익분기점(BEP) 수준의 흑자전환은 가능할 것이라고 강조했다. 딥노이드는 상장 이래 매년 꾸준히 영업적자 규모를 줄여왔다.

기술특례상장 바이오 벤처 중 상장 당시 세운 흑자전환 시점을 지키지 못하는 경우가 상당수인 것을 감안하면 2024년 흑자전환에 성공할 경우 이것만으로도 의미가 있다. 특히 지난 2021~2022년은 코로나19 팬데믹으로 수출을 꾀하기도 쉽지 않았다.

최 대표는 "지금처럼만 매출 증가 속도가 이어지면 2024년 흑자전환은 충분히 가능성이 있을 것으로 본다"며 "의료 AI 분야는 사실 굉장히 더디고 제도적인 허들도 있지만 의료 외적인 사업 확장에 의해 매출이 빠르게 늘어나고 있다"고 설명했다.

바이오 벤처 특성상 아직 적자 규모가 클 수밖에 없지만 산업 AI를 통해 지속가능한 사업 구조를 만들어가고 있다는 것이 그의 자랑거리다. 최 대표는 "매출 규모는 경쟁사 대비 작을 수 있지만 영업적자나 당기순적자 규모도 가장 작아 재무구조가 탄탄하다"고 자부했다. 실제로 2022년 기준 4개 상장사(제이엘케이, 뷰노, 루닛) 중 매출액 순손실률(ROS)을 따져보면 딥노이드가 165.6%로 가장 낮다.

손동국 경영지원본부장은 "2023년에는 국책사업이 많이 늘어났고 그 외 분야에서 매출도 증가해 당기순손실을 최소화하는 한 해가 될 것"이라고 부연했다.

회사의 2023년 목표 매출액은 70~90억 원 정도다. 상반기 누적 매출액이 3억 7,000만 원 수준임을 감안하면 하반기 중 80억 원 이상의 매출액이 나와야 한다는 이야기가 된다. 하지만 연 매출 90억 원을 향한 제반 상황은 점차 마련되고 있다. 뇌 MRA에서 뇌동맥류 의심 부위 검출을 보조하는 의료 영상 AI기기인 딥뉴로가 3분기 중 비급여로 시장에 진입할 수 있을 것으로 예상되고 있고, 산업 AI 사업도 연일 수주 희소식을 이어가고 있다.

김태희 KB증권 연구원은 2023년 6월 발간한 리포트에서 "(딥노이드 산업 AI 사업의) 주요 매출처로는 S사 전자, S사 디스플레이, S사 바이오, L사 화학, 한국공항공사, 경찰청, 국회사무처, L사 디스플레이, 정부청사 등이 있다"며 "현재 대기업과 공공기관에 제품이 납품되면서 우수성과 효과성을 인정받고 있으며 하반기에는 중소기업향 매출을 기대할 수 있다"고 했다.

달리는 말에 채찍질을 하기 위해 산업 AI 영업 조직도 신설했다. 최 대표는 "이제까지 산업 AI 분야에서 우리가 직접 영업한 적은 없었다. 하지만 이제부터는 본격적으로 사업을 확장하기 위해 최근 산업 AI 부문에서 일할 영업전문가를 영입했다"고 귀띔했다. 이에 힘입어 2023년에는 처음으로 산업 AI 매출이 의료 AI 매출을 역전하게 될 것으로 예상하고 있다.

최 대표는 "산업 AI 사업은 임상시험이나 인허가 없이 현장에서 효율성이 확인되면 상대적으로 바로 사용할 수 있고 매년 신모델을 만들어 매출을 낼 수 있는 구조라는 점에서 이점이 있다"고 말했다.

해외 진출이 본격화되는 2024년에는 연 매출 100억 원 돌파가 목표다. 박진수 의료AI사업본부장은 "FDA 허가, 의료기기 유럽 안전 관련 통합규격인증(CE)을 위한 절차도 진행 중이고 동남아시아시장 진출을 위해서도 인증 절차를 알아보고 파트너사를 결정하는 중"이라며 "미국과 동남아시아에서는 2024년 중 판매가 이뤄지지 않을까 생각한다"고 부연했다.

최 대표는 "코로나19로 조금 늦어졌지만 2024년은 딥노이드의 해외 진출 원년이 되리라고 본다"며 "2025년에는 해외 매출 비중을 절반 이상으로 늘릴 수 있을 것"이라고 자신했다.

파로스아이바이오

● AI 플랫폼 기반 희귀난치성질환 신약 개발 전문기업 ●

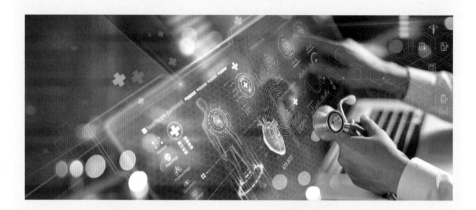

윤정혁 대표이사/경영총괄
· 연세대 화학과 학사
· 카이스트 화학 석·박사
· 목암생명공학연구소 선임연구원
· 아이디알 연구이사
· 이큐스팜 부사장·CTO
· 이큐스앤자루 대표이사

한혜정 사장/신약 R&D 총괄
· 연세대 식품공학 학사
· 연세대 미생물학 석사
· 일 도쿄대 분자의학 박사
· 서울대 의대 암연구소 상임연구원
· 버클리 국립연구소
· UCSF 상임연구원
· 제넨텍 책임연구원
· 로슈 수석연구원

INFORMATION

설립일	2016년 4월 19일
비전 & 미션	인류 건강 증진에 이바지하는 세계 최고 수준의 글로벌 바이오텍
주요 사업 분야	AI 기반 신약 발굴 및 개발, 희귀난치성질환 치료 전문 신약 개발
핵심기술	단백질–리간드 상호작용을 통한 약물의 활성 예측 및 신약 모델링
상장	코스닥(2023년 7월 27일)

윤정혁 대표, 컴퓨터 시뮬레이션 신약 개발 선구자

파로스아이바이오는 AI(인공지능) 기술 기반의 신약 개발 플랫폼 '케미버스(Chemiverse)'를 활용해 희귀·난치성질환 치료제를 중점적으로 개발하는 바이오 기업이다.

파로스아이바이오를 설립한 윤정혁 대표는 컴퓨터 시뮬레이션을 기반으로 단백질 구조 분석 분야에서 국내 최고 전문가다. 목암생명공학연구소 선임연구원 출신의 윤 대표는 신약 연구개발(R&D) 효율성을 극대화할 수 있는 유일한 방법이 컴퓨터 시뮬레이션을 이용한 신약 개발 솔루션을 찾는 것이라 판단, 2000년대 초 기술전문가로 아이디알이라는 벤처기업 창업 멤버로 참여했다. 2002년에는 국내 최초로 '버추얼 스크리닝(Virtual Screening)을 이용한 신약 개발'이라는 주제로 국내외에 논문을 발표해 단백질 구조 기반 신약 개발의 유효성을 검증하기도 했다. 윤 대표는 2016년 독자적인 3차원 단백질 구조 분석 관련 기술력과 혁신적인 빅데이터 및 AI 신약 개발 플랫폼 케미버스를 개발했다. 이후 이를 바탕으로 같은 해 파로스아이바이오의 전신인 '파로스아이비티'를 설립했다. 2020년 사명을 파로스아이바이오로 변경했다. 현재 윤 대표는 전사적 경영 및 R&D를 총괄하고 있으며, 한혜정 사장은 전임상 및 임상 개발 전 과정 진행을 맡고 있다. 남기엽 부사장은 신약개발팀의 분자설계에서 의약 합성 그리고 신약 개발 과정을 총괄 중이며 채종철 전무는 AI 신약 개발 플랫폼 고도화에 집중된 플랫폼개발팀을 담당하고 있다.

파로스아이바이오가 수집 및 가공해 확보한 데이터베이스(DB)는 화합물(2억 건), 약물(200만 건), 의약품(1만 5,000건) 등이다. 파로스아이바이오는 더욱 다양하고 유의한 비임상 및 임상 정보 데이터를 통해 후보물질의 개발 단계에서 AI 플랫폼 기술을 적극 활용하고 후보물질의 효과를 빠르게 탐색해 추가 적응증 확보 등에도 활용한다는 계획이다.

파로스아이바이오 관계자는 "AI는 신약후보물질 발굴뿐 아니라 약효 예측을 통한 신규 타깃 및 적응증 확대 등 다양하게 활용되고 있다"라며 "데이터를 바탕으로 하는 AI는 신약 개발의 전 단계에서 비용과 시간을 줄이고 성공률을 높일 수 있는 대안으로 각광받고 있다"고 말했다.

글로벌 리서치 기관 프레시던스리서치는 제약 시장에서 AI를 활용하는 시장규모가 2030년까지 92.4억 달러로 성장할 것으로 본다. 헬스케어 시장조사업체인 시그니파이리서치에 따르면 AI를 활용한 약물 디자인과 최적화 시장규모는 2024년 12억 달러(약 1조 6,000억 원)로 성장할 것으로 점쳐진다. AI 엔진과 적응증에 관한 시장규모는 2024년 6억 달러(약 8,000억 원)로 성장할 것으로 전망될 만큼 상업적 잠재력이 높은 것으로 분석된다.

AI 신약 개발 플랫폼 케미버스 시스템

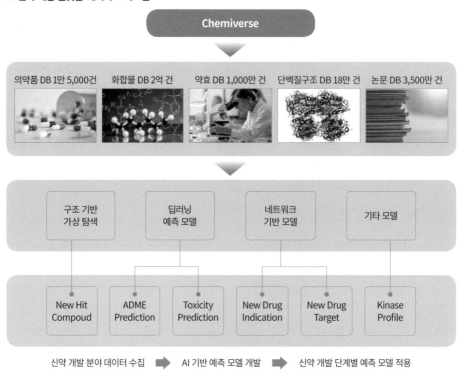

희귀난치의약품 위주 개발… 해외 법인도 적극 활용

파로스아이바이오의 설립 초기부터 상장 초기까지 주요 성장전략은 국내외 기초연구 전문기관 및 바이오·제약 전문기업 등과의 적극적인 오픈 이노베이션 활용을 통해서 인적·물적 자원의 확장성을 확보하는 것이다. 또 이를 통해 신규 타깃 발굴부터 임상까지의 전 프로세스를 다루면서 신약 개발을 추진한다는 방침이다.

희귀·난치성질환 치료제 개발도 전략적 선택이다. 업계에 따르면 희귀의약품 시장규모는 2017년 매출액 기준으로 약 1,250억 달러(약 160조 원)에서 2024년까지 연평균 11.3%의 성장이 예측되는데, 이는 처방의약품의 시장성장률(5.3%)보다 2배 이상 높은 수준이다. 또 현재 글로벌 신약 파이프라인의 79%가량이 희귀의약품이며 2026년에는 희귀의약품이 전체 의약품 매출의 20%가량을 차지할 것으로 예상된다.

희귀의약품의 경우 국가에 따라 규제기관이 임상2상 단계에서 조건부품목허가를 해주는 제도를 운영하는 경우도 있어 조기 사업화 측면에서도 도움이 될 전망이다.

이 밖에 파로스아이바이오는 해외 임상의 본격적인 추진 및 글로벌 시장으로의 진출을 위한 전초기지로 호주와 미국에 100% 자회사인 해외 법인을 두고 있다. 호주법인은 유럽시장 진출의 교두보 역할뿐 아니라 현재 호주 정부에서 추진하고 있는 연구개발(R&D) 인센티브제도의 혜택을 바탕으로 'PHI-101'의 임상1상 등을 진행 중이다. 미국 법인도 PHI-101의 미국 임상2상 준비 및 북미시장 진출을 위한 역할을 곧 수행할 계획이다.

파로스아이바이오 관계자는 "PHI-101은 AI 플랫폼을 활용해 도출한 신약후보물질 중 국내 최초 임상1상 진입에 성공한 물질"이라며 "2023년 안으로 예정된 임상1상 결과가 기대된다"고 전했다.

AI 플랫폼으로 파이프라인 고도화

파로스아이바이오는 자체 개발한 AI 신약 개발 플랫폼을 활용해 희귀·난치성질환 치료제를 연구개발하면서 신약 개발 추진 역량을 확보하고 있다.

AI 플랫폼 케미버스는 후보물질 발굴 단계에서 멀티모달 타깃 예측 시스템인 '딥리콤(DeepRECOM)'으로 새로운 타깃을 제시하고, 가상 탐색 및 생성 모델 기술인 '켐젠(ChemGEN)'을 통해 최적 약물을 다양하고 신속하게 분석한다.

전임상 단계에서 약효와 선택성을 예측하며 생체 시스템에서 흡수·분포·대사·배설 등 약물동태학 및 독성 예측을 통해 개발의 효율성을 높이고 비용과 기간을 단축할 수 있다.

파로스아이바이오 관계자는 "현재 케미버스는 새로운 타깃을 발굴하는 딥리콤 기술과 새로운 약물을 발굴하는 켐젠 기술 등 두 축으로 집중돼 있으며 향후에는 두 핵심 엔진을 유기적으로 연결해 '희귀질환 타깃 발굴 시스템'으로 통합하는 방향으로 개발을 계속 진행 중"이라고 말했다.

파로스아이바이오는 현재 PHI-101, 'PHI-201' 'PHI-301' 'PHI-401' 'PHI-501' 등 총 5개의 신약후보물질을 보유하고 있다. 이 중 PHI-101은 급성골수성백혈병, 재발성난소암, 삼중음성유방암, 방사선 민감제 등 다양한 적응증으로 R&D가 이뤄지고 있다.

PHI-101는 케미버스를 통해 발굴한 후보물질로, 2017년 중소기업부 주관 '창업성장기술개발(TIPS)' 과제에 선정되면서 본격적인 개발이 시작됐다. 현재 급성골수성백혈병과 재발성난소암 환자를 대상으로 임상1상이 진행 중이며 급성골수성백혈병 환자 대상 임상은 2023년 안으로 종료될 예정이다.

PHI-101은 'FLT3 단백질 저해제'로 국내와 호주에서 임상1상이 이뤄지고 있다. 1차적으로는 약물 내성 돌연변이를 포함해 FLT3 돌연변이를 가진 불응성·재발성 급성골수성백혈병

파로스아이바이오의 파이프라인 현황

프로그램	타깃	적응증	탐색	전임상	임상시험계획	임상1상	비고
PHI-101 (희귀의약품 FDA 지정)	FLT3	급성골수성백혈병					글로벌/조건부 판매 승인(2025)
	CHK2	재발성난소암					국내
		삼중음성유방암					
		방사선 민감제					
PHI-501 (희귀의약품 FDA 지정)	Pan-RAF/ DDRs	악성흑색종					
		난치성대장암					
		삼중음성유방암					
PHI-201	KRAS	췌장암, 대장암, 비소세포성폐암					유한양행 공동연구 및 기술이전 계약(2022)
PHI-301	FAK	전이성난소암					
PHI-401	FGFR	담관암					

환자를 타깃으로 한다. 급성골수성백혈병 환자는 일반적으로 여러 유전자 변이를 가지고 있는데, 전체 환자 중 약 35%는 FLT3 변이를 보이는 것으로 알려져 있다.

파로스아이바이오가 실시한 임상1상 결과에 따르면 28일 주기로 PHI-101을 매일 투여한 FLT3 변이 환자에게서 악성 골수세포가 평균 87% 이상, 최대 98% 줄었다.

재발성난소암에 대한 PHI-101의 1a 임상은 국내에서 진행 중이다. 기존 DNA 손상 복구 신호 전달 체계 타깃 표적항암제와 비교해 CHK2 타깃에 높은 선택성을 지니고 있어 높은 질병관리율과 낮은 부작용을 보이고 있으며, 생체 외 3차원 배양 실험에서 경쟁 약물 대비 최대 15배 우수한 효과가 확인되기도 했다.

특히, PHI-101은 미국 식품의약국(FDA)으로부터 희귀의약품으로 지정받았기 때문에 임상2상 이후 조건부품목허가가 가능하다. 또 임상 종료 후 시판 허가에 대한 심사의 신속화, 수수료 감면 등의 혜택과 최소 8년에서 최대 13년간 독점 판매권까지 확보됐다는 점에서 파로스아이바이오의 주요 파이프라인으로 꼽힌다.

후보물질 도출 단계인 PHI-201 역시 케미버스가 바이오 빅데이터 중 3차원 단백질 구조 15만 건을 검토해 확보한 물질이다. 파로스아이바이오에 따르면 PHI-201은 동물시험에서 경쟁 약물 대비 68% 더 우수한 효능과 2배 이상의 대사 안정성을 가지는 것으로 분석됐다. 파로스아이바이오는 2023년 4월 유한양행에 PHI-201의 공동연구개발 및 기술이전 계약을 체결한 뒤 계속 연구개발 중에 있다.

이 밖에 대장암·흑색종·유방암 치료제 PHI-501이 전임상 단계, 전이성난소암 치료제 PHI-301과 담관암 치료제 PHI-401가 후보물질 발굴 단계에 있다.

파로스아이바이오 관계자는 "신약 발굴에서 임상 단계에 이르는 전 주기 파이프라인을 구축해 안정적이고 지속적인 신약 개발 및 사업화가 가능할 것"이라고 설명했다.

PHI-101과 경쟁 약물의 FLT3 변이 세포 성장 억제 효과 비교

FLT3 (mutant type)	Ba/F3 cellular activity GI50(nM)			
	PHI-101	길테리티닙	퀴자티닙	크레놀라닙
Control	2,400	482	>10,000	1,120
FLT3-TKD(D835Y)	2.3	15	11.8	4
FLT3-ITD	<2	2	0.7	<2
FLT3-ITD+TKD(F691L)	16	79	132	16
FLT3-ITD+TKD(F691I)	11	37	74	59
FLT3-ITD+TKDI(D835Y)	3	-	30	-
FLT3-ITD+TKD(D835I)	0.63	1.54	56.9	2.88
FLT3-ITD+TKD(D835Y+F691L)	14	93	>10,000	-

연구개발 인력도 꾸준히 증가

파로스아이바이오는 2023년 7월 기준 박사 9명, 석사 12명 등 총 25명의 연구 인력을 보유하고 있다. 연구개발 인력은 의약·바이오 분야 전문 과학자뿐 아니라 의약 화학·합성 분야 전문가와 IT·프로그램 개발 전문가들로 구성돼 있으며 2016년 창업 이후 연평균 17%씩 증가하는 추세다. 파로스아이바이오의 연구개발 조직은 기업부설연구소(안양, 서울 소재) 산하 플랫폼개발팀, 신약개발팀, 임상개발팀, 사업개발팀 등 총 4개 팀으로 구성돼 있다.

플랫폼개발팀은 AI 기반의 신약 개발 플랫폼 케미버스의 고도화 및 초기 신약후보물질 선별을 수행하고 있으며, 신약개발팀은 의약 화학화합물의 신규 설계·분석 연구와 신규 화합물의 합성 및 세포 효능평가를 통해 최종 후보물질 선정한다. 임상개발팀은 최종 후보물질의 전임상 연구개발 및 임상 개발을 진행하며, 사업개발팀은 공동연구개발 등 특허 업무 등을 중점으로 수행 중이다.

파로스아이바이오는 시리즈A·B·C 유치에 이어 기업공개(IPO)를 통해 자금을 확보하면서 앞으로 신약 개발에 더욱 속도를 낼 전망이다. 신약 개발이 고도화되면서 증가하는 비용 등은 기술수출을 통해 확보한다는 방침이다.

파로스아이바이오 관계자는 "연구개발비 충당 및 재무안정성 제고를 위해 설립 초기부터 안정적인 로열티 수입을 고려한 기술수출 전략을 추진 중에 있다"고 말했다.

2016년 설립된 파로스아이바이오는 아직까지 정기적이고 안정적인 매출원이 없다. 2023년 1분기 말 기준 누적 결손금은 749억 원이다. 부채비율은 4.5%로, 이는 제약·바이오업계 평균 117.4%를 하회하는 수준이다.

별도의 매출이 없는 만큼 파로스아이바이오는 현재까지 영업손실이 지속되고 있지만 몇 차례 유상증자 등을 통해 연구개발 등에 소요되는 자금을 조달하면서 회사를 운영 중이다. 구체적으로 지난 2018년 시리즈A 투자 유치로 75억 원, 2020년 시리즈B 투자 유치로 160억 원을 조달했으며, 이듬해인 2021년 시리즈C를 통해 180억 원의 투자 유치에 성공하면서 총 415억 원을 확보한 바 있다. 이번 IPO를 통해서는 196억 원의 공모금액을 확보했다. 상장 후 시가총액은 1,800억 원 안팎에 이를 전망이다.

파로스아이바이오의 연구개발비용은 2020년 45억 원에서 2021년 55억 원, 2022년 72억 원으로 증가했다. 또 2023년 1분기에는 12억 원가량 사용한 것으로 집계됐다. 파로스아이바이오는 2023년 연구개발에 들어가는 비용을 115억 원으로 추정 중이며 2024년에는 116억 원까지 증가할 것으로 전망하고 있다.

연구개발비용 중에 가장 큰 부분을 차지하는 것은 역시 PHI-101의 임상 비용이다. 파로스아이바이오는 2023년부터 2025년까지 매년 43~45억 원가량을 PHI-101 임상 연구 및 임상 시료 생산에 투입할 예정이다. 대장암·흑색종·유방암 치료제 PHI-501의 임상을 위해서는 2024년부터 16억 원의 개발비를 책정했다. 이어 비임상 연구 등에 2023년부터 2025

파로스아이바이오의 파이프라인별 글로벌 시장규모

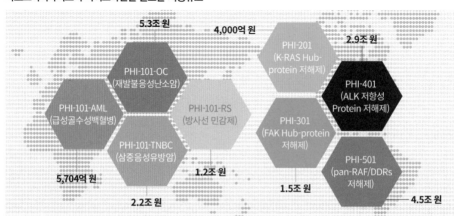

년까지 93억 원가량을 투자할 예정이며 연구개발 인건비도 2023년 16억 원, 2024년 19억 원, 2025년 21억 원으로 조금씩 늘어날 전망이다.

자체 개발한 AI 플랫폼 케미버스의 유지 및 업그레이드를 위한 비용도 있다. 케미버스는 2억 4,000만 건의 데이터를 보유 중인데, 향후 연구에 지속적으로 투자해 총 60억 건의 데이터까지 확보할 계획이다. 이를 위해 현재까지 개발된 총 9개 모듈의 업그레이드 작업을 지속하고 있으며, 추가 모듈 작업을 비롯해 2026년부터는 클라우드 방식으로 전환한다는 계획이다. 파로스아이바이오는 케미버스 업그레이드에 11억 원가량을 사용할 예정이다.

PHI-101로 매출 확보 기대

파로스아이바이오는 AI 플랫폼을 기반으로 희귀질환 치료제를 연구개발하고 있는 만큼 기술이전을 통한 매출 확보 등의 사업 구조를 만들어가는 중이다.

파로스아이바이오는 2023년부터 2025년까지 공모자금 중 154억 원을 연구개발에 사용한다는 계획이다. 현재 계획대로라면 파로스아이바이오가 공모를 통해 계획한 연구개발 자금은 2년 내 모두 사용된다. 따라서 이후부터는 매출을 확보할 수 있는 기술수출이 필수적인 상황이다. 파로스아이바이오 관계자는 "공모 이후 부족한 자금은 현재 보유하고 있는 금융상품에서 먼저 충당하고 이후에는 기술수출을 통한 수익금을 통해 자금을 추가 확보할 것"이라고 설명했다.

파로스아이바이오의 PHI-101, PHI-201, PHI-301, PHI-401, PHI-501 등 총 5개의 신약후보물질 중 기술수출의 가능성과 기대감이 높은 것은 역시 상업화 임상 속도가 가장 빠른 PHI-101다. 현재 급성골수성백혈병과 재발성난소암 환자 대상으로 임상1상이 진행 중이며, 급성골수성백혈병 환자를 대상으로 한 임상은 2023년 안으로 종료 예정이다.

PHI-101은 2019년 FDA로부터 희귀의약품으로 지정받아 임상2상 후 조건부품목허가 획득이 가능하기 때문에 임상1상 후 기술수출 가능성이 높고 더 높은 부가가치를 보장받을 수 있을 것으로 보인다.

파로스아이바이오는 PHI-101의 기술수출을 통해 계약금 약 805억 원에 단계별 기술료(마일스톤) 624억 원 등 총 1,429억 원가량의 매출을 올릴 것으로 기대 중이다.

파로스아이바이오 관계자는 "파이프라인별로 임상 진행 상황 및 부가가치 창출이 가장 높을 것으로 예상되는 단계에서 기술수출을 추진해 수익을 최대화할 것"이라며 "이후에는 제품 판매에 따른 로열티 수익도 기대하고 있다"고 말했다.

루닛

● AI 기반 암 조기진단 및 치료 솔루션 상용화 기업 ●

서범석 대표이사
· 카이스트 생명과학 학사
· 서울대 의대(MD)
· 연세대 보건학 석사
· 경희대 경영학 석사
· 서울대병원 가정의학과 전문의

INFORMATION

설립일	2013년 8월 23일
비전 & 미션	AI 기술로 암 정복
주요 사업 분야	암 조기진단 및 치료 솔루션 개발, AI 바이오마커 기반 신약 개발
핵심기술	암 진단 솔루션 루닛 인사이트, 암 치료 결정 솔루션 루닛 스코프
상장	코스닥(2022년 7월 21일)

바이든부터 중동이 선택한 암 조기진단 기술력

국내 1호 의료 인공지능(AI) 기업 루닛의 성장 속도가 눈부시다. 코스닥 상장 약 1년 만에 국내외 투자자들이 주목하는 기업으로 성장했다. AI를 통한 암 정복을 목표로 한 루닛은 암 조기진단과 암 치료 솔루션으로 미국부터 중동까지 전 세계에서 러브콜을 받고 있다.

2013년 설립돼 서범석 대표가 이끌고 있는 루닛은 2022년 상장이 기대되는 회사 1위에 오른바 있고, 코스닥 상장을 위한 기술성평가에서 헬스케어 기업 최초로 AA, AA 등급을 받았다. 특히 국내 의료 AI 기업 최초로 미국 헬스케어 벤처캐피탈(VC)로부터 투자 유치를 이끌어냈다. 세계적인 헬스케어 기업 가던트헬스는 설립 후 최초로 외부 기업 투자로 루닛을 선택했다.

특히 루닛은 국제 컴퓨터 비전·패턴 인식 콘퍼런스(CVPR), 유럽컴퓨터비전학회(ECCV), 국제의료영상처리학회(MICCAI) 등 최고 권위를 자랑하는 글로벌 학회에 매년 참석해 자사의 기술력을 선보이고 있다. 글로벌 의료진 대상으로 임상적 증명 수행까지 하는 등 기술력 입증에도 심혈을 기울이고 있다. 그 결과 경쟁사인 패스AI가 로슈와 브리스톨마이어스스큅(BMS)을, 오킨이 사노피를 파트너로 각각 확보하는 데 그친 반면 루닛은 가던트헬스, GE헬스케어, 후지필름, 필립스, 홀로직 등 다양한 글로벌 파트너사를 확보한 상태다. 이들 기업의 글로벌 시장점유율은 50%에 달해 루닛의 암 조기진단 장비가 빠른 속도로 해외에 공급되고 있다는 분석이다.

루닛의 암 조기진단 기술은 미국 바이든 대통령도 움직이게 만들었다. 미국은 바이든 대통령 주도로 '캔서문샷(Cancer Moonshot)'이라고 명명된 거대 암 정복 프로젝트를 가동 중인데, 루닛이 한국 기업 최초로 합류했다. 캔서문샷을 추진하기 위해 설립된 공공–민간 협력체 캔서엑스(CancerX)에 창립 멤버로 참여하게 된 것인데, 이는 사실상 바이든 대통령과 미국 백악관의 선택을 받은 것이라는 평가다.

실제로 루닛은 미국 측으로부터 캔서엑스 합류 제안을 받은 것으로 알려졌다. 캔서엑스 창립 멤버로 이름을 올린 기업은 92개 기업으로 루닛 외 존슨앤드존슨, 다케다제약, 제넨텍, 인텔, 엠디앤더슨암센터 등 글로벌제약사와 세계 최고 암 전문기관, 디지털 헬스케어 기업들이 이름을 올렸다. 루닛은 이들 기업과 함께 미국 정부로부터 자금을 지원받아 암 정복을 위한 다양한 실증 연구에 나서게 된다.

캔서문샷은 미국인 암 사망률을 25년 동안 50%로 줄이는 거대 프로젝트로, 암 치료제는 물론 암 진단 등 혁신 기술을 도입해 정책적 지원과 전폭적인 투자가 이뤄질 전망이다. 이번 프로젝트는 2016년 처음 발표됐지만 코로나19 사태로 미뤄졌고, 2022년 바이든 대통령이 부활시켜 야심차게 추진 중이다.

최근에는 사우디아라비아의 국가전략사업 '비전 2030' 중 보건의료 분야 최우선 과제인 'SEHA 가상 병원' 프로젝트에도 참여하게 됐다. 그 일환으로 사우디에 본사를 둔 중동 최대 규모 민간 의료기관 술라이만 알–하빕의료그룹(HMG)에 루닛 인사이트 공급계약을 체결했다. 이 외에도 일본 후지필름이 루닛 인사이트 CXR(흉부 엑스레이 분석 AI 솔루션)을 기반으로 개발해 판매하고 있는 'CXR–AID'가 건강보험 급여 가산 대상으로 공식 인증받았고, 국내에서는 해외 군 병원 및 한국 파병부대에 루닛 인사이트 CXR을 공급했다.

루닛의 글로벌 성과는 독보적인 암 조기진단 기술력에 기반한다. 서범석 대표는 "액체생검의 경우 정확도가 30%에서 80%에 불과하다. 이를 보완할 수 있는 것이 루닛의 영상 AI 기술력"이라며 "루닛 인사이트 및 루닛 스코프와 결합을 통해 암 진단법이 확장될 수 있다"고 설명했다.

세계가 주목하는 루닛의 AI 기반 암 진단 및 치료 솔루션

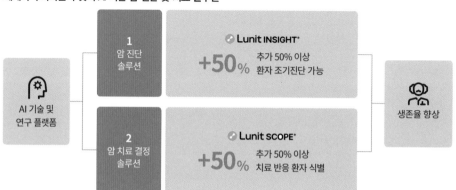

루닛이 상용화한 암 진단 솔루션 루닛 인사이트는 흉부 엑스레이, 유방촬영술 등 기존 진단법 대비 50% 이상 환자 조기진단이 가능하다. 기존 진단법의 경우 암을 놓치는 비율이 30%, 불필요한 검사를 하는 비율이 무려 95%에 달한다. 반면 루닛 인사이트는 판독 정확도를 20% 향상하고, 진단 효율성을 50% 증가시킨다. 재검사율도 30% 감소하고, 환자가 검진 결과를 받아보기까지 시간도 10배 이상 빠르다.

서 대표는 "루닛 인사이트로 50대 남성 환자를 진단했는데, 흉부 엑스레이가 3년 전 놓쳤던 폐암을 발견했고, 역시 50대 여성 환자에게서 2년 전 놓쳤던 유방암을 발견했다"며 "폐암과 유방암을 조기 발견할 시 생존율은 각각 4.3배, 1.4배 증가한다. 루닛 인사이트는 폐암 환자 50%에서 조기진단이 가능하고, 유방암 환자는 40% 조기진단이 가능하다"고 설명했다.

유방암 진단 보조 솔루션 루닛 인사이트 MMG는 미국 식품의약국(FDA) 허가를 획득했다.

일본에서는 폐 진단 보조 솔루션 루닛 인사이트 CXR이 허가받았다. 이들 제품은 유럽 안전 관련 통합규격인증(CE)을 취득, 글로벌 시장에 진출해 핵심 캐시카우 역할을 하고 있다.

바이오마커 솔루션으로 신약 개발까지

루닛 스코프는 항암제 치료 반응 예측 플랫폼으로 두 가지 제품으로 세분화된다. 첫 번째는 의사의 조직병리 슬라이드 판독을 보조해 바이오마커 발현율을 정량화하는 제품이다. 두 번째는 새로운 이미징 바이오마커를 발굴해 면역항암제의 치료 반응을 예측하는 제품이다. 모두 암 환자들에게 최적의 치료가 가능하게 하는 것이 장점이다.

실제로 4기 폐암 환자 대상 면역항암제 투약 가능 여부 검사의 경우 기존 검사는 100명 중 42명만 투약 가능 환자로 판단했지만, 루닛 스코프를 같이 활용한 결과 20명 더 많은 62명으로 판독됐다. 기존 검사와 루닛 스코프를 같이 활용한 정확도(양성 예측도)는 무려 88%에 달했다.

루닛이 발굴한 바이오마커를 활용하는 루닛 스코프는 암 환자 치료 반응률을 더욱 향상시키는 것이 가능하다. 바이오마커란 환자의 특정 생물학적 특징을 바탕으로 분류, 치료 결정 가이드가 되는 검사를 뜻한다. 바이오마커 분류 후 환자별 맞춤 치료를 하게 되면 치료 반응률은 기존 10%에서 최대 60%까지 가능하다는 게 루닛 측 설명이다. 높은 치료 반응은 환자 생존 기간에도 영향을 끼친다. 기존 3개월 미만에 그쳤던 암 환자의 생존 기간이 18개월 이상 증가했다.

특히 루닛은 루닛 스코프 연구 영역을 지속적으로 확장하면서 신약 개발 영역까지 파고들고 있다. 최근 일본에서 발표한 항암제 관련 임상 참여가 대표적이다. 루닛은 AI 기반의 전체 조직 슬라이드 이미지 분석기 '루닛 스코프 HER2'와 AI 바이오마커 플랫폼 '루닛 스코프 IO'를 활용해 HER2 양성대장암 환자 30명

루닛 스코프 IO(왼쪽)와 PD-L1. 바이오마커를 활용하는 루닛 스코프는 암 환자 치료 반응률을 더욱 향상시키는 것이 가능하다.

을 대상으로 허셉틴(성분명 트라스투주맙)과 퍼제타(성분명 퍼투주맙) 병용요법 2상 임상시험에 참여했다.

일본 최고 권위의 국립암센터 동부병원(NCCHE)과 공동연구한 이번 연구는 루닛 스코프 HER2를 활용했다. HER2 염색 강도를 1+, 2+, 3+ 등으로 분류해 종양세포를 검출한 뒤, 루닛 스코프 IO를 통해 면역세포인 종양침윤림프구(TIL), 대식세포(Macrophage), 섬유아세포(Fibroblast) 등 종양 미세환경을 분석했다. 전체 HER2양성전이성대장암 환자에 대한 객관적 반응률(ORR)은 26.7%로 나타났는데, 루닛 스코프 HER2를 적용한 결과 ORR은 42.1%로 나타났다.

이는 AI 기반 루닛 스코프 HER2가 기존 HER2 면역조직 염색 방법(IHC) 및 양성 발현도에 따른 치료 반응 예측보다 더 정밀한 예측이 가능한 점을 입증한 결과라고 설명한다. 서 대표는 "루닛은 이번 NCCHE와의 HER2양성대장암 환자 임상시험에서 루닛 스코프 HER2가 환자 치료 반응을 정밀하게 예측할 가능성을 확인했다"며 "이번 연구 결과를 바탕으로 루닛 스코프 HER2가 일본에서 전이성대장암 치료를 위한 트라스투주맙, 퍼투주맙 병용요법 치료제의 바이오마커로 활용될 수 있도록 인허가 절차를 추진할 예정"이라고 말했다.

루닛 스코프의 매출도 꾸준히 증가하고 있다. 2021년 약 23억 원이던 매출은 2022년 약 40억 원으로 증가했고, 2023년은 상반기에만 작년 매출을 넘어서는 약 50억 원의 매출을 올렸다. 이는 2년 만에 약 117% 성장한 수치로, 이는 루닛 스코프의 뛰어난 기술력은 물론 항암제 투여 전 바이오마커 검사 사용 빈도가 늘어나고 있는 것과 무관치 않다. 업계에 따르면 바이오마커 동반 진단 검사 빈도는 2003년 10%에 불과했지만 2018년 60%로 연평균 15% 증가하고 있는 것으로 나타났다.

루닛의 최종 목표는 바이오마커를 활용한 신약 개발이다. 특히 신약 개발 분야에서 디지털 바이오마커는 중요한 역할을 하는데, 연구자들이 복잡한 질병을 이해할 수 있게 도와주고, 임상시험에 적합한 환자를 선택할 수 있도록 한다. 또 약물의 작용기전을 검증하고, 약물의 독성을 예측해 규제 관련 결정을 가이드한다. 임상 성공률을 높이는 데도 결정적인 역할을 할 수 있다. 질병에 가장 유리한 후보물질을 선택해 임상 후기 단계에서 실패할 위험성을 줄여준다. 임상 단계를 가속하는 역할을 해 약물 개발에 드는 비용과 시간도 줄일 수 있다. 실제로 정밀한 치료 반응 예측을 통해 신약 허가 성공률을 기존 8.4%에서 25.9%로 약 3배 높일 수 있다. 또한 임상에만 약 1조 5,000억 원이 투입되는 비용이 약 4,000억 원으로 줄어든다.

루닛은 20개 이상의 신약 개발 기업과 루닛 스코프를 활용한 공동연구 계약을 논의 중이다. 서 대표는 "AI 바이오마커 기반 신약 개발 기업으로 성장하는 것이 목표"라며 "소규모 제약사나 바이오 벤처가 발견한 신약후보물질을 루닛이 도입해 바이오마커를 활용, 임상시험 등 개발에 나설 것이다. 이후 글로벌제약사에 기술이전을 하는 방식으로 신약 개발 사업을 추진할 것"이라고 말했다.

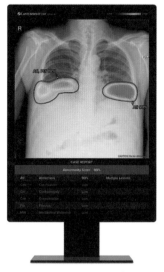 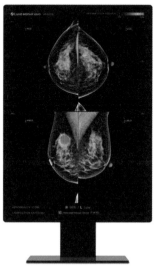

폐질환 진단을 보조하는 루닛 인사이트 CXR(왼쪽)과 유방암 진단을 보조하는 루닛 인사이트 MMG. 루닛 인사이트를 사용하면 판독 정확도 20%, 진단 효율성 50%, 검진 결과 수령 속도는 10배가 향상되고 재검사율은 30% 감소하는 것으로 알려졌다.

실적 폭발적 상승, 2025년 흑자전환도 보인다

루닛은 2023년 상반기 연결기준 매출액 약 164억 원을 기록해, 2022년 연 매출 약 139억 원을 뛰어넘었다. 이는 역대 반기 최대 매출이자, 상반기 만에 전년 매출을 뛰어넘는 규모다. 2023년 연 매출은 약 300억 원대에 육박할 것으로 예상된다. 회사는 2019년 약 2억 원의 매출을 기록한 뒤 매년 상승세를 나타냈는데, 2022년 139억 원의 매출을 기록해 4년 만에 약 6850% 증가라는 놀라운 수치를 기록했다.

루닛의 매출 급증은 해외 실적에 기반한다. 2023년 상반기 해외 매출은 약 141억 원으로 전체 매출의 약 85.5%에 달한다. 루닛 인사이트와 루닛 스코프가 의미 있는 성과를 올린 것이 기폭제가 됐다.

회사에 따르면 2023년 상반기 AI 영상 진단 솔루션 루닛 인사이트 도입 의료기관은 세계적으로 2,000곳을 돌파했다. 아시아 및 중동시장을 적극 공략하면서 글로벌 시장점유율 확대에 나선 것이 성과를 냈다는 분석이다. AI 바이오마커 플랫폼 루닛 스코프도 상반기 글로벌기업과 프로젝트를 진행해 기술료 획득과 함께 클리아 랩(CLIA LAB)을 통한 데이터분석 서비스 매출을 처음으로 개시했다.

특히 2023년은 매출의 폭발적인 증가와 함께 영업손실 감소폭도 상당할 것으로 전망된다. 2013년 설립 후 최근까지 연구개발(R&D), 사업 확장, 인력 충원 등에 투자를 단행하면서 영업손실이 지속 증가해왔다.

실제로 2019년 약 116억 원이던 영업손실은 2020년 약 210억 원, 2021년 약 457억 원, 2022년 약 507억 원으로 4년간 약 337% 증가했다. 하지만 금융정보업체 에프앤가이드는 2023년 영업손실을 256억 원 정도로 내다봤다. 이는 전년 대비 약 50% 줄어든 수치다. 개별 증권사에서는 영업적자를 100억 원대로 추정하는 곳들도 있어 적자 폭이 더욱 감소할 가능성도 높다.

이는 회사가 흑자전환을 위해 전사적인 비용 통제 노력을 하고 있기 때문이다. 연구개발비의 경우 2021년 약 237억 원으로 정점을 찍은 뒤 2022년 약 193억 원으로 19%가량 감소했다. 2023년에는 상반기 연구개발비로 67억 원 정도를 사용해 전년 같은 기간 약 99억 원 대비 32% 감소한 수치를 보였다.

향후에도 루닛의 폭발적인 매출 증가와 영업흑자 전환이 기대되는 이유는 주요 제품들의 성과가 2023년 하반기부터 본격적으로 나타날 것으로 전망되기 때문이다. 가던트헬스 등 글로벌기업을 통한 제품 판매 확대, 사우디아라비아 및 중동 지역 최대 규모 민간 의료기관인 술라이만 알-하빕의료그룹과 체결한 유방암 진단 AI 솔루션 공급에 따른 신규 매출 발생, 일본 건강보험 적용 등으로 실적 상승이 예상된다.

이에 따라 루닛 인사이트는 글로벌기업들의 의료 장비에 포함돼 판매 지역이 확대되고 매출 증가가 예상된다. 루닛 스코프는 연구용 매출 기반에서 본격 상업용 매출이 발생할 예정이다.

하현수 유안타증권 연구원은 "루닛 인사이트의 해외 매출 대부분은 후지필름을 통해서 발생하고 있다. 일본, 동남아 및 남미 매출 비중이 높다"면서 "2023년 하반기부터는 GE헬스케어, 필립스 등의 의료 장비에 솔루션이 포함돼 판매될 것으로 예상된다. 미국과 유럽 등에서 매출 확대를 기대할 수 있다"

고 말했다. 이어 "루닛 스코프는 가던트헬스를 통해 연구용 매출이 발생하고 있다. PD-L1 분석 솔루션 시판을 시작했고, HER2 등 바이오마커로 확대할 예정"이라며 "루닛 스코프 IO는 빅파마 2곳과 사용 계약을 체결했으며, 임상 단계에서 사용 중이다. 출시 예상 시기인

2025년 이후 매출 비중이 빠르게 증가할 것으로 전망된다"고 덧붙였다.

유안타증권과 미래에셋증권 등은 루닛의 흑자전환 시기를 2025년으로 내다보고 있다. 서 대표는 "2023년 상반기에는 해외 판매 확대와 중동시장 등 수익성이 높은 신시장을 개척하며 반기 최대 실적을 기록했다"며 "하반기에는 추진 중인 B2G(기업-정부 간 거래) 사업과 한국, 일본에서의 건강보험 적용 등 정책적 지원에 힘입어 더 좋은 성과를 낼 수 있도록 최선을 다할 것"이라고 말했다.

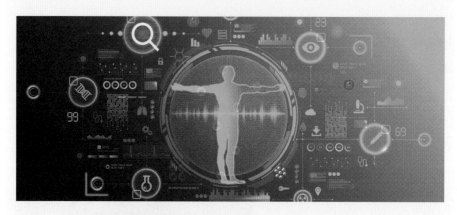

뷰노
● AI 기반 영상 진단 및 생체 신호 솔루션 상용화 기업 ●

이예하 대표이사
· 포항공대 컴퓨터공학 학사
· 포항공대 컴퓨터공학 박사
· 삼성전자종합기술원 연구원

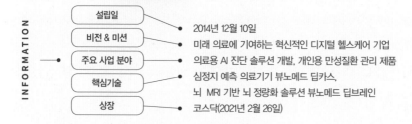

INFORMATION

설립일	2014년 12월 10일
비전 & 미션	미래 의료에 기여하는 혁신적인 디지털 헬스케어 기업
주요 사업 분야	의료용 AI 진단 솔루션 개발, 개인용 만성질환 관리 제품
핵심기술	심정지 예측 의료기기 뷰노메드 딥카스, 뇌 MRI 기반 뇌 정량화 솔루션 뷰노메드 딥브레인
상장	코스닥(2021년 2월 26일)

아시아 최초 딥러닝부터 국내 최초 AI 의료기기까지

국내 의료 인공지능(AI) 기업들의 성장세가 눈부신 가운데, 세계적인 기술력으로 시장의 관심을 받는 기업 중 뷰노를 빼놓을 수 없다. 뷰노는 아시아 의료 AI 기업 중 최초로 딥러닝 엔진을 개발, 이를 통해 의료 영상 솔루션과 국내 최초 AI 의료기기까지 상용화하며 글로벌 기업으로 성장 중이다.

업계는 임상 현장에서 의료 AI 제품 및 솔루션 적용이 증가하고, 전 세계 정부가 수가 지정 및 규제완화 등 적극 지원에 나서면서 AI 헬스케어 시장의 폭발적인 성장을 확신하고 있다. 실제로 글로벌 AI 헬스케어 시장은 2018년 18억 8,800만 달러에서 연평균 45.1% 성장해 2023년 115억 800만 달러 규모로 확대될 전망이다.

뷰노는 2014년 12월 삼성종합기술원 출신 AI 전문 연구원 3명이 설립한 회사다. 의료 전문 인력들을 수혈해 2015년 아시아 최초 딥러닝 엔진 '뷰노 넷'을 자체 개발했다. 뷰노의 AI 기술력은 창립 초기부터 대외적으로 주목받았다.

영상의학 분야 최고 권위 저널인 〈래디올로지(Radiology)〉, 미국 〈신경영상의학회지(AJN)〉, 미국 암학회(AACR), 미국 임상종양학회(ASCO) 등 세계적 권위를 지닌 의료 학술지 및 학회를 통해 55개가 넘는 논문을 발표했다. 또한 국제의료영상처리학회(MICCAI) 등 세계적인 딥러닝 챌린지에서 1위를 기록했고, AI 원천기술, 진단 보조, 질환 예측 등 국내외 등록을 완료한 특허가 80개 이상이다. 이를 바탕으로 2016년 북미영상의학회(RSNA)에 최초로 참가해 AI 솔루션 제품 2종을 출품했다. 2018년에는 뷰노메드 본에이지(BoneAge)를 개발해 국내 최초로 AI 의료기기 인허가를 획득했다.

뷰노는 세계적인 AI 기술에 의료 빅데이터를 접목해 뷰노메드 솔루션을 개발했다. 의료 영상, 병리, 생체 신호, 의료 음성 제품을 포괄하는 해당 솔루션으로 가장 먼저 의료 영상 분야 제품을 상용화했다. 현재까지 뷰노메드 솔루션으로 개발한 제품은 뷰노메드 본에이지, 뷰노메드 체스트 엑스레이(Chest X-ray), 뷰노메드 렁 시티(Lung CT) AI, 뷰노메드 펀더스(Fundus) AI, 뷰노메드 딥브레인(DeepBrain)AD, 뷰노메드 딥브레인 등 6개에 달한다.

이예하 뷰노 대표는 "뷰노는 2014년 설립돼 2018년 국내 최초 AI 기반 의료기기 허가를 받았다. 당시만 하더라도 대부분 의료기기는 주사기, 컴퓨터단층촬영(CT), 자기공명영상(MRI) 등 하드웨어 제품이었다. 메디컬 디바이스, AI 기반 의료 소프트웨어에 대한 가이드라인조차 없었다"면서 "뷰노가 그런 가이드라인을 최초로 만들면서 제품들을 개발했고, 다양한 AI 기반 소프트웨어를 상용화했다"고 말했다.

뷰노메드 본에이지는 골연령 판독 보조 소프트웨어로, 의사의 골연령 판독 시간을 최대 40% 단축한다. 의료진 단독 판독 시 188분 걸리던 골연령 판독이 뷰노메드 본에이지를 활용했을 경우 40% 단축된 108분 만에 완료됐다. 또한 흉부 CT 영상 폐결절 분석 솔루션인 뷰노메드 렁 시티 AI도 폐암으로 발전할 수 있는 폐결절을 의료진보다 더 정확하게 진단한

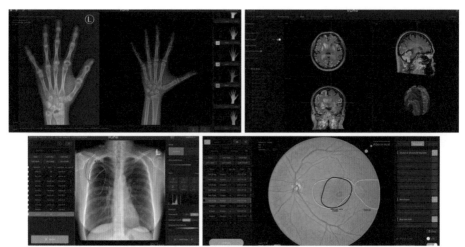

뷰노메드 솔루션으로 개발한 의료 영상 진단 보조 제품의 실행 모습. 위부터 시계방향으로 본에이지, 딥브레인,
펀더스 AI 그리고 체스트 엑스레이다.

다. 정상 보고된 환자 CT 9,952건 중 결절 소견 269건을 발견했고, 이 중 10건은 추적 관찰이 필요한 사례로 진단됐다.

특히 AI 기반 뇌 정량화 의료기기인 뷰노메드 딥브레인은 국내를 넘어 미국시장 진출도 임박한 상태다. 딥브레인은 100여 가지의 뇌 영역을 분할해 위축 정도 정량화 분석 정보를 제공한다. 딥브레인은 치매 등 주요 퇴행성뇌질환 치료제가 부작용인 뇌 위축을 일으키는 것을 조기에 진단할 수 있고, 딥브레인AD 제품은 뇌 MRI 영상을 기반으로 알츠하이머 질환 가능성을 알려준다.

이 대표는 "치매 같은 경우 최근 미국 식품의약국(FDA) 허가를 받은 치료제들이 나오기 시작하면서 조기진단이 가능하고 관리할 수 있는 솔루션들에 대한 니즈가 높아지고 있다"며 "뷰노메드 딥브레인은 치매로 의심되는 사람을 실제 진단해 어떤 부작용이 있는지 확인하고, 치매 원인에 따라 치료나 대응이 달라지기 때문에 이를 감별하는 솔루션으로 진행된다. 2023년 FDA 허가를 받을 것으로 예상한다"고 설명했다.

이 외에도 뷰노의 다양한 제품들을 국내외 기업들이 도입하고 있다. 일본 최대 의료 정보 플랫폼 기업 M3(소니 지분 33.9% 보유)와 협력하고 있고, 뷰노메드 렁 시티 AI에 대해 의료기관 도입 확대를 진행하고 있다. 또 대만 종합 의료 기업 CHC와 뷰노메드 솔루션 4개 제품의 총판 계약을 체결, 판매를 진행 중이다. 국내의 경우 GC녹십자 계열사이자 국내 요양기관 전자의무기록(EMR) 1위 기업인 유비케어를 통해 뷰노메드 본에이지를 전국 1만

7,000여 병·의원에 도입했고, 법인 대리점 20곳을 통해 판매하고 있다.

이 대표는 "뷰노는 환자에게 의학적으로 필요한 솔루션을 만들기 위해 노력하고 있다. 다양한 논문과 임상 연구를 통해 증명해나가고 있다"며 "환자들의 안전을 강화하고, 더 나아가 뷰노 솔루션이 병원에 도입될 경우 환자, 의사, 병원은 물론 사회적 의료 비용 절감이 가능할 것이다. 이런 부분에 기여하기 위해 현재도 다양한 솔루션을 개발해 사업 확대를 추진하고 있다"고 말했다.

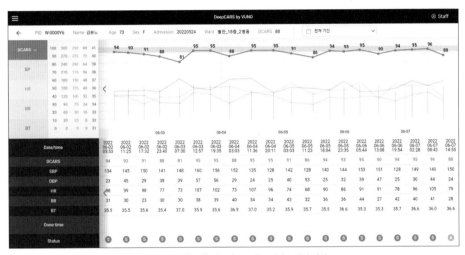

뷰노의 제2 도약기를 연 생체 신호 제품 중 AI 기반 예후 예측 제품인 뷰노메드 딥카스 화면 예시.

의료 AI 영상 솔루션에서 생체 신호 제품으로 승부수

설립 초기 영상 진단 솔루션으로 사업 기반을 닦았다면, 최근 들어 뷰노는 생체 신호 제품을 상용화하면서 제2 도약기를 맞고 있다.

현재 회사가 주력하고 있는 생체 신호 제품은 AI 기반 예후 예측이 가능한 뷰노메드 딥카스(DeepCARS, 심정지 예측 의료기기)와 뷰노메드 딥ECG(심전도 측정 의료기기)다. 뷰노메드 딥카스는 2021년 8월 식품의약품안전처(식약처)로부터 허가를 획득했고, 뷰노메드 딥ECG는 같은 해 10월 혁신의료기기로 지정됐다.

이 중 뷰노메드 딥카스는 뷰노의 기업가치를 높이고 있는 핵심 제품으로 떠올랐다. 2022년 5월 국내 최초 선진입의료기술로 인정받고 비급여 출시됐다. 국내 연간 심정지 발생 건수는 3,600건이며, 사망하는 환자는 2,700명으로 약 75%에 달한다. 이 중 80%는 전조증상을 나타내는 것으로 알려졌다. 의료인당 많은 환자 수와 효과적인 추적 및 트리거 시스템 부재로 심정지를 제대로 예측하기가 어려운 현실이다.

이 대표는 "뷰노메드 딥카스를 통해 병원 내 심정지를 68% 방지할 수 있다"며 "AI 기반으로 기존 방법 대비 높은 민감도와 특이도를 구현해 잘못된 경보를 줄여 효율적인 관리가 가능하다"고 설명했다.

딥카스는 환자 대상 수축·이완기 혈압, 맥박수, 호흡수, 체온 등 총 네 가지 활력 징후와 나이, 성별을 실시간으로 분석해 심정지 발생 위험도를 0점에서 100점까지 표시한다. 해당 데이터 간 패턴과 관계를 분석해 보다 정확하고 빠르게 심정지 발생 위험을 탐지한다.

실제로 딥카스는 5개 병원 임상 결과 다양한 임상 환경에서 일관적으로 우수한 심정지 예측 성능을 입증했다. 기존 임상 현장에서 활용되던 조기경보점수(MEWS)보다 심정지 발생 환자를 더 많이, 선제적으로 찾아내 중증 환자 조기 발견이 가능하다. 예측 정확도가 기존 MEWS는 평균 0.778인데 비해 딥카스는 0.865로 우수한 예측 정확도를 나타냈다. 평균 15.78시간 전 심정지 발생을 예측했고, 특히 거짓 알림 수가 50% 이상 감소했다.

딥카스는 최근 한국보건의료연구원(NECA)의 결정에 따라 비급여 적용 대상이 기존 19세 이상 성인 환자에서 19세 미만 소아·청소년까지 확대됐다. 2024년에는 FDA 허가를 통해 해외시장 진출도 유력한 상황이다. 이 대표는 "딥카스는 FDA로부터 혁신의료기기로 지정받았고, 미국시장 진출을 준비하고 있다"며 "2024년 FDA 허가 획득을 통해 미국 환자들을 케어하는 형태로 시장을 확대할 계획"이라고 말했다.

딥카스를 이을 후속 제품은 심전도 측정을 통해 다양한 심장질환을 진단할 수 있는 뷰노메드 딥ECG다. 주요 심혈관질환인 부정맥, 심부전, 심근경색 등으로 인한 사망자는 약 1,790만 명으로 전 세계 사망자의 31%를 차지한다. 세계 사망원인 1위이기도 하다. 젊은 만성질환 환자 증가로 인한 심혈관 합병증이 매년 증가하고 있고, 심혈관질환은 돌연사 주범인 만큼 예방에 대한 니즈가 크다.

이 대표는 "기존 스마트워치 등을 활용한 심전도 검사는 심장을 한 방향으로만 조사해 진단하는 형식이다. 하지만 입체적인 심장을 정확하게 진단하기 위해서는 다양한 각도의 심전도 신호가 필요하다"며 "뷰노메드 딥ECG는 심전도 검사에 AI를 활용해 10초 만에 6만 개의 좌표 정보 확보 및 분석이 가능하다. 이를 통해 육안으로 보지 못했던 숨어 있는 질환 정보 탐지가 가능하다"고 설명했다.

특히 뷰노는 향후 딥ECG 탑재 예정 휴대용 제품인 하티브 P30을 2023년 1월 출시했다. 하티브는 양손과 왼쪽 다리를 이용한 6-유도(6-lead) 심전도 검사기다. 하티브는 작고 휴대가 간편해 언제 어디서든 30초 내 간단하게 심장 신호를 측정할 수 있는 것이 특징이다. 분석 결과는 '하티브케어' 앱을 통해 한눈에 확인할 수 있다. 더불어 6-유도 정밀 측정이 가능하기 때문에 측정 방식이 간단하면서도 스마트워치, 웨어러블 등을 활용한 방법보다 더 정확한 정보를 제공한다.

뷰노는 하티브 브랜드를 만성질환 관리 브랜드로 론칭해 향후 시장을 더욱 확대한다는 계획이다. 이 대표는 "일상생활과 병원 모두에서 딥ECG와 하티브를 통해 측정한 데이터를 뷰노 솔루션으로 분석이 가능하다. 이를 통해 급성심근경색과 신부전 등 다양한 만성콩팥 질환을 케어하는 형태로 발전시킬 계획"이라고 말했다.

딥ECG 휴대용 제품인 하티브 P30. 작고 휴대가 간편해 언제 어디서든 30초 내 간단하게 심장 신호를 측정할 수 있는 것이 특징이다.

2024년 턴어라운드, 성장 가속화

뷰노는 영상 진단 솔루션과 생체 신호 제품 출시 등 투 트랙 전략을 구사하면서 실적 턴어라운드가 가시화되고 있다. 매년 매출이 크게 증가하고, 영업적자는 감소하면서 안정적인 구간으로 진입하고 있다는 평가다.

의료 AI 1세대 기업으로 꼽히는 뷰노의 실적은 지속적으로 개선되고 있다. 2020년 13억 원이던 매출액은 2021년 22억 원, 2022년 83억 원으로 크게 증가했다. 2023년은 의료 AI 기업 중 루닛에 이어 두 번째로 100억 원을 넘는 151억 원을 기록할 것으로 전망된다. 영업적자도 가파르게 감소하고 있다. 2021년 178억 원으로 정점을 찍었던 영업적자는 2022년 154억 원으로 줄었다. 2023년에는 118억 원 수준으로 감소할 것으로 예측된다.

주가도 실적과 비례해 크게 상승하고 있다. 2023년 1월 2일 6,230원에 불과했던 주가는 9월 5일 6만 4,200원으로 마감, 약 9개월 만에 930% 급등하면서 시장의 높은 관심을 입증하고 있다. 특히 뷰노는 2024년까지 FDA 허가 제품을 3개나 보유할 것으로 예상돼 해외 매출 증가가 기대된다.

먼저 뷰노의 실적 개선은 뷰노메드 딥카스가 이끌고 있다. 2022년 8월 비급여 제품으로 의료 시장에 진입한 후 2023년 목표이던 40개 병원 설치를 8월 내 달성했다. 이에 따라 회사 측은 2023년 목표를 상향 수정해 60개 병원 설치를 목표로 하고 있다. 회사 관계자는 "뷰노메드 딥카스는 2분기 약 19억 원의 매출을 기록했고, 이는 전분기 대비 약 60% 증가한 수치"라며 "소아·청소년 비급여 적용 확대로 분기별 매출 상승 가속화가 기대된다"고 말했다.

일본 후생성에서 급여 적용을 받는 뷰노메드 렁 시티 AI의 경우 시장점유율 25%를 확보하고 있는 일본 M3를 통해 판매, 가산 수가를 받고 있다. 현재 80개가 넘는 병원과 논의 중이고, 5개 병원에서는 매출이 발생하는 과금형 모델로 전환됐다. 앞으로 과금형 모델 전환이 원활하게 이뤄지면 일본 매출액은 약 10억 원으로 예상된다는 게 업계 분석이다.

휴대용 심전도 측정기기인 하티브도 본격적인 매출 발생이 예상된다. 2023년 1월 출시된 하티브는 일상에서도 쉽고 간편하게 주기적으로 심전도를 측정할 수 있다. 회사는 하티브 출시를 통해 사업 영역을 B2H(기업-병원)와 B2B(기업-기업)에서 B2C(기업-소비자)까지 확대했다. 안정적인 온라인 스토어 매출 상승과 더불어 판매 채널 다각화를 통해 하티브 성장세를 이어갈 계획이다.

특히 뇌 MRI 기반 정량화 솔루션인 딥브레인은 2023년 FDA 승인이 유력하다. 뷰노 제품 중 가장 먼저 미국시장에 진출해 뷰노 브랜드를 알리는 첨병 역할을 할 것으로 전망된다. 한송협 대신증권 연구원은 "미국에서는 딥브레인과 비슷한 뉴로퀀트(NeuroQuant)라는 제품이 승인을 받아 이미 사용되고 있다. 따라서 패스트트랙인 510k 트랙(제3자 공인 심사 프로그램)을 통한 동등성 평가로 FDA 승인을 빠르게 획득할 가능성이 높다"고 진단했다.

뷰노메드 딥카스와 뷰노메드 렁 시티 AI는 2024년 FDA 승인이 예상된다. 딥카스의 경우 미국 전담팀을 구성한 상태고, 렁 시티 AI는 미국 대형 병원들과 파트너십 체결을 위한 논의를 진행 중인 것으로 알려졌다. 2024년까지 FDA 허가 제품 3종을 통해 미국시장에 진출할 경우 해외 매출 비율이 더욱 늘어나고, 이는 연간 실적에도 상당한 영향을 끼칠 것이란 분석이다.

한 연구원은 "뷰노는 국내 규제를 뚫고 시장을 개척하는 데 집중해 영상 진단 외 다양한 제품군의 혁신의료기기를 확보했다. 예후 예측이라는 새로운 시장도 개척했다"며 "규제완화 시 수혜를 기대할 수 있다. 높은 실적 가시성과 다양한 분야 솔루션 제공이 강점"이라고 평가했다.

뷰노는 2024년 실적 턴어라운드를 목표로 하고 있다. 업계 및 시장에서는 회사가 목표로 하는 2024년 3분기보다 빠른 시기에 영업 흑자전환이 가능할 것으로 내다보고 있다. 이 대표는 "의료 영상 솔루션과 함께 생체 신호 제품들을 통해 본격적인 성장을 할 계획이다. 뷰노메드 딥브레인은 연내 FDA 허가를 목표로 하고 있고, 그동안 B2H와 B2B에 집중했다면 가정에서 사용할 수 있는 제품들로 B2C 시장도 적극 공략할 예정이다. 실적이 향상되고 있는 만큼 2024년 흑자전환도 기대하고 있다"고 말했다.

02
풀리지 않는 숙제 암, 해법을 제시하다

엔케이맥스

● 면역 전문 헬스케어 솔루션 제공 NK세포 전문 바이오 기업 ●

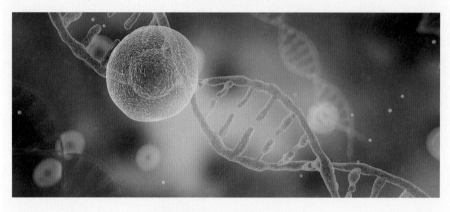

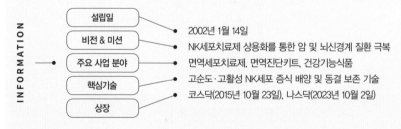

박상우 대표이사
· 고려대 경제학 학사
· 삼성증권
· 두유웹
· 에이티젠 대표이사

INFORMATION

설립일	2002년 1월 14일
비전 & 미션	NK세포치료제 상용화를 통한 암 및 뇌신경계 질환 극복
주요 사업 분야	면역세포치료제, 면역진단키트, 건강기능식품
핵심기술	고순도·고활성 NK세포 증식 배양 및 동결 보존 기술
상장	코스닥(2015년 10월 23일), 나스닥(2023년 10월 2일)

'전도유망' 한마디에 15년째 NK세포 한우물

엔케이맥스 맨파워 중심엔 박상우 대표가 있다. 박 대표는 2009년 김종선 연세대 의대 교수와 저녁 자리에서 10년 뒤 자연살해(NK)세포치료제가 각광을 받을 것이라는 얘기를 듣게 된다. 박 대표는 곧장 연세대 산학협력단에 찾아가 NK세포치료제 아이디어를 사겠다는 의사를 밝혔다. 연세대는 NK세포치료제 후보물질이나 특허가 아닌 단순 아이디어는 팔아본 전례가 없다며 난색을 표했다. 하지만 박 대표는 연세대 산학협력단에 2,000만 원을 기부하는 형식으로 NK세포치료제 개발 아이디어에 대한 값을 지불했다. 그 길로 박 대표와 NK세포의 긴 인연이 시작됐다. 박 대표는 2023년까지 15년째 NK세포 한 우물만 파고 있다.

박 대표가 제일 처음 개발한 것은 NK세포 활성도 검사키트(NK뷰키트)다. 박 대표는 "수치는 0에서 2,000까지 나온다"며 "건강한 사람은 2,000에 가까운 수치가 나오고 암 환자들은 100 정도 나온다"고 설명했다. 이어 "잠재적인 암 환자는 500~600 정도 수치가 나온다"고 덧붙였다. 해당 면역진단키트는 지난 2016년 건강보험심사평가원 건강보험 급여항목에 등재됐다. 이 진단키트는 현재 2,000여 개 의료기관에 공급 중이다.

엔케이맥스가 진단키트를 출시한 이후 NK세포 활성도를 올려주는 치료제를 개발해달라는 요구가 이어졌다. 검사키트에서 NK세포 활성도가 낮게 나와도 개선책이 없다는 것이 이유였다. 박 대표는 "NK세포 활성도를 높여주는 성분은 베타글루칸"이라며 "아가리쿠스버섯에 가장 많이 함유돼 있다"고 설명했다.

박 대표는 세계 200여 곳의 아가리쿠스버섯 농장에서 재배된 샘플을 식품연구원으로 보냈다. 결국 미국 캘리포니아의 한 농장에서 압도적인 베타글루칸 함유량을 가진 아가리쿠스버섯이 생산된다는 사실을 알게 됐다. 박 대표는 "아가리쿠스버섯 생산지의 기후, 토양에 따라 베타글루칸 함유량 차이가 컸

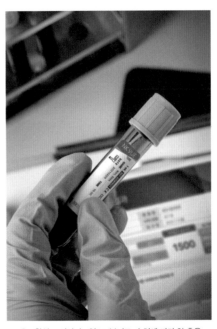

NK세포 활성도 검사기트인 NK뷰키트. 수치에 따라 암 혹은 잠재적인 암 발생 여부를 판단하는 데 도움을 준다.

다"면서 "이 농장에서 연간 3만 톤(t) 규모의 아가리쿠스버섯을 수입하고 있다"고 밝혔다. 엔케이맥스가 이 과정을 거쳐 출시한 제품이 '엔케이365'다. 박 대표는 "국내에선 건강기능식품(건기식)으로 불리지만 개인적으론 항암제라고 생각한다"면서 "NK세포 활성도 검사키트에서 수치가 600 정도 나오는 사람이 한두 달 먹으면 수치가 2,000까지 치솟는다"고

말했다. 이어 "NK세포 활성도를 높여 건강한 사람의 면역력을 갖추게 한다"고 강조했다.

다만 엔케이365는 국내 건기식에서 성분 표시 규정에 의해 아가리쿠스 대신 비타민, 미네랄, 베타글루칸 분말 등으로 표시되고 있다. 실제 엔케이365의 제품 근간은 아가리쿠스버섯이다.

세계 최고 NK세포배양기술 확보

박 대표의 NK세포치료제 도전은 계속된다. 엔케이맥스는 2016년 이경미 고려대 의대 교수로부터 'NK세포의 배양 및 치료 기술'을 10억 원에 사들였다. 이 교수는 해당 기술을 10여 년간 연구했다. 박 대표는 "사람 피를 뽑으면 혈청과 혈장이 아래위로 나뉜다"면서 "이때 혈청과 혈장 사이에 노란색 띠가 형성돼 있는데 그 안에 NK세포가 있다. 전체 혈액에서 비중이 4%밖에 안 된다"고 설명했다. 이어 "혈액에서 NK세포를 분리해 배양을 해도 배양이 잘 안 된다"고 덧붙였다.

엔케이맥스는 차별화된 방식으로 NK세포를 배양 중이다. 그는 "경쟁사들은 NK세포를 일반 세포배양처럼 배지를 주는 방식으로 배양을 시도하면서 모두 고순도 증식에 실패했다"면서 "이 경우 NK세포가 서로 잡아먹으면서 역배양된다"고 꼬집었다. 이어 "반면 우리는 NK세포에 특정 암 세포주를 주는데, 이를 먹이 삼아 단시간 내 99% 고순도, 고활성 NK세포가 대량 증식된다"고 설명했다.

자체 기술개발로 NK세포배양기술 고도화에도 성공했다. 박 대표는 "처음 기술도입했을 당시엔 10명 중 6명의 NK세포만 배양이 됐다"면서 "하지만 2년간 자체 연구개발을 거쳐 지금은 10명 배양을 시도하면 10명 다 배양이 된다"고 강조했다.

박 대표의 뚝심으로 15년째 NK세포 한 우물만 판 엔케이맥스는 더 높은 곳을 바라보고 있다. 박 대표는 "면역거부반응과 부작용이 없는 NK세포 고유 특성상, 동종세포(타인 세포)도 성공할 가능성이 높다"면서 "NK세포가 암종과 염증을 구분하지 않고 치료하기 때문에 알츠하이머, 파킨슨병 치료 효과가 기대된다"고 밝혔다.

엔케이맥스의 자가세포치료제(SNK01)는 미국, 한국, 멕시코 3개국에서 비소세포폐암, 알츠하이머 등을 적응증으로 임상시험을 진행 중이다.

불치병 완치하고 알츠하이머도 효과

엔케이맥스의 NK세포치료제 '수퍼NK'가 불치병으로 불리던 질환에서 치료 효과를 내면서 기업가치가 재평가되고 있다.

엔케이맥스는 수퍼NK를 기반으로 불응성비소세포폐암, 육종암, 알츠하이머 등 고형암에서부터 신경퇴행성질환까지 5종 적응증을 타깃으로 하는 임상 파이프라인을 보유 중이다. 선천 면역세포인 NK세포는 체내에 약 5~15%로 아주 적게 존재해 치료제로 사용하기엔 수가 적다. 엔케이맥스는 차별화된 기술로 NK세포를 대량생산할 뿐 아니라 활성도를 높였고 이를 수퍼NK로 명명했다.

현재까지 성과만 놓고 보면 엔케이맥스는 킴리아·예스카타 등의 키메라항원수용체T세포(CAR-T)치료제를 뛰어넘을 만한 잠재력을 가졌다는 평가다. 자사 NK세포치료제 SNK01과 키트루다 병용투여로 완전관해(CR) 판정을 받은 미국인 32세 육종암 환자가 43개월째 암이 재발하지 않고 있다. 이 기간 해당 환자는 총 47차례 'SNK01+키트루다'를 투약했다. 이 환자는 지난 2017년 전이성육종암 진단을 받았다. 암세포는 복부·골반 림프절 및 간에 광범위하게 전이돼 있었다. PD-L1 음성으로 키트루다·옵디보 같은 면역항암제도 전혀 듣지 않았다.

이 환자는 SNK01+키트루다 처방 전 다섯 차례에 걸쳐 다른 약물을 투약했으나 모두 실패로 돌아갔다. 구체적으로 1차 닥서루비신·사이탁산·빙크리스틴, 2차 이타퍼사이드·이포스파미드, 3차 알독소루비신·이포스파미드, 4차 아이리노테칸·빙크리스틴·테모달, 5차 얀델리스·키트루다 순이다.

2022년 유럽 종양학회 포스터에 공개된 엔케이맥스 SNK01과 머크 키트루다 병용투여 환자에 대한 보고서. 종양 소멸이 뚜렷하게 보인다.

엔케이맥스 관계자는 "이 환자는 더 이상 쓸 약이 없던 상황"이라면서 "미국 현지 의사가 식품의약국(FDA)에 치료목적으로 'SNK01+키트루다' 동정적 사용 승인을 받아 투약한 것"이라고 설명했다. 이어 "이 환자 몸 전체 퍼진 암세포가 'SNK01+키트루다' 16차례 투약 후 말끔히 사라졌다"면서 "이후 주기적으로 투약을 이어가고 있고 3년간 완전관해를 유지하고 있다"고 강조했다.

이번에 FDA에 동적적 사용승인을 신청한 의사는 현재 미국 육종암센터에 근무 중으로 키트루다·바벤시오와 SNK01 병용투여 미국 임상1상에 참여 중이다. 이 의사는 SNK01 병용투여 임상에서의 좋은 결과를 목격하고 임상과 별개로 사망 직전의 8명의 환자를 FDA에 등록하고 투약을 결정했다.

주목할 점은 지금껏 개발된 치료제 가운데 고형암에서 이 같은 효능을 보여준 전례가 없다는 것이다. 특히 이 암 환자는 모든 치료제에 불응했고 사망 직전의 상태였다. 하지만 엔케이맥스의 NK세포치료제를 투약하고 기사회생했다. 높은 효능으로 주목받고 있는 CAR-T는 적응증이 혈액암에 국한돼 있다. 전체 암에서 고형암이 95%를 차지하고 혈액암 비율은 5%에 불과하다.

엔케이맥스는 2022년 육종암 임상1상 병용투여군 15명의 중간 데이터를 발표했다. 구체적으로 완전관해(CR) 1명, 부분관해(PR) 1명, 안정병변(SD) 8명을 각각 기록했다. 엔케이맥스는 현재 육종암 임상1상을 마무리하고 최종 결과 분석 중이다.

알츠하이머에도 치료 효과

멕시코에서 진행된 10명의 알츠하이머 환자에 대한 수퍼NK 임상 중간 1상 결과에서 7명의 환자로부터 인지력 개선이 확인됐다. 특히 마지막 투약 후 12주 뒤에도 개선된 인지력이 유지됐다. 엔케이맥스는 이 같은 결과를 2023년 7월 네덜란드 암스테르담에서 열린 '알츠하이머협회 국제회의(AAIC) 2023'에서 발표했다.

엔케이맥스 관계자는 "세 가지 인지력 측정 지표에서 적게는 5명, 많게는 7명까지 인지력이 개선됐다"며 "수퍼NK 투약 후 뇌척수액의 바이오마커와 신경 염증의 개선이 보였다"고

엔케이맥스의 수퍼NK 파이프라인 현황

프로그램	적응증	국가	치료법	탐색	전임상	임상1상	임상2상
SNK01-US01	불응성 암	미국	키트루다/바벤시오 병용				
SNK01-N12a	비소세포폐암	한국	키트루다 병용				
SNK01-TRN12a	TKI 불응성비소세포폐암	한국	GC/얼비툭스 병용				
SNK01-MX04	알츠하이머	멕시코	단독				
SNK02(동종)	고형암 및 위암	-	-				
CAR-NK	암	-	-				

NK세포
대량생산이 가능한
본사 GMP 시설.

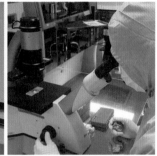

말했다.

이어 "약 70% 알츠하이머 환자가 용량 증가에 따라 인지능력 개선 및 안정화 효과가 유지되는 경향을 보였다"면서 "수퍼NK는 저용량에서도 충분히 효과적인 알츠하이머 치료제다. 고용량 치료 시 더욱 긍정적인 장기 치료 결과를 기대할 수 있는 의미"라고 강조했다.

FDA는 2023년 1월 수퍼NK를 알츠하이머 환자를 대상으로 동정적 사용승인을 했다. 동정적 사용승인은 의사가 자신의 환자 치료를 목적으로 임상 중인 약물에 대해 FDA에 사용허가를 얻는 절차다. 대게 동정적 사용승인은 더 이상 사용 가능한 치료제가 없어 치료를 포기할 상황에 이를 경우 의사 판단 아래 이뤄지는 절차다.

알츠하이머·파키슨병은 지금까지 증상완화제는 있어도 치료제는 없었다. 하지만 수퍼NK는 난공불락으로 여겨지던 질환들에서 약 효능을 입증하고 있는 것이다.

한편 엔케이맥스는 미국과 한국에 cGMP(미 FDA 인증 우수 의약품 제조·관리 기준) 시설을 보유하고 있어 임상에 필요한 수퍼NK를 자체적으로 생산할 수 있다. 엔케이맥스는 자가는 50만 도즈, 동종은 10만~40만 도즈 이상 대량생산이 가능하다.

진메디신

● 항암 아데노바이러스 신약 개발 전문기업 ●

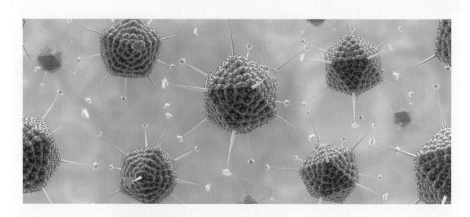

윤채옥 대표이사
· 서강대 생물학 학사·분자생물학 석사
· 미 일리노이공과대 분자생물학 박사
· 미 하버드대 의대 박사후연구원
· 한양대 생명공학과 교수
· 미 워싱턴대 의대 겸직교수
· 중 쓰촨대 초빙교수
· 한국공학한림원 정회원

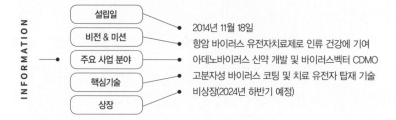

INFORMATION

설립일	2014년 11월 18일
비전 & 미션	항암 바이러스 유전자치료제로 인류 건강에 기여
주요 사업 분야	아데노바이러스 신약 개발 및 바이러스벡터 CDMO
핵심기술	고분자성 바이러스 코팅 및 치료 유전자 탑재 기술
상장	비상장(2024년 하반기 예정)

항암 바이러스 신약 및 벡터 CDMO로 승부

화학항암제부터 면역항암제(면연관문억제제)까지 다양한 항암제가 개발됐지만 삼중음성 유방암이나 폐암, 췌장암 등 일부 난치성 고형암은 여전히 난공불락의 성으로 자리하고 있다. 비교적 최근에 출시된 키메릭항원수용체T세포(CAR-T)치료제조차 일부 혈액암 적응증만 획득했을 뿐이다. 현재 생명과학기술로도 고형암의 방어막을 뚫어내기가 쉽지 않은 것이 사실이다.

2014년 당시 한양대 교수로 교원 창업을 통해 진메디신을 세운 윤채옥 대표는 "고형암마다 종양 미세환경이 천차만별"이라며 "이들이 공통적으로 보이는 특징 중 하나가 세포외기질(ECM) 층이다. 췌장암은 특히 ECM이 너무 두꺼워 승인된 어떤 치료제도 이를 뚫고 암세포를 공격하지 못한다"고 설명했다.

이를 극복하기 위해 윤 대표는 1992년부터 미국 일리노이대 박사, 하버드대 박사후연구원을 거치는 등 30여 년간 유전자치료제 연구를 수행했다. 현재 그는 국내 연구자 중 유일하게 항암 바이러스 분야에서 가장 규모가 큰 국제항암바이러스치료컨퍼런스(IOVC)의 자문위원이기도 하다.

윤 대표는 "1세대 CAR-T 관련 연구 기간 등을 포함하면 현재 세포유전자치료제(CGT)라고 불리는 분야에서 30년 정도 연구했다. 이 중 25년가량을 항암 바이러스에 매진했다"며 "그 결과 암 치료 유전자를 탑재시킨 항암 아데노바이러스가 각종 고형암의 ECM을 뚫고 들어갈 수 있도록 돕는 기술을 개발했다. 이를 사업화하기 위해 진메디신을 세웠다"고 설명했다.

신약 개발·CDMO, 두 마리 토끼 잡는다

현재 진메디신은 인체의 면역체계로부터 벗어날 수 있도록 고분자성 나노물질로 아데노바이러스를 코팅하는 기술 등 총 4개의 치료 유전자를 아데노바이러스에 탑재하는 기술을 보유하고 있다.

이를 통해 진메디신은 'GM101'부터 'GM104'까지 4개의 유력 항암 아데노바이러스 신약후보물질을 발굴하는 데 성공했다. 현재 GM101은 삼중음성유방암 대상 국내 임상1상을 종료하고 현재 임상2상 진입을 준비 중이다. 식품의약품안전처(식약처)가 2023년 6월 각종 고형암 대상 'GM103'의 단독요법 또는 병용요법 임상1/2상을 진행하도록 승인했다. 진메디신은 2024년 상반기에 해당 임상을 본격화하려는 중이다.

윤 대표는 "자체 개발 물질로 2종의 임상에 진입했다. 다른 물질 역시 2025년 임상시험계획서(IND) 제출을 목표로 개발하고 있다"며 "무엇보다 면역원성을 극복한 코팅 기술 덕분에 우리 물질은 전신 투여로 개발하려는 중"이라고 말했다.

진메디신은 신약 개발과 별개로 2022년 8월부터 바이러스벡터 CDMO 사업을 개시했다. 윤 대표는 "우리가 개발하는 아데노바이러스뿐만 아니라 CAR-T에 쓰는 렌티바이러스 등 각종 유전자치료제 개발에 필수적인 바이러스벡터 관련 생산 및 정제 기술도 확보해 특허화했다"며 "국내 연구 및 상업용 바이러스벡터 CDMO 사업의 수요를 충당해나갈 예정"이라고 말했다.

나노 코팅·치료 유전자 탑재… "전신 투여도 가능"

바이러스가 침투하면 이에 맞서는 인체 면역세포들의 공격을 받게 된다. 이 때문에 국내외에서 시판됐거나 임상 개발을 시도 중인 대부분의 바이러스 관련 약물은 일부 국소 부위에

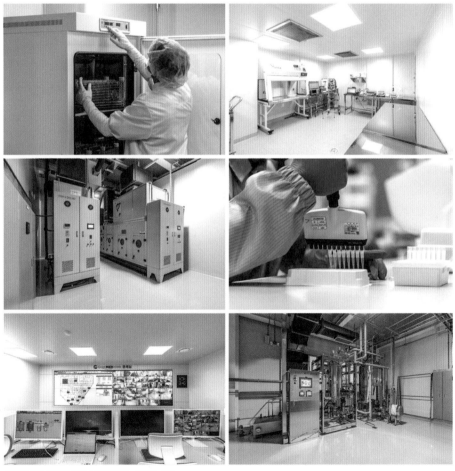

1:1 고객 맞춤형 통합 서비스를 구현하는 CDMO 사업.

진메디신의 파이프라인 현황

프로그램	적응증	연구 및 탐색	전임상	임상1상	비고
GM101	삼중음성유방암				2024. 4Q IND 제출 (세부 일정 진행 중)
GM102	췌장암				2025. 1Q IND 제출 (전신 투여 예정)
GM103(단독)	대장암, 신장암, 유방암, 흑색종 등				2023. 2Q IND 승인 (한국 승인 완료, 미국 조율 중)
GM103(병용)	폐암, 간암 등				
GM104	면역-결핍, 면역-비침투성 종양				2025. 2Q IND 제출 (전신 투여 예정)

직접 근육주사하는 방식이 적용되고 있다.

윤채옥 진메디신 대표는 "코로나19백신 중 미국 얀센이 개발한 제품은 일반적인 야생의 아데노바이러스를 활용한 바이러스벡터 방식으로 개발된 근육주사였다"며 "야생의 아데노바이러스는 고형암을 노릴 항암제로 개발해 근육주사하면 면역세포의 공격을 받아 소실될 가능성이 높기 때문에 그대로 사용할 수 없다"고 설명했다.

지난 25년간 아데노바이러스를 신약 개발에 활용하기 위한 연구를 두루 수행한 윤 대표는 이를 비롯한 여러 바이러스의 최외곽 표면을 면역원성을 띠지 않는 고분자성 나노폴리머로 코팅해 보호하는 기술을 개발했다. 여기에 특정 암세포에 특이적으로 작용할 수 있도록 표지 물질을 붙여 면역 회피가 가능한 항암 아데노바이러스 신약의 토대를 구축했다.

윤 대표는 "나노 물질로 표면을 코팅한 아데노바이러스는 정맥주사로 전신 투여해도 면역세포들의 공격을 이겨낼 수 있다"며 "우리가 원하는 조직으로 보내기 위한 표지자까지 붙여주면 고형암을 노릴 기본 요건을 갖춘 것이 된다"고 운을 뗐다.

그는 이어 "이제 문제는 이런 코팅된 바이러스가 두터운 ECM 등의 방어막을 보유한 고형암 세포을 공격할 수 있도록 치료 유전자를 탑재하는 일이다"라며 "유전자재조합을 거쳐 아데노바이러스가 ECM 등을 뚫을 수 있는 물질을 직접 생성하도록 설계했다. 이를 통해 암세포에 침투한 아데노바이러스가 증식해 세포 사멸을 유도하게 된다"고 설명했다.

항암 아데노바이러스 2종 국내 임상 중… 계열 내 최초 신약 가능

진메디신의 주력 후보물질인 GM101부터 GM104까지 순서대로 암 치료 유전자를 각각 1개에서 최대 4개까지 탑재시킨 것으로 확인됐다. 이 중 1개의 치료 유전자를 탑재한 GM101

은 2008년부터 삼중음성유방암 대상 상업용 임상1상을 시작해 현재는 임상2상 시험계획서(IND) 제출을 위한 준비절차를 밟고 있다.

윤 대표는 "GM101을 처음 시도할 때도 유전자를 여러 개 탑재할 기술을 가지고 있었다. 하지만 당시 규제적인 측면에서 이를 받아들일 준비가 더뎠다"며 "유전자치료제가 실제로 개발되고 있는 지금 규제기관의 인식이 달라졌다. 이제는 많은 유전자를 탑재한 물질에 대한 거부감은 없다. 실제로 약물이 타깃하는 고형암의 특징을 반영한 치료 유전자가 많을수록 더 큰 효과를 기대해볼 수 있을 것"이라고 말했다.

진메디신의 후보물질 중 2023년 6월 GM103이 두 번째로 식약처로부터 폐암과 간암, 대장암과 신장암 등 각종 고형암 대상 임상1/2a상을 승인받았다. 이 밖에도 GM102와 GM104 등도 2025년경 임상 진입을 목표로 전임상 연구를 수행하는 중이다.

한편 미국 암젠의 항암 헤르페스바이러스 신약 '임리직(성분명 탈리모진 라허파렙백)'이 2015년 미국과 유럽에서 흑생종 치료제로 차례로 동종 약물 중 최초로 승인된 바 있다. 암젠이 인수한 바이오벡스가 개발한 임리직은 유전자를 조작해 암세포를 죽이도록 주변 면역체계를 활성화시키는 GM-CSF 유전자를 추가한 것으로 알려졌다. 최근에는 임리직과 면역관문억제제(면역항암제)를 병용해 효과를 2배 이상 높였다는 연구들도 나오고 있다.

윤 대표는 "아데노바이러스는 바이러스가 커서 유전자 탑재 용량이 크고 안전성이 좋다"며 "아직 국내외 개발사들은 아데노바이러스에 대한 특허 이슈로 다른 바이러스를 이용해 항암제 개발을 시도한다. 항암 아데노바이러스 신약 개발에 성공하면 우리가 계열 내 최초

진메디신 사옥 전경.

(퍼스트인클래스)"라고 운을 뗐다.

진메디신은 바이러스 코팅 기술, 아데노바이러스를 통해 발굴한 자사 후보물질, 아데노바이러스 생산용 세포주 등과 관련해 국내(43건) 및 해외(123건)에서 총 171건의 특허를 등록했다.

윤 대표는 "그동안 축적한 특허로 우리는 아데노바이러스를 활용하는 데 전혀 제한이 없다. 계열 내 최초 아데노바이러스 신약을 개발할 예정"이라며 "최근 승인받은 GM103 임상은 이 약물의 단독요법뿐 아니라 면역항암제와 병용요법도 포함됐다. 다양한 방식으로 효능을 극대화할 수 있도록 신약 개발을 이어가겠다"고 강조했다.

프레스티지바이오파마

● 혁신 항체 신약 및 바이오의약품, 진단 기술, 백신 개발 전문기업 ●

박소현 회장
· 미 미주리대(컬럼비아) 생유기화학 박사
· 미 매사추세츠공과대 박사후연구원
· 싱가포르 국립과학기술연구소 신약개발센터 자문위원
· 프레스티지바이오로직스 연구소장
· 메이슨파트너스 이사

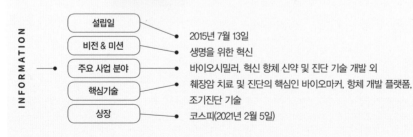

INFORMATION

설립일	2015년 7월 13일
비전 & 미션	생명을 위한 혁신
주요 사업 분야	바이오시밀러, 혁신 항체 신약 및 진단 기술 개발 외
핵심기술	췌장암 치료 및 진단의 핵심인 바이오마커, 항체 개발 플랫폼, 조기진단 기술
상장	코스피(2021년 2월 5일)

세계가 주목한 PAUF 치료 생태계

2023년 들어 프레스티지바이오파마가 새로운 도약기를 맞고 있다. 독자적으로 발굴해 10여 년간의 연구 끝에 구축한 췌관선암 과발현인자(PAUF) 치료 플랫폼이 미국 정부로부터 마침내 인정받았기 때문이다. 이에 따라 PAUF 항체 신약에 대한 글로벌 시장의 높은 관심이 이어지고 있다.

프레스티지바이오파마는 췌장암의 진행과 전이를 촉진하는 단백질 PAUF를 발굴했을 뿐 아니라 이를 타깃으로 한 항-PAUF 항체를 개발하면서 주목을 받고 있는 바이오 벤처다. 여기에 이를 활용한 표적치료 항체 신약인 'PBP1510'도 개발 중이다. 해당 신약은 종양 미세환경에 작용해 PAUF에 의해 교란된 면역체계를 복구함과 동시에 암세포의 증식과 전이를 차단하는 기전을 갖고 있다. 췌장암 및 난소암 근원에 작용해 치료하는 혁신적인 신약으로 평가받는다.

박소연 프레스티지바이오파마 회장은 "췌장암 환자 80% 이상에서 과발현되는 PAUF 단백질이 췌장암 진행과 전이에 결정적인 역할을 한다는 것을 발견했다. 췌장암을 치료할 수 있는 바이오마커를 발굴한 것"이라며 "PAUF를 중화해 췌장암을 치료하는 항체 신약 PBP1510을 개발하고 있다. PAUF 타깃 치료제는 미국과 유럽 최고 규제기관에서 우수한 포텐셜을 인증받았다"고 말했다.

2020년 5월 세계보건기구(WHO) 국제일반명(INN) 신청을 완료했고, 그해 미국 식품의약국(FDA), 유럽의약품청(EMA), 한국 식품의약품안전처(식약처)로부터 희귀의약품으로 지정받았다. 2021년 2분기에는 프랑스에서 유럽 임상1/2a상을 위한 임상시험계획(IND)을 승인받았다. 2022년 1분기에는 스페인에서 유럽 임상1/2a상 IND를 승인받아 다국적 임상을 진행 중이다. 미국에서도 2022년 2분기 FDA로부터 임상1/2a상 IND를 승인받았고, 2023년 1분기에는 패스트트랙 품목으로 지정받았다. 이런 가능성에 미국 정부가 높은 관심을 가졌고, 암 극복 프로젝트인 '캔서문샷(Cancer Moonshot)'에 전격 합류하게 됐다.

퍼스트인클래스 PBP1510, 조기 상용화도 가능

2015년 싱가폴 법인을 설립해 본격적인 사업에 나선 프레스티지바이오파마는 항체 신약, 바이오시밀러, 백신 사업까지 영위하는 항체 바이오의약품 전문기업으로의 성장을 꾀하고 있다. 구체적으로 1세대 화학항암제→2세대 표적항암제→3세대 면역항암제로 이어지는 항암치료제 시장의 트렌드 선도를 목표로 하고 있다. 이를 통해 신약 연구·개발·생산을 통합한 제3세대 글로벌 신약 개발 제약·바이오 기업으로 도약하겠다는 포부다.

글로벌기업 도약의 핵심 키로 평가받는 것이 바로 PBP1510이다. 박 회장은 "항-PAUF 항체에 대한 글로벌 지적재산권(IP)을 보유해 독보적으로 이를 활용한 기술개발이 가능하다"며 "미국시장 진출은 유럽시장만큼이나 어렵지만, 미국 바이든 정부의 적극 지원 아래 개발을 가속화할 수 있을 것으로 기대하고 있다"고 귀띔했다.

특히 회사 측은 PBP1510이 탁월한 생체 내 효능 결과로 췌장암의 1차 치료제가 될 수 있을 것으로 자신하고 있다. PBP1510과 젬시타빈(Gemcitabine)이 병용투여된 동소이식 마우스 모델에서 항암 효능 및 생존율이 대폭 증가했다. 현재 췌장암 치료는 수술적 절제와 화학요법인 폴피리녹스(Folfirinox)와 젬시타빈/nab-파클리탁셀(Paclitaxel) 등이 사용되고 있다. 하지만 치료 효과가 적고 독성이 높아 효능이 제한적이다.

따라서 화학요법과 표적항체치료제 병용요법으로 우수한 항암효과를 입증한 만큼 PBP1510 개발 성공 시 글로벌 시장 규모도 확대될 것으로 예상된다. 현재 PAUF 양성 췌장암 환자는 전체 췌장암 환자 46만 명의 80%인 37만 명에 달한다. 회사 측에 따르면 글로벌시장규모도 2021년 약 29억 달러(약 3조 7,000억 원)에서 치료제 개발 시 약 61억 달러(약 7조 7,800억 원) 규모에 달할 것으로 분석됐다. PAUF를 타깃하는 항체 신약은 글로벌 시장에서 프레스티지바이오파마가 특허를 확보하고 유일하게 개발하고 있어, 상용화 시 퍼스트인클래스 신약이 된다. 희귀의약품과 패스트트랙 제품으로 지정된 만큼 조기 상용화도 가능한 상황이다.

박 회장은 "PAUF 항체 신약에 대해서는 미국과 유럽에서 희귀의약품 지정과 패스트트랙 지정 등 받을 수 있는 지원은 거의 다 받았다고 봐야 한다. 글로벌에서 PBP1510의 포텐셜을 인정하고, 개발 시급성에 대해 인지하고 있는 상황"이라며 "PBP1510 개발과 췌장암 조기진단키트 상용화로 췌장암을 조기진단하고 치료하는 원스톱 솔루션 체계를 제공할 것"이라고 말했다.

프레스티지바이오파마의 파이프라인 현황

구분	프로그램	주성분명	적응증	오리지널	개발	전임상	임상1상	임상3상	품목허가 신청
바이오시밀러	HD201 (Tuznue®)	트라스투주맙	유방암, 전이성위암 등	허셉틴(로슈)					EMA 신청 준비 중
	HD204 (Vasforda™)	베바시주맙	유방암, 폐암, 위암, 대장암, 난소암 등	아바스틴(로슈)	글로벌 3상 17개국 진행중				2023
	PBP1502	아달리무맙	류머티즘 성관절염, 건선 등	휴미라(애보트)	유럽(스페인) 1상 진행 중				2025
항체신약	PBP1510	Anti-PAUF	췌장암, 난소암	혁신신약		미국/유럽(프랑스, 스페인) 1/2상 진행 중	FDA/EMA/식약처 희귀의약품 지정(2020)	FDA 패스트트랙 품목 지정(2023)	2026

2024년 바이오시밀러 매출 본격화

허셉틴 바이오시밀러 'HD201'의 품목허가는 프레스티지바이오파마의 바이오시밀러 사업 흥행 여부를 점칠 수 있는 첫 단추가 될 수 있다는 점에서 세간의 주목을 받고 있다. 2022년 9월 EMA 품목허가 자진 철회 후 약 10개월 만의 재도전에서 허가 가능성이 상당히 높다는 게 회사 측 설명이다.

HD201은 2022년 3월 임상3상 최종 결과보고서(CSR)를 통해 오리지널 의약품과의 높은 생물학적 유사성을 입증했다. 이를 바탕으로 2023년 1월 임상 완성 SCI급 논문 'BMC'를 발표했고, 품목허가 신청을 목전에 두고 있다. 현재 유럽 포함 세계 42개국 라이선스 계약을 완료한 상태다. 유럽 품목허가를 획득하면 곧바로 미국 품목허가도 추진하게 된다.

박소연 프레스티지바이오파마 회장은 "EMA 등 규제기관과 2023년 5월 사전 미팅에서도 문제가 전혀 없었고, 준비를 완벽하게 한 만큼 허가 획득은 자신하고 있다"며 "허가 신청 후 1년 정도의 리뷰 과정을 거쳐서 2024년 상반기에 승인된다면 HD201을 통한 매출은 2024년 후반기부터 가능할 것으로 판단한다"고 말했다.

허셉틴 바이오시밀러를 이을 캐시카우 제품인 아바스틴 바이오시밀러 'HD204'도 상업화에 시동을 건다. 2019년 호주 임상1상을 통해 약동학(PK) 및 안전성에서 아바스틴과 우수한 동등성을 입증했다. 여기에 최적화된 정제 방법, 항체 생산 및 정제 방법 관련 3개 특허를 25건 등록해 차별화된 경쟁력을 장착했다. 현재 한국(휴온스)과 미국, 유럽, 러시아 지역 라이선스 계약을 완료했다. 2024년 초 FDA와 유럽서 품목허가 신청에 나설 계획이다.

세계 의약품 시장 매출액 1위인 휴미라 바이오시밀러 개발도 본격화되고 있다. 회사 관계자는 "2022년 1월 스페인에서 임상1상을 승인받아 진행 중에 있고, 2023년 2월에는 헝가리 임상1상을 승인받았다"며 "2023년 1상에서 안전성 확인 후 글로벌 임상3상을 개시할 예정이고, 2025년 유럽과 미국 품목허가 신청을 목표로 하고 있다"고 설명했다.

13조 원 췌장암 조기진단 시장 선점 자신

바이오시밀러와 함께 전략적으로 개발하고 있는 췌장암 조기진단 사업도 2024년 만개할 것으로 전망된다. 췌장암 조기진단 사업은 미국 정부가 주도하는 암 정복 프로젝트인 캔서 문샷에 프레스티지바이오파마가 합류하는 데 결정적인 역할을 한 PAUF 치료 플랫폼의 핵심으로 꼽힌다. 회사에 따르면 미국 측은 췌장암 조기진단키트에 높은 관심을 보였다.

박 회장은 "췌장암 조기진단은 환자가 아닌 일반 사람들에 대한 니즈가 핵심이다. 췌장암

싱가포르 본사 내에 위치한 프레스티지바이오파마의 리서치센터. 바이오시밀러 연구개발, 임상 연구 및 허가 등 다양한 업무를 진행한다.

에 걸리지 않은 일반 사람들이 향후 암 발병 확률에 대해 알고 싶어하는 니즈가 높다"며 "현재까지 상용화된 췌장암 조기진단 키트는 없으며, 췌장암에 특이적으로 반응하는 바이오마커는 당사의 PAUF가 유일하다. 이를 통해 조기진단키트를 개발하고 있다"고 말했다.

시장조사기관 글로벌마케터스비즈에 따르면 췌장암 진단 시장은 2019년 29억 5000만 달러(약 3조 5,000억 원)에서 연평균 6.2% 성장해 2026년 34억 9,100만 달러(약 4조 1,000억 원) 규모로 성장할 것으로 전망된다. 하지만 이는 환자들을 대상으로 한 시장일 뿐 일반인까지 대상을 넓히면 시장규모는 약 13조 원에 달한다는 게 회사 측 설명이다. 프레스티지바이오파마는 최근 조기진단 임상 시료 분석에서 췌장암 환자의 PAUF 수치가 정상인 대비 2배 높은 것을 확인했다. 특히 췌장암 조기진단키트는 혈중 PAUF를 높은 민감도 및 특이도로 검출할 수 있다. 바이오마커 민감도분석에 사용되는 수신기 작동 특성(ROC) 분석에서도 86.3%의 높은 민감도를 보인 바 있다. 그는 "PAUF 단백질을 검출하는 조기진단키트로 췌장암을 미리 진단하고, 암세포 증식 및 성장을 억제하는 췌장암 항체 신약 PBP1510으로 치료하는 췌장암 치료 원스톱 솔루션 체계를 완성해 환자 생존율을 높일 것"이라고 강조했다.

신약-진단 이어 CDMO 사업도 궤도 오른다

프레스티지바이오파마그룹에서 프레스티지바이오파마가 항체 신약 개발을 담당하고 있다면, 프레스티지바이오로직스는 바이오의약품 위탁개발생산(CDMO) 사업을 영위하고 있다. 그룹은 두 회사를 통해 혁신신약 개발에서 자체 생산으로 이어지는 패키지 사업을 목표로 하고 있다.

프레스티지바이오로직스는 코로나19 팬데믹 당시 러시아 코로나19백신 스푸트니크 위탁생산(CMO) 사업에 뛰어들었지만, 러시아 전쟁 등 여러 외부요인으로 무산되는 아픔을 겪었다. 하지만 2023년 2월 18일 국내 제약사 2곳과 원료의약품(DS) 위탁생산과 임상의약품 위탁포장(CPO) 서비스 계약을 체결하며 회사 정상화를 예고했다. 코로나19백신 CMO가 사실상 무산된 것과 관련해 이를 대신할 CMO 계약 수주가 필요했는데 이에 성공한 것이다. 업계에서는 자사 바이오시밀러 임상용 물질만 생산하는 데 그치지 않고 안정적인 매출을 낼 수 있는 기반을 마련했다는 평가다.

프레스티지바이오로직스는 충북 오송에 대규모 생산시설을 확보하고 있다. 제1 캠퍼스에 국내 최초 풀 싱글유즈(Full Single-use, 전 과정 일회용 소재 사용) 시스템이 적용된 6,000리터(L) 생산시설(1공장)과 원액(DS)과 완제(DP) 임상 및 상업용 생산이 가능한 2만 8,000L 시설(2공장)이 들어서 있다. 제2 캠퍼스에는 백신 대량생산이 가능한 8만 8,000L 규모 3공장과 3만 2,000L 규모 알리타(ALITA) 스마트 바이오 팩토리 시스템이 탑재된 4공장이 있다. 이들 공장에서 생산할 수 있는 바이오의약품은 총 15만 4,000L에 달한다.

항체 신약과 항체 플랫폼에 중점을 두고 주요 혁신신약 개발을 주도하고 있는 부산 IDC.

프레스티지바이오로직스는 CDMO 서비스에서 한 발 더 나아가 맞춤형 제조 시설 및 장비 구축으로 최단기간 내 효율적인 생산이 가능한 CDEMO 서비스를 구현했다. 이에 따라 개발 단계부터 생산까지 원스톱 서비스가 가능한 위탁개발(CDO), 고객 맞춤형 시설 및 장비 최적화(위탁엔지니어링, CEO), 신속하고 효율적인 생산(CMO), 임상의약품 전 과정 포장 및 보관 서비스(CPO)가 가능하다.

회사는 CDMO 분야 후발 주자인 만큼 차별화된 경쟁력으로 대형 수주를 노린다는 계획이다. 회사 관계자는 "프레스티지바이오로직스의 경쟁력은 크게 기술 기반 생산공정 혁신과 글로벌 수준의 생산능력, 탁월한 원가경쟁력에 있다"며 "이를 통해 고품질의 바이오의약품을 고객에게 적시에 납품하는 것을 목표로 하고 있다"고 말했다.

특히 회사가 가장 강조한 경쟁력은 신개념 하이브리드 제조 시스템인 알리타 스마트 바이오 팩토리다. 해당 시스템은 프레스티지바이오로직스의 특허 기술로, 바이오의약품 생산 시설로는 세계 최초로 디지털 인공지능(AI) 기술을 생산시설에 접목했다. 싱글유즈와 스테인리스스틸 기술 이점을 최대화하는 자동화 시스템으로, AI 컨트롤 및 머신러닝을 통해 자가 진단과 생산이 가능하다. 프레스티지바이오로직스 관계자는 "알리타 시스템으로 신속하게 생산설비 설계 변경이 가능해 다양한 종류의 의약품을 효율적으로 생산 가능하다"며 "여기에 초기 투자 비용이 많이 들고 설비 유지비용이 높은 퍼머넌트(Permanent) 방식 대신 싱글유즈 방식 공정을 채택해 원가경쟁력도 확보했다. 또 배양기 내 일회용 백을 사용해 교차감염 위험이 없는 생산 안전성도 확보했다. 바이시스트로닉 벡터 기술도 개발해 고품질 항체를 고발현율로 생산할 수 있고, 원하는 항체를 안정적으로 고발현하는 생산 세포주 확립도 가능하다"고 설명했다.

차별화된 경쟁력을 각종 해외 행사에서 적극적으로 알리면서 대형 수주 논의도 본격화되고 있다. 회사에 따르면 2023년 1월 미국 샌프란시스코에서 열린 JP모건 바이오 파트너링 행사를 시작으로 2023년 6월 세계 최대 제약·바이오 전시회 '바이오 인터내셔널 컨벤션(바이오 USA) 2023'까지 참석하는 등 2023년 상반기에만 해외 전시회 7건, 국내 전시회 2건에 참여했다. 활발한 행사 참가를 통한 거래처 확보 활동은 하반기에도 이어진다. 프레스티지바이오로직스는 최근까지 15건 이상의 수주 논의를 활발하게 진행하고 있다.

현덕훈 프레스티지바이오로직스 대표는 "CDMO 영업은 박람회나 투자 파트너링 행사에서 처음 만나 수십 번의 온·오프라인 미팅으로 신뢰를 쌓고, 공장을 실사하며 여러 제반 사항 점검 후 이뤄지는 만큼 오랜 시간 전 임직원이 수주 달성에 공을 들이고 있다"며 "하반기에는 막판 담금질을 마치고 첫 대규모 수주가 이뤄질 것으로 예상된다"고 말했다.

충북 오송에 위치한 프레스티지바이오로직스의 대규모 생산시설. 최단기간 내 효율적인 생산이 가능한 CDEMO 서비스를 구현했다.

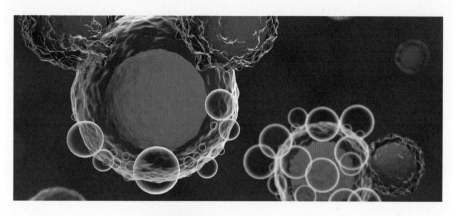

큐로셀

● 유전자세포치료제 CAR-T 개발 전문기업 ●

김건수 대표이사
· 연세대 생명공학 석사
· 차바이오텍 연구기획
· LG화학 R&D 전략기획

INFORMATION

설립일	2016년 12월 6일
비전 & 미션	글로벌 CAR-T 시장 선도기업
주요 사업 분야	혈액암 대상 CAR-T 신약 및 암종 다변화
핵심기술	CAR-T 효능 높이는 오비스 플랫폼
상장	비상장

큐로셀 탄생 비화 핵심은? 경영과 기술 분리

큐로셀은 2016년 말 김건수 대표가 주도해 설립한 국내 최초의 키메릭항원수용체T세포(CAR-T) 전문기업이다. 김 대표는 2000년 한화석유화학 중앙연구소 입사를 시작으로 2004년부터 12년간 LG생명과학(현 LG화학)에서 의약품 개발연구를 수행했다. 2007년부터 연구개발(R&D) 전략기획을 시작했고, 2015년 차바이오텍으로 자리를 옮긴 뒤 세포치료제를 접하게 됐다.

그는 "차바이오텍에서 줄기세포와 세포치료제에 대한 이슈를 접했고, 특히 당시에 스위스 노바티스의 CAR-T치료제 '킴리아(성분명 티사젠렉류셀)'가 처음으로 품목허가에 도전하던 시기였다"며 "약으로 암을 완치시킬 수 있다는 시각이 완전히 새롭게 다가왔고, 국내에서 처음으로 도전하는 기업을 세우자고 마음먹었던 것"이라고 회상했다.

CAR-T치료제는 면역세포 중 T세포에 유전자조작 등의 방법을 통해 우리가 원하는 타깃에 선택적으로 작용하는 항체를 발현시킨 약물이다. 세포 기술과 항체 기술을 접목해야 하는 셈이다.

창업을 위해 김 대표는 미국 칼리버연구소에서 '스위처블(Swichable) CAR-T' 기술을 개발하는 데 참여한 김찬혁 카이스트 교수와 항체 전문가로 알려진 심현보 이화여대 교수를 차례로 접촉했다. 스위처블 CAR-T란 CAR-T에 스위치 물질을 발현시켜 특정 암세포가 있을 때만 작동하도록 조절 가능하게 만드는 기술이다. 그는 "2016년 당시 마침 국내로 돌아온 김찬혁 교수를 만났고 심현보 교수도 연달아 만나 의기투합했다"고 말했다.

김 대표는 "제약·바이오업계 사람들은 학연이나 과거 회사 동료로 엮이지 않고, 일면식도 없었던 우리 세 사람이 회사를 세운 것에 대해 지금도 가끔 의아한 표정을 짓는다"며 "CAR-T의 가능성으로 한마음이 됐기에 가능했다. 두 교수님이 기술 고문을 담당하고, 모든 경영 전략과 책임은 제가 맡는 구조로 창업을 하게 됐다"고 말했다.

우리는 명실상부한 CAR-T 선두 업체

큐로셀은 2017년 대전에 본사를 두고 기존 시판된 킴리아 등의 약물보다 효능을 높인 후보물질을 찾기 위한 기술개발에 몰두했다. 그 결과 특유의 CAR-T치료제 효능 향상 플랫폼인 '오비스(OVIS)'를 완성했으며, 이를 통해 CD19 타깃 '안발캅타진 오토류셀(안발셀, 프로젝트명 CRC01)'을 발굴했다.

큐로셀의 파이프라인 현황

프로그램	적응증	연구 및 탐색	전임상	임상1상	임상2상
CRC01(CD19)	거대B세포림프종				
	급성림프구성백혈병				
CRC03(CD5)	혈액암				

회사 측은 2021년 2월 국내 CAR-T치료제 개발 기업 중 최초로 식품의약품안전처(식약처)로부터 안발셀에 대해 거대B세포림프종(DLBCL) 및 급성림프구성백혈병(ALL) 등 2종의 적응증을 대상으로 임상1/2상 임상시험계획(IND)을 허가받은 바 있다. 현재 회사는 안발셀에 대한 거대B세포림프종 1상을 성공적으로 마치고 2a상을 진행 중이다. 2023년 7월에는 두 번째 적응증인 급성림프구성백혈병 대상 임상1상 첫 환자 투약을 진행했다.

큐로셀은 사업 초기부터 현재까지 시리즈A~C 투자 및 사전 기업공개(pre-IPO)를 진행했고, 이를 통해 약 980억 원의 자금을 조달한 바 있다. 김 대표는 "처음 시작할 당시에는 CAR-T에 관심을 가진 국내 제약사도 없었다. 여러 투자를 통해 생산시설, 제조공정 등을 자급자족해 지금에 이르렀다"며 "CAR-T치료제 하면 큐로셀을 떠올릴 만큼 우리가 국내 업계 선두에 올라 있다고 자부한다"고 말했다.

그는 이어 "2023년 4분기 안발셀의 임상을 마치고 우리가 기대한 것처럼 품목허가가 이뤄지면 2025년경에는 직접 생산한 CAR-T를 국내 환자에게 공급하게 될 것"이라며 "향후 해외 기업과의 협력을 도모해 추가 CAR-T치료제 후보물질 개발은 물론 싱가포르, 일본 등더 많은 지역에서 관련 임상을 수행해 각국 의약 당국에서 승인받을 수 있도록 노력할 것"이라고 말했다.

CAR-T세포 활성 유지가 관건… '오비스'가 해답

암 또는 바이러스 등 항원을 만나면 면역세포 중 T세포 등이 활성화돼 이들을 공격한다. CAR-T치료제는 특정 암을 선택적으로 타깃해 공격할 수 있도록 유전자조작을 통해 T세포 표면에 항체인 CAR를 발현시킨 유전자변형세포치료제다.

CAR-T세포의 성능에는 여러 요소가 작용하지만 큐로셀이 집중한 것은 안전장치를 해제하는 기술, 바로 오비스다. 정상인의 몸에서 T세포가 과활성화돼 우리 몸속 세포를 무차별하게 공격하는 것을 막기 위해 그 표면에 PD-1, TIGIT, CTLA-4 등의 안전장치가 달려 있다. 이들은 모두 T세포 표면에서 발현되는 수

큐로셀의 오비스 기술 모식도

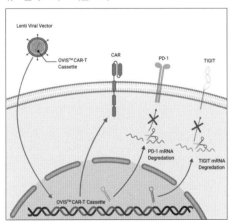

용체이며, 특정 신호 물질(리간드)이 결합하면 T세포의 활성을 떨어뜨릴 수 있다.

문제는 각종 암세포가 T세포의 활성을 낮추는 리간드를 표면에 갖춰 T세포의 공격을 회피한다는 것이다. 가장 잘 알려진 것이 PD-L1이라는 암세포 표면수용체다. PD-1과 PD-L1이 결합하면 활성화된 T세포가 공격 능력을 잃게 된다.

오비스는 CAR-T를 만들 때 PD-1과 TIGIT를 만드는 메신저리보핵산(mRNA)을 잘라 없애버리는 짧은헤어핀리보핵산(shRNA)을 넣어 그 발현량을 현저하게 떨어뜨리는 기술이다.

대전 국제과학비즈니스벨트 둔곡지구에 2023년 초 완공된 본사 및 상업용 CAR-T치료제 GMP 시설과 연구 모습.

큐로셀 측은 자사의 오비스 기술로 PD-1과 TIGIT가 각각 평균 70%와 90%씩 발현량이 떨어지는 것으로 분석 중이다.

김 대표는 "T세포 활성을 낮추는 수용체 중 가장 대표적인 PD-1과 기타 수용체를 여러 조합으로 모두 발현량을 줄여봤다"며 "그 결과 항암 효과를 가장 뚜렷하게 나타내는 것이 PD-1과 TIGIT를 없앴을 때였다"고 설명했다.

그는 이어 "오비스에 대한 특허협력조약(PCT) 국제 특허를 2019년에 출원했고, 현재 한국, 미국, 유럽, 일본 등의 국가에 등록되었기 때문에 다른 곳에선 이 조합으로 CAR-T에 시도하기 어렵다"며 "이를 적용한 우리의 안발셀 등이 기존 시판된 치료제보다 완전관해(완치)율이 높게 나올 것으로 기대하며 임상1/2상을 진행하고 있다"고 말했다. PCT 국제 출원서를 국적국(거주국)에 제출하면 추후 조약에 가입된 국가에서 특허권을 획득할 때 최초 출원일을 국적국에 제출한 날짜로 인정받을 수 있다. PCT 국제 특허출원을 통해 큐로셀이 오비스에 대한 권리를 각국에 먼저 등록할 수 있는 권리를 얻어 둔 셈이다.

안발셀 개발 박차… 차기 동력은 CRC03

큐로셀은 2021년 2월 식품의약품안전처(식약처)로부터 안발셀의 대해 임상1/2상을 승인받았다. 안발셀의 임상 달성 목표는 우선 노바티스의 CAR-T치료제 킴리아의 완전관해율을 넘어서는 것이다.

안발셀처럼 CD19를 타깃하는 CAR-T치료제는 현재까지 킴리아를 비롯해 미국 길리어드사이언스의 '예스카타(성분명 악시캅타진 실로류셀)'와 '테카투스(성분명 브렉수캅타진 오토류셀)', 브리스톨마이어스스큅(BMS)의 '브레얀지(성분명 리소캅타진 마라류셀)' 등 4종이 시판됐다.

이 중 킴리아만이 국내에 도입돼 건강보험까지 적용받고 있는 상황이다. 킴리아의 림프종 관련 완전 관해율은 40%, 백혈병에서는 이 수치가 80% 이상으로 알려졌다.

김 대표는 "킴리아가 처음 허가받을 때 림프종 완전관해율이 32%였는데 조금 늦게 회복되는 사람까지 현재는 40% 수준으로 알려졌다"며 "안발셀도 림프종과 백혈병 등을 적응증으로 임상을 하고 있으며 킴리아보다 높은 완전관해율을 얻어야 승산이 있을 것으로 보고 있다"고 말했다.

실제로 그의 기대가 현실화되고 있다. 큐로셀이 2022년 6월 스위스 루가노에서 열린 국제림프종학회(ICML)에서 재발성·불응성·미만성 거대B세포림프종 대상 안발셀의 국내 임상 2상 관련 공식 중간 결과를 내놓았다. 이에 따르면 안발셀의 완전관해율은 71%였다. 허가 당시 킴리아의 효능을 뛰어넘는 수치가 나온 것이다.

김 대표는 "CRC01을 최우선적으로 개발하는 동시에 CD5 타깃 CAR-T 후보인 CRC03을 차기 동력으로 삼으려고 하고 있다"고 운을 뗐다. 이어 "CRC02는 '카빅티'나 '아벡마' 등 시판된 2종의 CAR-T치료제와 개발 적응증이 겹쳐 승산이 없다는 판단"이라며 "반면 T세포 혈액암을 적응증으로 하는 CRC03은 기존 경구약으로 치료되지 않는 환자가 많아 미충족 수요도 높다"고 강조했다.

메드팩토

● 바이오마커 기반 혁신신약 개발 기업 ●

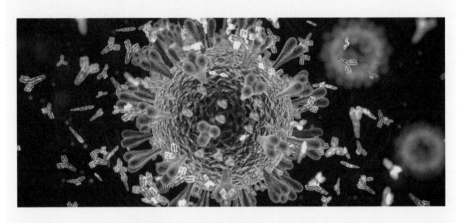

김성진 대표이사
· 일 쓰쿠바대 응용생물화학 박사
· 미 국립보건원 암연구소 박사후연구원
· 미 국립보건원 암세포신호전달연구실 종신 수석연구원
· 가천대 이길여암당뇨연구원 원장
· 차의과학대 암연구소 연구소장
· 차세대융합기술연구원, 정밀의학연구센터장
· 테라젠이텍스 사내이사

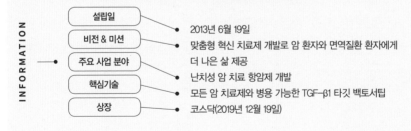

INFORMATION

설립일	2013년 6월 19일
비전 & 미션	맞춤형 혁신 치료제 개발로 암 환자와 면역질환 환자에게 더 나은 삶 제공
주요 사업 분야	난치성 암 치료 항암제 개발
핵심기술	모든 암 치료제와 병용 가능한 TGF-β1 타깃 백토서팁
상장	코스닥(2019년 12월 19일)

30년 이상 암 연구한 김성진 대표… 전문 인력도 포진

메드팩토는 2013년 설립된 신약 개발 기업으로, 30년 이상을 암 연구에 몰두한 연구원 출신 김성진 대표가 창업했다.

김 대표는 일본 쓰쿠바대에서 고혈압 연구를 통해 석·박사 학위를 받았다. 이후 1987년 미국 국립보건원(NIH)에 박사후연구원으로 근무하면서 형질전환증식인자-베타(TGF-β)에 대해 심도 깊은 연구를 이어갔고 이를 통해 종신 재직권을 받았다.

그러던 중 2007년 이길여 가천대 총장의 가천대 암당뇨연구원장 자리를 맡아달라는 간곡한 요청에 미국 국립암연구소 종신 수석연구원을 그만두고 귀국했다. 이후에는 차세대융합기술연구원과 정밀의학연구센터장을 거쳤고, 2013년 메드팩토를 세웠다.

김 대표는 메릴랜드에 있는 국립보건원과의 인연을 바탕으로 메릴랜드에 미국 법인 메드팩토테라퓨틱스를 설립하기도 했다. 미국 법인은 글로벌 임상을 가속하고 외부와의 협업을 강화하는 역할을 담당 중이다.

김 대표는 그동안 한국인 최초, 세계에서는 다섯 번째로 게놈 염기서열을 해독했다. 또 세계 최초로 암세포에서 TGF-β 수용체 유전자의 결손과 돌연변이뿐 아니라 TGF-β의 항염증 기전을 규명한 바 있다. 테라젠이텍스와의 관계도 계속되고 있다. 메드팩토의 최대주주는 테라젠이텍스로, 전체 지분 중 14.65%를 보유 중이다. 이어 김 대표가 10.04%, 고진업 테라젠이텍스 대표이사 회장이 5.67%에 해당하는 주식을 가지고 있다.

메드팩토 맞춤형 인재 영입에 속도

김 대표는 메드팩토의 사업에 꼭 맞는 인재를 공격적으로 영입하는 등 인적 자원 확보에도 열을 올리고 있다.

2023년 6월에는 HK이노엔 글로벌사업단 단장을 역임한 이지훈 사업본부장(CSO)을 영입

동물실험 중인 메트팩토 연구원들.

했다. 이 사업본부장은 제약·바이오 분야에서 공동연구, 전략적 투자, 파트너십, 기술이전 등 다양한 형태의 사업개발(BD)을 추진하고 포트폴리오 및 중장기 연구개발(R&D) 전략을 수립한 경험을 가지고 있다. 메드팩토에서는 파이프라인의 공동 개발 및 기술수출 등 사업개발 부문을 담당한다.

이보다 앞선 2023년 1월에는 제약·바이오·의료기기 등 헬스케어 분야에 전문적 지식을 갖춘 글로벌 헬스케어 전문가 박남철 전 에이타스글로벌마켓 대표이사를 부사장으로 영입했다. 박 부사장은 글로벌 네트워크 및 헬스케어 분야에서의 경험을 바탕으로 메드팩토의 해외 사업개발 및 해외 투자 유치 업무를 총괄하고 있다. 특히 국내는 물론 신약 파이프라인의 기술수출 등 사업화 전략과 자금 유치 등에서 역할을 담당 중이다.

2022년에는 임상과 관련한 인재 영입에 집중했다. 메드팩토는 2022년 10월 그렉 리콜라이(Greg Licholai) 전 모더나 희귀질환 부문 대표, 존 레테리오(John Letterio) 클리블랜드메디컬센터 사이드먼암센터 부소장, 현 배(Hyun W. Bae) 시더스시나이의료센터 정형외과 교수, 아이작 김(Issac Kim) 예일대 의대 비뇨기과 과장 등 4명을 임상자문위원회(CAB) 위원으로 위촉했다.

메드팩토는 '백토서팁(Vactosertib)' 외 주요 파이프라인으로 뼈질환 및 자가면역질환 치료 후보물질 'MP2021'를 발굴했는데, 임상자문위원회 위원들은 이를 개발하고 임상을 고도화하는 데 전문 지식을 제공하는 등의 역할을 할 것으로 전망된다.

백토서팁의 주요 기능
① 면역세포의 암세포 사멸 활성 촉진 ② 전이 억제 ③ 암 줄기세포 생성 억제 ④ 혈관 생성 억제

백토서팁에 의한 암세포 주위의 기저 세포와 세포외 기질 감소

메드팩토 관계자는 "각각의 위치에 맞는 전문가들을 영입해 미국 식품의약국(FDA) 임상은 물론 글로벌 임상 추진에 속도를 낼 것으로 기대한다"고 말했다.

TGF-β 저해제 이은 파이프라인도 연구개발 속도

메드팩토는 바이오마커를 기반으로 치료 효율과 안전성을 높일 수 있는 차세대 개인 맞춤형 치료제를 개발 중이다. 바이오마커는 일반적으로 단백질, DNA, 리보핵산(RNA), 대사물질 등을 이용해 몸 안의 변화를 알아낼 수 있는 지표를 말한다. 따라서 바이오마커를 활용하면 신약 개발 성공률이 2배 이상 높아진다는 연구 결과도 있다. 연구에 따르면 임상2상부터 3상으로 넘어갈 때 바이오마커를 활용하면 성공률은 46.3%로, 사용하지 않았을 때 (28.3%) 대비 큰 차이를 보였다. 이어 임상3상 후 품목허가 단계에서도 성공률이 68.2%와 57.1%로 나타났다.

메드팩토의 파이프라인 중 가장 선두에 있는 백토서팁은 암 종이나 발생 부위와 상관없이 증가된 TGF-β에 의해 촉진된 종양과 그로 인해 기존 항암제 치료에서 내성을 보이는 암이 주요 대상이다. TGF-β를 저해하며 종양 미세환경에 관여하는 기전이다. TGF-β는 정상세포에서 세포증식을 억제하고 세포 사멸을 유도한다. 그러나 종양 미세환경에서는 면역을 억제하고 암세포의 전이를 촉진시킬 뿐 아니라 항암제 내성을 일으킨다. 또 암 조직 주변에 작용해 암을 둘러싼 벽이 만들어져 항암제나 면역세포가 암 조직에 침투하는 것을 막는다. TGF-β를 타깃으로 하는 백토서팁은 면역세포의 암세포 사멸 기능을 촉진시키고, 암 전이와 암 줄기세포의 생성 및 혈관 생성을 억제한다. 아울러 암 조직 주변 방어막 역할을 하는 물질 생성을 억제해 치료물질 등이 암세포를 공격하는 데 도움을 준다.

메드팩토는 백토서팁을 화학요법 또는 면역항암제와 병용하는 요법뿐 아니라 단독 투여에 대한 효과를 확인 중이다. 적응증은 대장암, 췌장암, 골육종 등을 포함한 다양한 난치성 암을 대상으로 한다. 현재 골육종 적응증 단독요법, 위암 적응증 화학요법 병용, 대장암·비소세포폐암·방광암 등을 적응증으로 한 면역항암제 병용요법이 임상2상 단계에 있다. 병용요법에 사용되는 면역항암제는 글로벌 제약사인 머크(MSD)와 아스트라제네카로부터 키트루다·임핀지를 무상으로 공급받고 있다.

메드팩토 관계자는 "국내에서는 메드팩토가 유일하게 TGF-β 저해 저분자화합물을 개발 중이며, 국외에서는 일라이릴리가 1세대 약물인 '가루니서팁'에 이은 2세대 후보물질 임상을 진행 중으로 경쟁력도 확보된 상황"이라고 말했다.

메드팩토의 백토서팁 파이프라인 현황

구분	암종	국가	치료 요법	전임상	임상1상	임상2상
백토서팁 단독	골육종	글로벌	단독			
화학요법 병용 임상	위암	한국	+ 파클리탁셀			
		한국	+ 파클리탁셀 + 라무시루맙			
	췌장암	한국	+ 폴폭스			
		한국	+ 5FU/LV/오니바이드			
NK세포치료제 병용 임상	대장암 혈액종양	글로벌	+ NK세포치료제 + 인터루킨(IL-2)			
면역항암제 병용 임상	대장암	한국	+ 키트루다(anti-PD-1)			
	대장암 (수술 전 항암)	글로벌	+ 키트루다(anti-PD-1)			
	비소세포폐암 1L	한국	+ 키트루다(anti-PD-1)			
	비소세포폐암 2L	한국	+ 임핀지(anti-PD-1)			
	방광암	글로벌	+ 임핀지(anti-PD-1)			
	위암	한국	+ 임핀지(anti-PD-1)			

백토서팁 후속 파이프라인도 준비

메드팩토의 메인 파이프라인인 백토서팁 외 주요 파이프라인도 마련돼 있다.

먼저 항체치료제 'MA-B2'는 BAG2를 표적으로 한다. BAG2는 삼중음성유방암 환자의 혈액에서 특이적으로 과발현되는 단백질로, 메드팩토가 유전체 분석을 통해 세계 최초로 밝혀냈다. MA-B2는 암 전이에 관여하는 카텝신의 전이 활성을 억제하고, 면역 활성 억제 작용을 저해해 면역계를 활성화시킨다. 동물 임상에서 면역항암제와의 병용투여 시 항암 활성 효과가 우수한 것으로 확인돼 신약 개발이 이뤄지고 있다.

이어 'MO-B2'는 BAG2를 바이오마커로 한 삼중음성유방암 전이 및 재발 진단 목적의 진단키트다. 항암 치료 후 암 환자의 혈액에서 BAG2 단백질을 측정해 BAG2 단백질의 혈중 농도가 높은 환자의 예후 진단이 가능한 셈이다.

류머티즘성관절염, 건선관절염, 골다공증 등 뼈질환과 자가면역질환 치료제로 개발 중인 신규 후보물질 'MP2021'도 있다. 인간 뼈의 골수에는 파골세포가 있는데, 파골세포가 분화해 다핵 파골세포가 되면 뼈를 갉아먹으며 이는 류머티즘성관절염과 골다공증 등 뼈 질환의 주요 원인으로 작용한다. MP2021은 파골세포가 다핵화하는 것을 막고 골 분화를 억제하는 기전의 신약후보물질이다.

메드팩토는 MP2021에 대해 최근 동물실험을 완료했고, 이를 기반으로 유럽에서 독성실험을 진행 중이다. MP2021에 대한 국제특허출원(PCT)도 완료했다.

메드팩토 관계자는 "기존의 치료제는 염증이나 파골세포의 성장인자를 억제하는 방식이지만 MP2021은 뼈를 녹이는 다중 파골세포의 형성을 막는 혁신신약(First-in-class)"이라고 말했다.

매출 확보가 관건… 조기 상업화와 기술수출로 해결할까

2019년 12월 기술특례상장으로 코스닥에 입성한 메드팩토는 상장 당시 기술수출 등을 통해 2021년 예상 매출액을 741억 원, 예상 이익은 429억 원가량이 될 것으로 기대했다. 그러나 주요 파이프라인에 대한 전략이 변경되면서 매출 발생 등이 미뤄진 상태다. 금융감독원 전자공시시스템에 따르면 메드팩토는 2018년부터 2022년까지 제품이나 상품의 매출이 발생하지 않은 상황이다.

매출이 없는 가운데 연구개발 비용 증가 등에 따라 영업적자는 계속 커지고 있다. 메드팩토의 영업적자를 살펴보면 2018년 102억 원, 2019년 132억 원, 2020년 278억 원, 2021년 295억 원, 2022년 372억 원으로 증가세다. 메드팩토의 영업적자가 확대되는 이유는 연구개발비용 증가에 있다. 2021년 245억 원이던 연구개발 비용은 2022년 319억 원으로 늘었다. 2023년 상반기에는 125억 원이 연구개발에 사용됐다.

메드팩토 관계자는 "연구개발 비용에 많이 투자하고 있는 만큼 파이프라인 개발이 고도화되면서 상업화도 점차 가까워지는 상황"이라고 말했다.

메드팩토는 2022년 영입한 그렉 리콜라이 전 모더나 희귀질환 부문 대표 등 4명의 임상자문위원회(CAB) 위원과 2023년 영입한 박남철 부사장, 이지훈 사업본부장(CSO)을 필두로 임상과 기술수출에 속도를 낼 전망이다.

더불어 메드팩토의 영업적자 확대를 멈추고 매출을 발생시킬 카드는 '백토서팁의 조기 상업화' 'MP2021 및 MA-B2/MO-B2의 기술수출'이다. 먼저 메드팩토는 상장 당시 백토서팁을 기술수출한다는 계획이었으나 조기 상업화를 통한 매출 극대화로 전략을 수정했다.

이를 위해 메드팩토는 임상2상이 진행 중인 백토서팁 단독요법 골육종 적응증에 대해 FDA로부터 '희귀 소아질환 의약품(RPDD)' '신속심사제도(패스트트랙) 품목'으로 지정받았다. FDA는 18세 이하 어린이와 20만 명 미만의 사람에 주로 영향을 끼치는 심각하고 생명을 위협하는 질병에 대해 RPDD로 지정하고 있으며 중증질환 환자에게 신약을 조기 공급하기 위해 신속심사제도를 운영 중이다. 이에 따라 메드팩토는 우선심사바우처(PRV)를 신청할 수 있으며, 임상시험 등 연구 과정 및 허가 절차를 보다 더 빠르게 진행할 수 있는 상황이다.

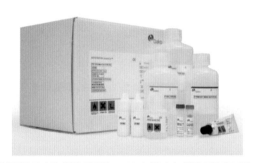

삼중음성유방암 전이 및 재발을 진단하는 BAG2 바이오마커 기반의 진단키트, MO-B2.

아울러 2022년 FDA로부터 골육종 환자에 대한 치료 목적 사용을 승인받으면서 조기 상업화 기대감을 높이고 있다. 구체적으로 메드팩토는 치료 목적 사용 승인 이후 미국 케이스웨스턴리저브대 레인보우소아병원에서 14세 환자를 대상으로 백토서팁을 투여했는데, 13개월째 폐와 뇌 전이가 확인되지 않는 등 효과도 확인했다.

이 밖에도 메드팩토는 미국과 유럽에서 백토서팁 골육종 적응증에 대해 희귀의약품으로 지정받으면서 개발비 지원, 세액공제, 허가심사 수수료 감면 등 혜택을 십분 활용해 개발에 속도를 낼 전망이다.

아직 개발 초기 단계이지만 메드팩토는 MP2021의 기술수출을 강력하게 추진한다는 방침이다. MP2021는 류머티즘성관절염, 건선관절염, 골다공증 등 뼈질환과 자가면역질환 치료제로 개발 중인 신규 후보물질이다. MP2021은 휴미라 등 다른 치료제와 달리 염증이나 파골세포의 성장인자를 억제하는 게 아니라 뼈를 녹이는 다중 파골세포의 형성을 막는 물질로 차별성도 확보했다.

끝으로 항암제 MA-B2 및 진단키트 MO-B2의 기술수출도 기대 중이다. 둘 모두 아직 전임상 단계이지만, MA-B2는 임상1상 단계 그리고 MO-B2는 검증이 완료된 이후 즉시 기술수출에 나설 예정이다.

메드팩토 관계자는 "백토서팁의 개발도 순항하고 있으며 새로운 파이프라인 MP2021도 효과가 기대되는 상황"이라며 "지속적으로 기술수출을 위한 노력 중에 있으며, 공동개발 진행을 위해 여러 글로벌제약사와 접촉 중에 있다"고 말했다.

듀켐바이오

● 국내 방사성의약품 1위 기업 ●

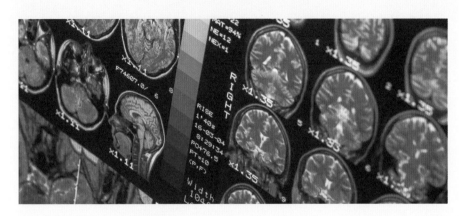

김종우 대표이사
· 연세대 경영학 학사
· 미 인디애나대(블루밍턴) 경영대학원 MBA
· 일진제약 대표이사

INFORMATION

설립일	2002년 11월 6일
비전 & 미션	글로벌 방사성의약품 일류 기업
주요 사업 분야	암 진단 의약품 제조, 방사성의약품 제조 외
핵심기술	암 진단용 방사성의약품, 전립선암 재발·전이 진단용 방사성의약품
상장	코넥스(2014년 12월 29일 / 2024년 내 코스닥 이전 상장 목표)

후발 주자임에도 국내 방사성의약품 1위 기업으로 우뚝

"국내 방사성의약품 1위에 그치지 않고 글로벌 방사성의약품 톱 티어(Top Tier)의 일원이
되겠다."

김종우 듀켐바이오 대표가 밝힌 비전이다. 방사성동위원소에 의약품을 결합해 암과 알츠

하이머치매, 파킨슨병 등의 난치질환을 양전자단층촬영(PET-CT)을 통해 진단하고 치료하는 방사성의약품 기업인 듀켐바이오는 국내 방사성의약품 시장의 후발 주자지만 현재 시장점유율 1위 기업으로 우뚝 서 있다.

비결은 시장 선점과 차별화 전략이다. 듀켐바이오는 경쟁사들과 비교해 가장 출발이 늦었던 만큼 과감한 투자를 통한 시장 선점 전략과 알츠하이머치매와 파킨슨병 등 기존 방식으로 치료가 미흡하거나 치료제가 없는 시장을 공략하는 차별화 전략을 펼치고 있다.

이는 김 대표의 철저한 시장분석과 노하우가 반영된 결과다. 김 대표는 연세대 경영학과를 졸업한 뒤 미국 인디애나대(블루밍턴) 경영대학원(MBA) 과정을 마쳤다. 포스코에 입사한 뒤 약 4년 정도 마케팅부서에서 일하며 비즈니스 경험을 쌓은 후 정보기술(IT) 기반 제약 유통 플랫폼 기업을 창업한 뒤 2001년부터 2008년까지 건강보조식품 전문 일진제약의 대표이사를 역임했다. 이후 듀켐바이오로 사명을 변경하고 2009년 강원대학병원에서 암 진단 방사성의약품 제조소를 인수·신설해 본격적으로 방사성의약품 사업을 시작했다.

그는 "방사성의약품 시장에 진출하게 된 계기는 2000년대 초 방사성의약품이 인체 전신의 암을 이미지로 진단하는 것이 유일하게 가능하고 향후 뇌질환·치매 진단을 최초로 가능하게 할 수 있다는 것을 알게 됐기 때문"이라며 "이후 방사성의약품 시장에 대한 철저한 분석 끝에 진입장벽이 높고 신약 개발에 있어 글로벌기업들과 어깨를 나란히 할 수 있는 유일한 산업임을 확신했다"고 말했다. 그러면서 "우리나라가 다른 나라와 비교해 의료 인력과 인프라에 충분한 경쟁력이 있다는 점도 한몫했다"며 "이런 여건들을 고려해 글로벌기업들과 같은 출발선상에서 경쟁하더라도 우리나라 기업들도 성공할 수 있겠다는 생각에 방사성의약품 시장에 뛰어들게 됐다"고 설명했다.

김 대표는 시장 진출 초기 선점을 위해 방사성의약품 사업의 핵심 요소 중 하나인 제조소 구축에 주력했다. 방사성의약품은 방사성동위원소와 의약품(캐리어)을 결합해 제조한 특수의약품이다. 방사성동위원소의 특징 때문에 일반의약품에 비해 유효기간이 매우 짧아(5~10시간) 시간제한 극복이 필수 문제이자 곧 경쟁력이기 때문이다.

일례로 진단용 방사성의약품의 경우 의료기관에서 환자의 질환 상태를 지속적으로 비교 확인하기 위해 기존에 사용하던 진단 이미지를 쉽게 변경하지 못한다. 그래서 병원 등 수요기관에 인접하거나 전국의 각 병원으로 의약품을 원활하게 공급할 수 있는 대도시를 거점으로 제조소를 구축하는 것이 필요하다는 것이 김 대표의 설명이다. 현재 듀켐바이오는 의약품 안정성과 유효성을 보증하는 글로벌 조건인 우수식품·의약품의 제조·관리의 기준

(GMP) 인증을 받은 6곳을 포함해 국내 최다 규모인 12곳의 제조소에서 안정적으로 생산하고 있다.

이와 함께 김 대표는 전립선암과 유방암, 파킨슨병, 알츠하이머치매 등 기존 방식으로 진단이 어려운 분야를 공략하는 차별화 전략을 펼쳤다. 김 대표의 이러한 전략은 적중했다. 듀켐바이오는 국내 최대 제조소를 보유하면서 국내 방사성의약품 1위 기업의 발판을 마련, 서울아산병원과의 협업을 통해 2012년 국내 최초 파킨슨병 진단 방사성의약품 신약을 제조·판매하게 됐다. 또 2015년 아시아 국가 중 최초로 국내에서 치매 진단 방사성의약품 신약 허가를 받았다.

전립선암과 유방암, 파킨슨병, 알츠하이머치매 등과 관련한 듀켐바이오의 방사성의약품들은 실적 성장에 기여했다. 그 결과 2022년 매출과 영업이익은 각각 324억 원, 15억 원을 기록했다. 듀켐바이오가

시간과의 싸움이라고 해도 과언이 아닌 방사성의약품의 특성에 맞춰 듀켐바이오는 GMP 인증을 받은 6곳을 포함해 국내 최다 규모인 12곳의 제조소에서 안정적으로 생산하고 있다.

본격적으로 방사성의약품 사업을 시작한 2009년과 비교해 매출(25억 원)과 영업이익(4억 원) 규모가 각각 약 13배, 4배 증가했다.

듀켐바이오는 2021년 8월, 최대주주인 지오영의 계열사였던 국내 방사성의약품 2위 기업 케어캠프 방사성의약품사업본부와 합병을 성공적으로 마무리하면서 국내 방사성의약품 시장의 1위 자리를 완전히 굳히게 됐다. 현재 국내 방사성의약품 시장은 듀켐바이오, 퓨처켐과 HDX 등 3개 기업이 경쟁을 벌이고 있다.

듀켐바이오의 파이프라인 현황

프로그램			개념 증명	전임상	임상1, 2상	임상3상	품목허가 신청 완료	신의료 기술평가	상업화
종양 진단	^{18}F-FES	유방암							
	^{68}Ga-PSMA-11	전립선암							
	^{89}ZR Crefimirlimab	인체 면역항암제							
뇌질환 진단	Cerveau MK-6240	치매							
	LMI PI-2620	치매, 진행성 핵상마비							

듀켐바이오는 국내 전신 암 진단용 방사성의약품 'FDG'와 파킨슨병 진단용 방사성의약품 'FP-CIT' 시장에서 각각 점유율 63%, 54%로 1위(2020년 기준)를 차지했다. 또한 파킨슨병·치매·전립선암·뇌종양 진단 등 국내에서 가장 많은 신약을 공급하고 있다. 듀켐바이오의 최대주주는 지분 52.9%(2022년 말 기준)를 보유하고 있는 지오영이다. 2대 주주는 김 대표로 지분 10.54%를 보유 중이다.

그는 "듀켐바이오는 국내 최대 방사성의약품 품목을 바탕으로 한 수익성에 기반해 기업 안정성 확보에 주력하고 있다"며 "이와 동시에 글로벌 방사성의약품 기업으로 발돋움하기 위해 세계시장 진출을 추진 중"이라고 말했다.

뇌질환·전이암 등 난치성질환 시장 적극 공략

듀켐바이오의 파이프라인은 모두 진단용 방사성의약품으로, 전신 암 진단용 방사성의약품 FDG, 전립선암 재발·전이 진단용 방사성의약품 'FACBC', 고위험 전립선암 및 재발·전이 진단용 방사성의약품 '^{68}Ga-PSMA-11', 파킨슨병 진단용 방사성의약품 FP-CIT, 뇌종양 진단용 방사성의약품 'F-DOPA' 치매 진단용 방사성의약품 'VIZAMYL' 등 총 5개로 구성돼 있다.

이 중 핵심 파이프라인은 바로 FDG다. 국내 FDG 시장에서 높은 점유율을 기록 중인 FDG의 2022년 매출은 약 198억 원으로 듀켐바이오 전체 매출의 61%를 차지하고 있다. 2020년 매출 87억 원과 비교하면 2배 이상 증가했다.

FDG는 방사성의약품 진단제 중 가장 활발히 사용되는 진단제로 포도당 유사체인 FDG를 이용해 정상세포에 비해 대사와 성장이 빠른 종양을 진단한다. 방사성의약품은 방사성동위원소와 의약품(캐리어)이 결합된 특수의약품이다. 이때 의약품 물질은 방사성동위원소

를 질병 부위까지 안내하는 가이드 역할
을 한다.

암세포가 정상세포에 비해 포도당을 더
많이 이용한다는 성질을 활용해 포도당
과 방사성동위원소가 결합된 의약품을 정
맥에 주사한다. 그러면 암 주변에 달라
붙은 방사성동위원소가 방출한 에너지를
PET-CT로 촬영해 진단하는 원리다.
FACBC는 국내 최초 전립선암 진단용 방
사성의약품으로 전립선암 치료 후 혈중
전립선 특이막 항원(PSMA) 상승으로 재
발이 의심되는 환자의 PET-CT에 활용되
는 의약품이다. FACBC는 현재 유럽과 미

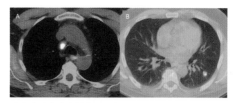

재발 및 전이 전립선암을 진단하는 방사성의약품 FACBC를
이용한 암 진단 영상. 암세포가 있는 부위는 방사성동위원소가
에너지를 방출하면서 주변과 확연히 구분돼 보인다.

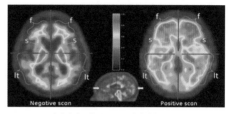

VIZAMYL로 베타아밀로이드 분포를 컬러영상으로 나타낸
모습이다. 왼쪽은 음성 스캔, 오른쪽은 양성 스캔으로 푸른색과
초록색은 베타아밀로이드 밀도가 낮음을, 주황색과 붉은색은
밀도가 높음을 의미한다.

국에서 판매 중이며 국내는 2022년 11월에 출시됐다.

⁶⁸Ga-PSMA-11은 방사성동위원소와 전립선 특이막 항원 리간드(Ligand, 단백질에 특이
적으로 결합하는 물질)인 PSMA-11을 결합해 인체에 주사 후 전립선암 병기 설정과 진단
에 사용된다. 듀켐바이오는 2020년 12월 호주 텔릭스와 ⁶⁸Ga-PSMA-11 해외 임상자료
이용과 제조용 키트 공급에 대한 국내 독점 라이선스와 향후 치료제 개발을 위한 협업 계
약을 체결했다. ⁶⁸Ga-PSMA 11은 품목허가 신청을 위한 최종 자료를 작성 중이며 출시는
2024년에 예정돼 있다.

뇌질환 관련 파이프라인도 차별화돼 있다. 뇌질환의 대표 파이프라인인 FP-CIT는 세계
최초로 파킨슨병 관련 뇌의 기능을 이미지로 진단하는 것이 특징이다. FP-FIT는 뇌의 선
조체에 존재하는 도파민 운반체의 밀도를 측정해 파킨슨병과 파킨슨증후군을 찾아낸다.
F-DOPA는 세계 최초로 중립화(Neutralization)가 적용된 뇌종양 진단용 방사성의약품으
로 기존의 FDG로 진단할 수 없는 종양을 진단한다. VIZAMYL은 치매 환자 뇌의 컬러 영
상 판독이 유일하게 가능하며 치매 환자에게 나타나는 베타아밀로이드를 진단한다.

듀켐바이오는 각 나라를 대표하는 방사성의약품 기업들과 공동연구 등을 통한 오픈 이노
베이션으로 파이프라인도 확장하고 있다. 현재 유방암 진단용 방사성의약품 ¹⁸F-FES가
임상3상 단계를 거쳐 신약 품목허가 완료 후 GMP 제조허가를 진행하고 있다. 임상1~2상

단계에 있는 방사성의약품 파이프라인은 3종(치매 진단
용 'Cerveau MK-6240', 진행성핵상마비치매 진단용
'LMI PI-2620', 인체 면역항암제 진단 'ImaginAb
ZR-89 Crefimirlimab Berdoxam)'으로 향후
3~5년 내 상업화를 목표로 하고 있다.
김 대표는 "듀켐바이오가 보유한 제품 대부분은
5~6년 전부터 국내 유수의 대학병원들과 개발 단계
부터 같이 고민하는 등 많은 공을 들였다"며 "이를 바탕
으로 국내 방사성의약품 제조·유통·공급 사업 네트워크 기
반을 확보했다"고 설명했다. 이어 "듀켐바이오의 신약 개발은 기존 의약품이나 의료기술
보다 진단 및 치료 효과가 월등한 질환을 대상으로 이뤄지고 있다"며 "신약이 가장 먼저 시
장에 출시하는 것이 목표"라고 덧붙였다.

주식시장 상장·해외 진출 확대로 글로벌 톱 티어 도약

듀켐바이오는 주식(주권)시장 상장과 해외 진출 확대를 통해 성장에 박차를 가한다. 주식
시장 상장 등으로 확보한 자금을 활용해 치료용 방사성의약품 시장 진출과 더불어 글로벌
방사성의약품 톱 티어를 노리는 것.
코넥스 상장기업(2014년 상장)인 듀켐바이오는 2023년 하반기 한국거래소에 코스닥 이전
상장을 위한 상장예비심사 신청을 검토 중이다. 김 대표는 "코넥스에 상장한 이유는 코스
닥 상장 전 기업들에게 상장기업으로서 역할과 책임을 미리 경험하는 기회를 주는 의미가
있었고 자금조달 등의 이점이 있었기 때문"이라며 "코스닥 이전 상장에 대한 혜택도 있다
는 점에서 추진하게 됐다"고 설명했다. 아울러 "코넥스 시장에 상장 후 듀켐바이오는 방사
성의약품 시장에서 리딩 기업이 되기 위한 노력을 하면서 지금은 국내시장에서 안정적인
높은 시장점유율과 수익 달성을 이뤘다"며 "해외시장에서 대한민국을 대표하는 방사성의
약품 기업으로 높은 인지도를 갖게 됐다"고 말했다.
듀켐바이오의 현재 시가총액은 약 1,700억 원 수준. 상장으로 조달한 자금은 듀켐바이오
의 미래 기업가치를 높일 수 있는 시장 확대를 위한 인프라 및 인력 구축과 방사성의약품
신약 개발에 모두 사용할 계획이다. 특히 듀켐바이오는 치료용 방사성의약품 시장에 진출
할 방침이다. 뇌질환은 진단용 방사성의약품 위주, 전이암과 재발암 등 암 관련 방사성의

약품은 진단용과 더불어 치료용도 출시할 예정이다. 진단용 방사성의약품의 경우 기술수출을 통한 시장 확대를 추진하고 있으며, 치료용 방사성의약품은 아시아 국가들을 대상으로 직접 공급하는 방안을 계획하고 있다. 듀켐바이오는 현재 치료용 방사성의약품 후보물질 세 가지 정도를 검토 중이다.

김 대표는 "방사성의약품은 어떤 종류의 의약품과 방사성동위원소를 결합하느냐에 따라 진단은 물론이고 치료까지 다양하게 적용할 수 있다"며 "진단의 경우 타깃 질환 부위를 이미지화해 직접 볼 수 있어 뇌와 같이 조직검사가 어려운 부위에 생기는 질환을 정확하게 진단할 수 있다"고 말했다. 또 "치료의 경우 암세포와 결합한 치료용 방사성의약품이 암세포만을 타깃해 사멸시킨다"며 "이러한 점에서 방사성의약품은 말기 암과 같이 암세포가 전신에 퍼진 환자들의 치료에 가장 최적화된 치료제라 할 수 있다"고 강조했다.

듀켐바이오는 해외 진출 확대도 꾀하고 있다. 향후 2~3년 이내 아시아시장을 대상으로 국내에서 의약품을 제조한 뒤 직접 공급하기 위해 다국적제약사들과 치료용 방사성의약품 개발을 위한 협력을 강화해나가고 있다. 듀켐바이오는 2019년 알츠하이머치매 진단 방사성의약품에 대한 필리핀 상업화 독점계약을 체결했다. 계약기간은 2032년 6월 21일까지다. 한편 방사성의약품과 관련한 위탁생산(CMO)과 위탁개발생산(CDMO) 사업도 준비 중이다.

글로벌 방사성의약품 시장 전망은 치매 진단과 치료용 시장의 높은 성장을 바탕으로 매우 밝다. 듀켐바이오에 따르면 글로벌 PET 진단 방사성의약품 시장은 2019년 약 2조 원(13억 달러)에서 2025년 약 39조 원(300억 달러) 규모에 달할 전망이다. 국내 PET 방사성의약품 시장은 2021년 688억 원에서 2030년 약 1조 원 규모로 성장이 예상된다.

김 대표는 "진단용 방사성의약품의 경우 유효기간이 짧아 수출이 어렵고 현지에 기술이전을 하는 형태로 진출을 하고 있다"며 "반면 치료용 방사성의약품은 진단용 방사성의약품에 비해 유효기간이 길어 수출·수입이 가능하다"고 말했다.

그러면서 "자사의 현안 과제는 글로벌 수준에 부합하는 방사성의약품 연구개발(R&D) 역량 강화에 있다"며 "이러한 현안을 해결하기 위한 방안으로 오픈 이노베이션을 통한 연구개발 강화에 집중하고 있다"고 설명했다.

이어 "국내 방사성의약품 시장이 성장하기 위해서는 진단용 방사성의약품에 대한 보험급여 정책이 필요하다"며 "글로벌 시장에서 우수한 기술과 인프라를 보유하고 있는 원자력 관련 정부기관 및 기업과의 협업 지원도 있어야 한다"고 덧붙였다.

바이젠셀

● 면역T세포치료제 개발 및 생산 전문기업 ●

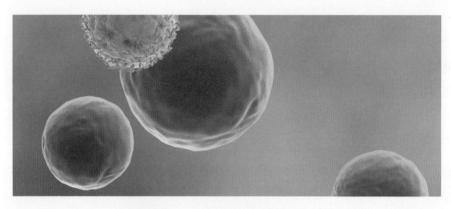

김태규 대표이사
· 대한면역학회 상임이사
· 한국수지상세포연구회 회장
· 질병관리본부 골수분과위원회 위원
· 가톨릭대 산학협력단 산학협력실장
· 가톨릭대 의대 교수
· 가톨릭대 조혈모세포은행 은행소장

INFORMATION

설립일	2013년 2월 1일
비전 & 미션	선도적 면역세포치료제로 난치병 환자의 삶의 질 향상
주요 사업 분야	면역T세포 기반 항암 및 자가면역 신약 개발
핵심기술	바이티어 및 바이레인저, 바이메디어 플랫폼
상장	코스닥(2021년 8월 25일)

면역T세포치료제 개발 1호 기업

2013년 바이젠셀을 세운 김태규 대표는 당시 20여 년간 가톨릭대 의대 교수로 면역세포치료제 개발과 치료 목적의 임상 적용 등을 수행해온 연구자였다.

김 대표는 "1998년 한국에서 처음으로 NK/T세포양성림프종 환자 3명에게 면역세포를 주입하는 치료를 시도했다"며 "지금처럼 세포치료제에 대한 규제적인 부분이 없었던 때였다"고 회상했다.

그에 따르면 2005년 '기관 우수식품·의약품의 제조·관리의 기준(기관 GMP)'이라는 개념이 생겼다. 당시 김 대표가 직접 가톨릭대 기관 GMP를 설립했다. 그는 2007년부터 학교의 세포치료사업단을 이끌면서 2종의 혈액암에 대한 치료 목적의 면역세포 치료를 시도했다. 여기에는 NK/T세포림프종 환자 11명의 면역세포 치료, 골수이식을 받은 급성골수성 백혈병 환자 10명의 종양 항원에 활성화된 T세포 치료 등이 포함됐다.

김 대표는 "국내에서 이뤄진 첫 면역세포 치료들을 직접 주도했다"며 "2007년 2건의 임상을 수행한 연구데이터를 5년간 추적한 결과를 바탕으로 기술을 상용화해서 보다 많은 사람에게 이로움을 주는 길을 열어보고자 바이젠셀을 설립했다"고 말했다.

바이젠셀(ViGencell)은 생명력을 북돋우는 '활성화(Vitalization)'와 유전자공학(Genetic Engineering), 세포 치료(Cell Therapy) 등 세 가지 용어를 합성해 구성한 사명이다. 그는 "특정 질환을 없앨 수 있는 여러 종류의 T세포를 만들어 치료제를 개발하는 회사로 출발했다"며 "아직은 유전자를 결합하지 못했지만, 유전자를 변형해 치료 효능을 극대화하는 세포유전자치료제(CGT)로 가야 한다는 일념으로 바이젠셀이란 회사 명칭에 그 목표를 담았다"고 설명했다.

바이젠셀은 현재 세포독성T세포(CTL)와 감마델타(γδ)T세포, 제대혈 유래 골수성 억제세포(MDSC) 등에 특화된 세 가지 플랫폼으로 '바이티어(ViTier)'와 '바이레인저(ViRanger)'

항체 치료와 세포성 면역 치료의 차이

세포 표면에 항원을 발현하는
세포만 살해 가능

세포 내 항원 발현하는
세포도 살해 가능

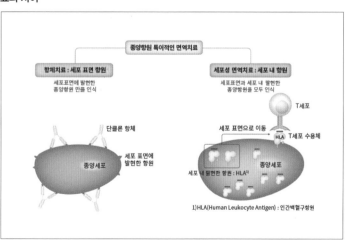

'바이메디어(ViMedier)'를 보유하고 있다. 이 중 바이티어는 15년 전 김 대표가 환자에게 도입했던 NK/T세포림프종 치료제 후보물질인 'VT-EBV-N'을 발굴한 플랫폼이며, 해당 물질은 현재 임상2상 환자 등록까지 완료한 상태다.

파트너로 '보령' 선택, 상업화 시 국내 유통 협업 예상

2016년 보령은 바이젠셀의 최대주주 지위를 확보했다. 바이젠셀은 2021년 9월 코스닥시장에 상장했다. 현재 보령은 바이젠셀의 보통주 22.93%(2023년 6월 기준)를 보유한 최대주주다. 김 대표는 "세포치료제 개발은 오랜 시간이 소요되며 높은 비용이 들어가게 된다. 이를 지원해줄 투자자를 찾아 벤처캐피탈(VC)부터 제약사까지 다방면을 물색했다"며 "전통 제약사인 보령은 제약에 대한 이해도가 깊고, 가톨릭대라는 우리 회사의 배경으로 볼 때 지속적으로 좋은 관계를 유지할 수 있을 것으로 생각하고 창업 후 3년 만에 보령으로부터 투자를 받는 것을 승낙했다"고 운을 뗐다.

그는 이어 "상장 이후에는 보령 관계자가 우리 회사의 사외이사로서 그와 관련된 역할을 수행하는 상태"라며 "개발 중인 후보물질의 상업화 시 탄탄한 유통 경험을 가진 보령이 판

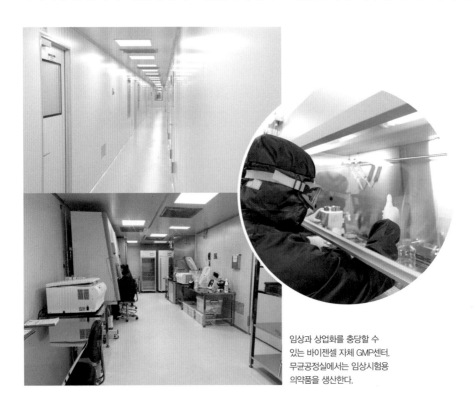

임상과 상업화를 충당할 수 있는 바이젠셀 자체 GMP센터. 무균공정실에서는 임상시험용 의약품을 생산한다.

권을 도맡는 선에서 관계가 형성돼 있다"고 설명했다.

현재 바이젠셀은 앞서 언급한 VT-EBV-N 포함 3종의 임상 단계 물질과 5종의 전임상 단계 후보물질 등 총 8종의 주력 후보물질을 연구개발하는 중이다. 2022년 4월에는 서울 구로구 가산디지털단지 내 자체 GMP 시설을 확보하면서 임상과 상업화를 자력으로 수행하기 위한 인프라를 구축하기도 했다. 김 대표는 "가톨릭대 기관 GMP를 사용하면 수요가 몰릴 때 우리 후보물질 생산이 늦어지는 경우가 있었다"며 "이미 임상에 진입한 물질은 우리가 지은 GMP 시설로 제조소를 변경하기 위한 자료를 만들고 있다. 자체 시설에서 임상과 상업화를 충당할 수 있도록 인프라를 구축한 것이 최근 가장 큰 성과"라고 말했다. 이어 "기존에 확보한 T세포치료제 개발에 속도를 높여나가겠다"고 덧붙였다.

종류별 T세포 생성 플랫폼 확보

김 대표에 따르면 우리 몸의 T세포의 90%가 표면에 알파베타(αβ) 수용체를 발현하고 있는 알파베타T세포다. 업계에서 일반적으로 쓰는 T세포는 사실 알파베타T세포를 줄인 표현이다. 대부분의 알파베타T세포는 표면에 CD8 단백질을 가진 세포독성T세포이며, 그 외에 도움T세포나 조절T세포 등도 여기에 포함된다.

바이젠셀이 초창기부터 내세운 플랫폼인 바이티어는 세포성 면역에 관여하는 세포독성T세포를 분리·배양하는 기술이다. 김 대표가 1998년 NK/T세포림프종 환자 3명에게 연구자 주도 임상을 시도한 것도 세포독성T세포치료제였다. 해당 치료제가 바로 현재 회사의 주력 후보물질인 VT-EBV-N이며 국내에서 상업화를 위한 임상2상을 진행하고 있다.

또 바이레인저와 바이메디어는 각각 체내에 소량 존재하는 감마델타T세포와 제대혈 유래 골수성 억제세포를 확보하는 기술이다. 특히 바이젠셀은 "바이메디어는 세계적으로도 보기 드문 기술"이라고 자신하고 있다.

김 대표는 "제대혈에 있는 혈액 줄기세포에 여러 신호전달물질을 가해 골수성 억제세포를 분화시킬 수 있다. 일반적으로 알려진 것보다 해당 세포를 10배 이상 얻는 기술을 보유하고 있다"며 "바이레인저와 바이메디어는 희소성이 있는 플랫폼"이라고 운을 뗐다.

그는 이어 "비교적 업계에서 생소한 골수성 억제세포의 경우 고형암이 있는 주변 지역에서 T세포의 활성을 억제하는 역할을 한다. 종양의 성장을 돕는 것이다"라며 "이를 역이용해 T세포 과활성으로 인한 자가면역질환인 아토피피부염이나 이식편대숙주질환(GVHD) 등 적응증을 타깃하는 물질을 개발하려는 중"이라고 말했다.

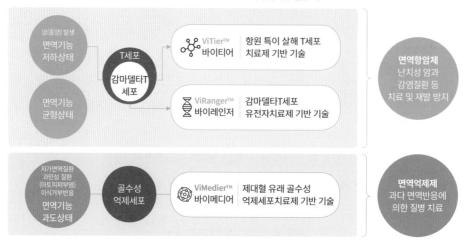

면역세포 기능 저하 및 과도에 따라 발생되는 질환 치료

세포치료제→세포유전자치료제로 변신 계획

바이젠셀은 앞서 언급한 NK/T세포림프종치료제 후보물질 VT-EBV-N(임상2상)과 급성 골수성백혈병 치료제 후보물질 'VT-Tri(1)-A(임상1상)' 등은 바이티어 플랫폼을 기반으로 임상 진입에 성공한 물질 2종이다. 여기에 바이메디어를 통해 발굴한 이식편대숙주질환 신약 후보 'VM-GD'의 임상1/2a상도 지난 2020년 11월 식품의약품안전처(식약처)로부터 승인받았다.

김 대표는 "가장 속도가 빠른 VT-EBV-N은 적응증도 희귀질환이기 때문에 2상 결과로 조건부허가를 신청할 수 있다"며 "중국이나 일본 등에 있는 일부 기업들과 이에 대한 기술수출 논의도 하고 있는데, 국내 시판 상황을 지켜보고 조율하려는 입장"이라고 말했다. VT-EBV-N이 국내 시판에 성공하면 아시아 시장 진출 시도가 빠르게 진행될 수 있다는 얘기다.

이외에도 회사는 바이티어 기반 'VT-EBV-L(EBV양성림프종)', 바이레인저 기반 'VR-GDT(간암 대상 단독 및 고형암 대상 병용요법)'와 'VR-CAR(적응증 미정)', 바이메디어 기반 'VM-AD(아토피피부염)' 등 신규 후보물질에 대해 다섯 가지 적응증을 타깃하는 전임상 연구를 병행하고 있다.

한편 바이젠셀은 세포치료제에서 세포유전자치료제로 영역을 확장하려는 시도를 지속할 계획이다. 회사는 2023년 4월 미국 암학회(AACR)에서 내놓은 VR-CAR의 전임상 결과가 그 밑거름이 될 것으로 분석하고 있다.

VR-CAR는 CD30를 자극하는 영역(도메인)을 포함한 감마델타T세포로, 바이젠셀은 이 세포가 여러 고형암 동물 모델에서 암세포를 억제했다는 전임상 결과를 획득했다. CD30에 유전자변형을 거쳐 고형암을 타깃하는 유전자변형세포치료제로도 활용될 여지가 있다는 분석이다.

김 대표는 "시판 중인 CAR-T치료제의 가장 큰 한계는 자가로 만들어 범용성이 떨어진다는 것과 고형암에서 효과가 확인되지 않았다는 것"이라며 "감마델타T세포는 NK세포와 T세포의 특징을 보유하고 있다. 고형암에서도 효능을 확인한 만큼 유전자변형을 거쳐 이를 극대화하는 연구를 수행해 조만간 임상에 진입하도록 만들 계획"이라고 말했다.

그는 이어 "세포치료제로 개발을 시도하고 있지만 효과를 극대화하기 위해 유전자변형은 이제 필수 옵션이라고 생각한다"며 "기존 후보물질의 임상과 생산을 안정화하면서 세포유전자치료제 전문회사로 변모할 수 있도록 역량을 지속 확대할 예정"이라고 덧붙였다.

바이젠셀의 파이프라인 현황

구분	플랫폼	프로그램	적응증	연구 및 탐색	전임상	임상1상	임상2상	비고
면역 항암	ViTier	VT-EBV-N	NK/T세포림프종					희귀의약품 지정 승인 완료
		VT-EBV-L	EBV양성림프종					
		VT-Tri(1)-A	급성골수성백혈병					다중 항원 적용
	ViRanger	VR-GDT-단독	간암					
		VR-GDT-병용	고형암					
		VR-CAR	미정					유전자 편집 및 고형암 적용 가능, 낮은 부작용 예측
면역 억제	ViMedier	VM-GD	이식편대숙주질환					면역조절(억제) 세포치료제
		VM-AD	아토피피부염					

03
가보지 않은 길에서
답을 찾다

현대바이오사이언스

● 약물전달체(DDS) 기술 전문 바이오 기업 ●

오상기 대표이사

· 고려대 법학 학사
· 26회 사법시험 합격
· 미 조지타운법대 법학 석사
· 미 뉴욕주 변호사시험 합격
· 미 Foley&Lardner 법률사무소
· 법무법인 아태 파트너 변호사
· 정보통신부 벤처자문위원
· 중소기업청 벤처기업 경영지도위원
· 편집기자협회 고문변호사

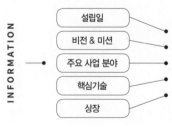

INFORMATION

설립일	2000년 5월 25일
비전 & 미션	세계 최고 수준의 약물전달기술 보유 제약·바이오 기업
주요 사업 분야	범용 항바이러스제, 약물전달시스템(DDS) 적용 표적항암제 등 개발
핵심기술	유무기 복합체 기술, 고분자 전달체 기술 등
상장	코스닥(2002년 8월 8월)

진심은 투자에 있다… 최대 연 매출 2배 코로나19 치료제 '올인'

2019년 300억 원과 25억 원, 2020년 125억 원과 45억 원 적자, 2021년 92억 원과 97억 원 적자, 2022년 78억 원과 263억 원 적자. 현대바이오사이언스(이하 현대바이오)의 최근 4

년간 매출액과 영업이익이다. 일반적인 기업의 실적이라면 누가 봐도 위기라고 해석할 수밖에 없는 숫자다.

게다가 현대바이오의 모태는 현대전자다. 2000년 분사해 정보기술(IT) 사업에 주력하다가 바이오 기업으로 변신했다. 다행히 원천기술에 기반한 화장품이 큰 성공을 거뒀고, 이를 바탕해 신약 개발 사업에도 본격적으로 나섰다.

이로 인해 일각에서는 신약 개발에 대한 현대바이오의 진심을 의심했다. 태생이 바이오기업이 아닌 회사를 믿을 수 있느냐는 이유에서였다. 하지만 최근 코로나19 치료제 등 주요 파이프라인에서 속속 성과가 나오면서 분위기가 바뀌고 있다. 투자의 신뢰성, 대주주의 진정성, 기술의 가능성 등 하나하나 따져보면 남의 돈으로 연구개발(R&D)하면서 좀비 기업이 된 일부 '1세대 제약·바이오'보다 오히려 더 진실성이 있다는 평가가 나온다.

우선 매출액과 영업이익의 역성장에는 이유가 있다. 2020년 매출액이 감소한 배경에는 코로나19가 있다. 화장품을 중심으로 수익사업을 영위했던 탓에 큰 타격을 받았다. 하지만 R&D 비용을 줄이지 않고 오히려 늘리며 파이프라인에 대한 자신감을 보였다.

현대바이오에 따르면 이 기간 핵심 파이프라인인 항바이러스 코로나19 치료제 '제프티' 등의 임상에 들어간 돈만 따져도 500억 원이 넘는다. 국내 코로나19 치료제 개발사 중 자체 자금으로 이 같은 규모를 투자한 것은 국내 대형 제약·바이오사를 포함해도 손가락 안에 꼽는다. 다만 이로 인해 영업이익 적자는 2022년 260억 원대까지 늘어났다. 현대바이오로서는 '영광의 상처'다. 사업이 부실하다는 외부 비판이 절반의 진실일 수밖에 없는 이유다.

화장품 부문도 코로나19 엔데믹(풍토병화) 시대에 들어서면서 다시 성장세로 돌아섰다. 2023년 현대바이오의 매출액은 코로나19 이전에는 못 미치지만, 150억 원을 다시 넘어설 것으로 전망된다.

이처럼 현재보다 미래에 투자할 수 있었던 배경에는 대주주가 있다. 현대바이오의 최대주주는 씨앤팜(12.16%)이다. 오상기 현대바이오 대표(0.19%) 등 경영진도 자사주를 보유하고 있으나, 기타 법인과 개인 투자자(87.65%) 비중이 월등히 높다.

기초 무기화학물질 제조업을 영위하는 씨앤팜은 현대바이오의 제프티와 무고통 항암제 '폴리탁셀' 등에 대한 지식재산권을 보유하고 있다. 현대바이오는 씨앤팜과 계약을 통해 미국 등 주요국에 대한 이들 기술의 특허 전용실시권을 넘겨받았다.

현대바이오 미래에 대한 결정은 씨앤팜에서 나온다는 뜻이다. 특히 이를 주도하고 있는 것은 씨앤팜의 3대 주주(10.25%)인 최진호 박사다. 그는 현대바이오의 핵심 연구진이기도 하

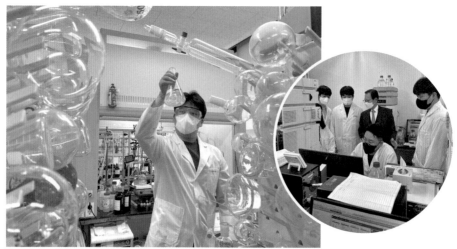

현대바이오의 기업가치와 미래를 이끌어가는 핵심 연구진인 최진호 박사(오른쪽
가운데)와 현대바이오가 지닌 저력의 토대인 연구진들.

다. 현대바이오의 원천기술인 약물전달기술(DDS)의 개발자로 일본 도쿄대 재료공학 박사,
독일 뮌헨대 무기화학 박사 등의 이력이 있다. SCI급 논문만 600여 건을 저술했다. 현대바
이오가 현대전자에서 분사 후 신기술 확보 등 오늘날 바이오 기업으로 성장하기까지 그의
선구안이 큰 역할을 했다. 일각에서는 하루아침에 현대바이오가 치고 나온 것처럼 알고 있
지만, 사실 오랜 숙성 끝에 결실을 얻게 된 것이다.

현대바이오는 2023년 제프티 긴급 사용승인 신청 등 주요 파이프라인의 실적이 가시화되
며 새로운 도약을 앞두고 있다. 특히 2013년부터 현대바이오를 이끌고 있는 오상기 대표
가 꾸준히 추구해온 글로벌기업으로의 성장에 첫 단추를 끼울 것으로 기대된다. 현대바이
오는 그의 주도 아래 2022년 미국 법인을 설립했다. 이를 바탕으로 최근 미국 국립보건원
(NIH) 산하 국립알레르기·감염병연구소(NIAID)와 공동개발이라는 대성과도 이뤄냈다.

오 대표는 제약·바이오업계에서 '글로벌 통'으로 일컬어진다. 미국 조지타운대 법과대학원
을 졸업한 그는 현지 법률사무소 등에서 일하며 다양한 인맥을 쌓은 것으로 알려졌다. 국
내에서는 편집기자협회 고문변호사, 정보통신부 벤처자문위원, 중소기업청 벤처경영지도
위원을 역임했다.

현대바이오 관계자는 "2023년 주요 파이프라인의 성과에 기반해 글로벌기업으로 성장하
는 토대를 닦을 것"이라며 "제약 부문에서도 매출이 발생하게 되면 흑자전환은 물론 실적
의 더블업도 가능할 것"이라고 말했다.

제프티·폴리탁셀, 글로벌기업 성장 '양 날개'로

현대바이오는 무기나노입자 기반의 DDS를 원천기술로 보유하고 있다. 기존 DDS는 리포솜, 키토산, 하이드로젤, 셀룰로스, 바이러스 등 유기물질을 중심으로 한다. 단점으로 높은 독성과 낮은 전달성 등이 꼽힌다. 현대바이오는 이를 크게 개선할 수 있는 무기나노입자 약물전달시스템을 차별화 전략으로 채택한 것이다.

이를 응용해 '유·무기 복합체 기술'과 '고분자 전달체 기술'도 확보했다. 유·무기 복합체 기술은 무기물을 약물 전달체로 이용해 생체활성물질, 치료용 약물 등을 목표 부위에 선택적, 효과적으로 전달할 수 있게 하는 DDS다. 유무기 복합체 기술을 통해 난제라 여겨졌던 니클로사마이드의 생체이용률을 대폭 높인 범용 항바이러스제 제프티(CP-COV03)를 개발했다. 현대바이오의 캐시카우(현금창출원)인 화장품의 주원료 '비타브리드'도 이 기술을 통해 탄생했다.

고분자 전달체 기술은 생체 친화적인 고분자를 사용해 약물의 혈중농도 지속시간을 늘리고 부작용은 줄일 수 있는 DDS다. 현대바이오는 이를 활용해 화학항암제 후보물질 '폴리탁셀'을 개발했다. 화학항암제의 최대 단점인 독성을 줄여 부작용을 억제하는 한편, 약물 투여 간격의 변화를 가능하게 해 더 뛰어난 항암 효능을 나타내게 하는 물질이다.

현대바이오는 2023년 원천기술의 가치가 본격적으로 드러날 것으로 기대하고 있다. 제프티와 폴리탁셀을 통해서다. 특히 제프티의 경우 미국 NIH이 탐낼 정도로 가치가 상승하고 있다. 현대바이오의 자회사 현대바이오사이언스USA는 최근 NIH 산하 NIAID와 비임상평가계약(NCEA) 체결을 통해 제프티의 가능성을 함께 확인하기로 했다.

미국 정부는 코로나19 팬데믹 이후 '팬데믹을 대비한 항바이러스 프로그램(APP)'을 운영하고 있다. 이를 바탕해 NIAID는 APP 자금으로 현대바이오가 선정한 여러 바이러스에 대한 전임상부터 임상2상까지 단계적으로 실시한다. APP를 위해 범용 항바이러스 치료제 개발 계약을 체결한 것은 이번이 처음이다.

앞서 현대바이오는 팬데믹 유발 가능성이 높은 메르스, 변이 및 내성 인플루엔자, 호흡기세포융합바이러스(RSV), 파라인플루엔자바이러스 등 전임상 대상 바이러스를 정했다. 대상 바이러스에 대한 전임상부터 임상2상까지 비용은 2,130억 원으로 추정된다.

NIAID는 제프티의 임상에서 깊은 감명을 받은 것으로 알려졌다. 현대바이오에 따르면 앞서 코로나19 환자 300명을 대상으로 제프티의 임상2상을 진행한 결과, 1차 유효성 평가지표인 발열·기침 등 12가지 코로나19 증상 개선에 드는 시간이 4일, 고위험군에서는 6일 단축됐다. 투약 16시간 만에 위약대조군 대비 14배 높은 체액 내 바이러스 수치 감소율을 보였다.

현대바이오는 이 같은 결과를 토대로 코로나19 치료제로서 제프티의 국내 긴급 사용승인을 위해 임상시험 결과를 질병관리청에 제출한 상태다. 긴급 사용승인이 떨어지면 국내 최초 경구용 코로나19 치료제가 탄생하게 된다.

진근우 현대바이오연구소장은 "최근 제프티 추가 분석을 통해 다른 치료제보다 월등한 효과가 있음이 객관적으로 입증됐다"며 "제프티 추가 분석에는 미국 식품의약국(FDA)이 긴급 사용승인한 팍스로비드, 라게브리오 등 다른 코로나19 치료제와 같은 통계분석 주분석군(mITT, 증상 발현 3일 이내에 임상시험의약품을 투약한 시험대상자를 통계분석 대상군으로 한 것)을 사용해 신뢰도를 높였다"고 강조했다.

현대바이오사이언스의 파이프라인 현황

프로그램	적응증	비임상	임상1상	임상2상	임상3상 상용화
POLYTAXEL	췌장암				
	고형암				
CP-COV03	코로나19				

학계와 업계에서도 제프티의 가치를 인정하고 있다.

김진석 숙명여대 약대 교수는 "제프티는 강력한 항바이러스 효과가 있는 니클로사마이드를 주약성분으로 만든 약이다"라며 "잘 녹지 않고 혈중농도 유지 시간도 짧은 니클로사마이드의 특성을 변형하는 데 성공해 기대가 크다"고 말했다.

우흥정 전 대한감염학회 부이사장(감염내과 전문의)도 "제프티는 미국과 중국 등 전 세계에서도 큰 관심을 보이고 있다"며 "발열을 포함해 FDA에서 지정한 12가지 코로나19 증상을 모두 개선한 덕분이다"라고 전했다.

현재 코로나19 국내 상황은 팬데믹(대유행) 시대의 정점기에 못지않다. 중앙방역대책본부(방대본)에 따르면 8월 5주(8월 27~31일) 코로나19 신규 확진자는 18만 1,451명으로 하루 평균 3만 6,290명이 감염됐다. 하루 평균 위중증 환자와 사망자는 각각 223명, 31명이었다.

폴리탁셀도 현대바이오가 글로벌 시장에서 신뢰를 얻는 데 한몫하고 있다. 폴리탁셀은 항암제 2회 투약으로 치료를 마칠 수 있는 혁신적 항암요법으로 통한다. 현재 췌장암 대상

폴리탁셀 글로벌 임상1상 계획을 호주 현지의 암 전문 병원과 협의하고 있다. 협의가 끝나는 대로 호주 인체연구윤리위원회(HREC)에 제출할 방침이다. 우리나라보다 임상 개시 절차가 간소한 호주에서는 임상 수행 병원이 정해진 뒤 HREC에 임상계획을 제출하면 바로 임상 개시가 결정된다.

현대바이오는 이번 임상을 위해 그동안 폴리탁셀의 대량생산과 성분분석이 가능한 제형을 완성했다. 또한 폴리탁셀에 기반한 무고통 항암요법인 '노앨테라피'를 개발했다. 노앨테라피는 체내 무독성량(NOAEL) 한도 내 폴리탁셀 투여로 부작용을 초래하지 않고 암을 치료하는 항암요법이다. 현대바이오는 2018년 서울에서 열린 글로벌 바이오 콘퍼런스(GBC)에서 실현 가능성을 제시한 바 있다. 폴리탁셀과 노앨테라피를 소개하는 논문은 2022년 11월 영국 왕립화학회(Royal Society of Chemistry)가 편찬하는 세계적 저널인 〈JMCB〉에 등재되기도 했다.

보건복지부와 국립암센터에 따르면 우리나라 국민이 기대수명(82세)까지 생존할 경우 3명 중 1명이 암에 걸리는 것으로 조사됐다. 한편 국회 보건복지위원회에 따르면 2016~2020년까지 5년간 암으로 진료받은 환자는 794만 7,206명으로 진료비는 총 37조 2,895억 원에 달한다.

현대바이오 관계자는 "노앨테라피는 항암제 독성이 인체 내에서 정상세포를 손상하지 않도록 하는 독성 제어가 핵심"이라며 "암 환자와 가족의 정신적, 경제적 부담을 줄일 수 있도록 신약 개발에 속도를 낼 것"이라고 말했다.

아이진

● mRNA 백신 개발을 선도하는 국내 1세대 바이오 벤처기업 ●

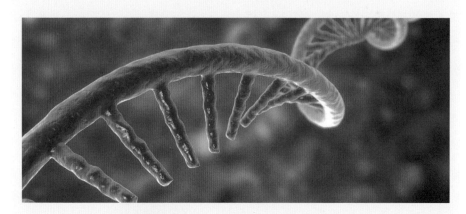

유원일 대표이사
· 연세대 생화학 학·석·박사(수료)
· 제일제당종합기술원 수석연구원
· 약물유전체연구사업단 과제 평가위원

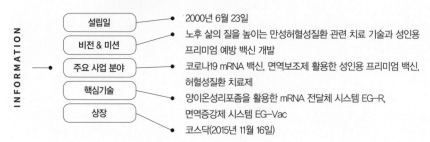

INFORMATION

설립일	● 2000년 6월 23일
비전 & 미션	● 노후 삶의 질을 높이는 만성허혈성질환 관련 치료 기술과 성인용 프리미엄 예방 백신 개발
주요 사업 분야	● 코로나19 mRNA 백신, 면역보조제 활용한 성인용 프리미엄 백신, 허혈성질환 치료제
핵심기술	● 양이온성리포좀을 활용한 mRNA 전달체 시스템 EG-R, 면역증강제 시스템 EG-Vac
상장	● 코스닥(2015년 11월 16일)

연구개발 특화된 국내 대표 1세대 바이오 기업

"우리 기술로 만든 세계적인 바이오 신약과 백신을 통해 인류 삶의 질을 높이는 게 궁극적인 목표다."

신약 개발 기업 아이진 유원일 대표가 임직원과 투자자에게 늘 강조하는 말이다. 장기전이 불가피한 제약·바이오업계에서 회사의 정체성 잃지 않고, 스스로도 초심을 지키기 위해서다. 국내 제약·바이오업계의 1세대로, 30년 넘도록 뚝심을 잃지 않고 고된 길을 걸어온 유 대표에게 이 같은 포부는 여전히 진행형이다. 시간과 자리가 바뀌며 방법은 조금씩 달라지고 있다. 하지만 '국내 제약·바이오업계의 성장에 기여'라는 일관성은 그의 삶의 궤적을 통해 명확히 드러난다.

1988년 제일제당 종합기술원 제약·바이오 전문연구원으로 사회생활을 시작한 그는 당시 많은 성과를 일궈냈다. 국내 최초·세계 세 번째 반코마이신 항생제 개발, 스트렙토키나제(혈전용해제) 단백질 주사제 개발, 테이코플라닌 항생제 개발 등이 대표적인 예다.

그는 만족할 수 없었다. 당시 국내 제약·바이오 신약 연구가 걸음마 단계라 조직 속에서 한계가 분명했기 때문이다. 유 대표가 안정적인 자리를 버리고, 2000년 아이진을 창립한 이유다. 그렇다고 세상이 녹록하지 않았다. 파이프라인을 구축하고, 회사가 안정적으로 자리 잡기까지 10년여간 자금조달과 규제 등으로 어려움을 겪어야 했다.

다행히 2010년 당뇨망막증 치료제와 백신 분야에서 정부 과제를 수주하며 한숨을 돌렸다. 주요 파이프라인이 임상에 진입하자 기관투자자들이 속속 합류하며 본격적인 성장세에 들어섰다. 2013년 코넥스에 진입 후 2년 만인 2015년 코스닥시장에 기술특례상장까지 이뤄내며 현재의 모습을 갖췄다.

그사이 당뇨망막증 치료제 유럽 임상2a상(2020년) 및 국내 임상2상(2021년), 욕창 치료제

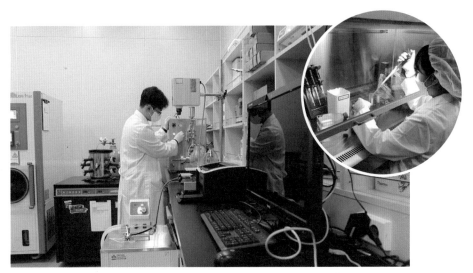

경영진 대부분이 연구자 출신일 뿐 아니라 약 90여 명의 임직원 중 3분의 1가량이 석·박사 연구원 출신이다 보니 아이진은 연구개발을 중심으로 운영되고 있다.

국내 임상1&2상(2020년), 대상포진백신 호주 임상1상 (2021년), 대상포진백신 국내시장 기술이전 계약 체결(2022년) 등을 완료했다. 코로나19백신 부스터에 대한 호주 임상1/2a 상 시험계획(IND)도 2022년 승인받았다.

유 대표와 꿈을 함께하는 든든한 우군이 있었기에 가능한 일이었다. 그와 같은 제일제당 종합기술원 출신인 조양제 최고기술경영자(CTO), 한국보건의료연구원 신의료기술평가 사업본부장을 역임한 김석현 연구소장 등이 대표적인 예다. 특히 창립 초부터 함께한 조 CTO는 유 대표와 함께 아이진의 핵심축이다. 김 연구소장의 경우 2019년 합류해 회사에 새로운 바람을 불어넣는 역할을 충실히 하고 있다.

경영진 대부분이 연구자 출신이다 보니 아이진도 연구개발(R&D)을 중심으로 회사가 운영 된다. 약 90명의 임직원 중 3분의 1 이상이 석·박사 연구원 출신일 정도다. 이를 바탕으로 부설연구소도 별도로 꾸려 R&D의 전문화를 꾀하고 있다. 2021년에는 자회사 레나임도 설 립해 미래성장동력으로 꼽는 메신저리보핵산(mRNA) 백신 부문의 글로벌 경쟁력 확보에 힘쓰고 있다.

유 대표는 "'노후 삶의 질'을 높일 각종 치료제와 백신을 개발하는 세계적인 바이오 벤처가 될 수 있도록 지속적으로 노력할 것"이라며 "지난 10여 년간 이를 위한 역량을 확보했고,

아이진의 파이프라인 현황

프로그램		적응증	전임상	임상1상	임상2상	임상3상	임상 국가
EG-R mRNA 전달체 플랫폼	EG-COVID	COVID-19(기초 접종)					한국
		COVID-19(부스터)					호주, 남아프리카공화국
		COVID-19(다가백신)					
	암백신	암					
	결핵백신	결핵					
EG-Vac 면역보조제 시스템	EG-HZ	대상포진					호주
							한국
	EG-HPV	자궁경부암					한국
EGT022 인간 유래 재조합 폴리펩타이드	EG-Mirotin	당뇨망막병증					유럽연합
							한국
	EG-Decorin	욕창					한국
		창상					한국
	EG-Myocin	심근허혈/재관류손상					한국

앞으로는 기술수출 확대 등으로 투자자에게도 보답할 것"이라고 말했다.

한편 아이진의 최대주주는 유 대표로 6.0%의 지분을 보유하고 있다. 조 CTO가 3.6%로 그 뒤를 잇고 있다. 나머지는 개인투자자 등이 나눠 갖고 있다.

파이프라인 사업화 지속… 장기전은 mRNA 백신으로

아이진이 보유한 핵심기술은 크게 세 가지로 요약된다. 노화로 인해 진행되는 만성허혈성 질환을 타깃한 '허혈성질환 치료제', 성인용 프리미엄 백신에 폭넓게 사용되는 자체 '면역 증강제 시스템', 백신과 치료제 시장의 패러다임을 바꾼 'mRNA 생산 및 전달체 기술'이다. 관련해 93건 특허등록과 203건 특허출원을 완료했다. 40건 이상의 정부 과제를 수행한 업력도 강점이다. 기술의 경쟁력과 차별성을 입증한 셈이다.

아이진이 현재 가장 공들이는 핵심기술은 '양이온성리포좀 구조'를 활용한 mRNA 전달체 시스템 'EG-R'이다. 미국 바이오 업체 트라이링크로부터 mRNA 기술을 이전받아, 자체 양이온성리포좀을 전달체로 적용해 차별화된 경쟁력을 확보했다. 인체 내에 주입되는 mRNA를 보호해 타깃 세포 안으로 온전하게 전달하는 게 특징이다. 특히 기존 지질나노입자(LNP)에 기반한 mRNA의 부작용으로 알려진 아나필락시스, 심근염 등의 발생 위험도 없다. 동결건조 제형으로 생산할 수 있어 2~8℃에서 냉장 보관도 가능하다.

이를 바탕으로 아이진은 코로나19백신 '이지코비드(EG-COVID)'를 완성했다. 2021년 9월 국내 코로나19백신 무접종자 대상 임상1상을 시작해 2022년 9월, 중대한 이상 반응이 없었으며 안전성이 우수하다는 중간 결과를 확인했다. 호주에서 진행 중인 부스터 임상1상을 2022년 상반기 중 투여 완료했다. 이후 아이진은 호주 2a상에서 '이지코바로(EG-COVARo)' 접종군 추가 및 투여 용량을 증량한 임상 디자인 변경을 승인받았으며 현재 이지코비드 및 이지코바로의 부스터 임상2a상을 수행 중이다.

이 같은 차별화된 기술을 바탕으로 아이진은 mRNA 기반 백신 및 치료제 전문기업으로 거듭

양이온성리포좀 구조를 활용한 mRNA
전달체 시스템 EG-R을 바탕으로 개발한
코로나19백신 이지코비드.

난다는 계획이다. 시장조사기관 글로벌인더스트리애널리스트(GIA)에 따르면 2021년 649억 달러(약 86조 원)였던 글로벌 mRNA 백신 시장규모는 2027년에는 1,273억 달러(약 169조 원)로 커진다.

허혈성질환 치료제는 자체 핵심 물질인 'EGT022'를 바탕으로 파이프라인을 구성하고 있다. EGT022는 인체에서 유래한 3개의 아미노산 서열인 'RGD 구조(Motif)'로 구성된 폴리펩타이드 성분이다. 인체 내 손상된 모세혈관을 안정화·정상화함으로써 각종 허혈성질환을 치료한다. 인체에서 유래한 단백질 구조라 부작용 및 항체 반응이 없어 지속적인 투여가 가능하다는 장점이 있다.

아이진의 관련 파이프라인으로는 비증식성당뇨망막증과 심근허혈재관류손상, 욕창 및 창상치료제가 있으며, 적응증별로 효능을 확인하는 임상 단계를 수행 완료했거나, 진행하고 있다. 비증식성당뇨망막증 치료제 '이지미로틴(EG-Mirotin)'의 경우 개발 초기부터 글로벌 기술수출을 목표했기에 비임상 단계부터 유럽에서 R&D를 했다. 최근 개선된 관찰법 등을 활용해 국내 소규모 환자 대상 임상2상에서 유의미한 결과를 얻은 바 있다.

당뇨망막증은 초기 단계인 비증식성과 후기인 증식성으로 구분된다. 전체 당뇨망막증 환자의 70%가량이 비증식성이나 아직 치료제가 없다. 업계에 따르면 글로벌 당뇨망막병증 시장은 2019년 36억 달러(약 4조 7,000억 원)에서 2029년 86억 달러(약 11조 2,000억 원)로 성장한다.

대상포진 재조합단백질 백신 EG-HZ 제조 기술

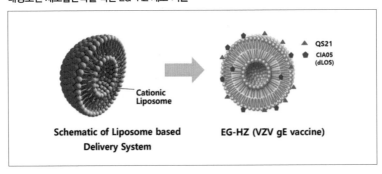

아이진 고유의 면역증강제 시스템은 자체적인 면역증강제 후보물질을 확립하고, 기존에 사용되던 알루미늄 기반의 면역증강제(Alum) 등을 추가해 구축됐다. 항체를 효과적으로 생성하고, 오랫동안 유지할 수 있어 성인용 프리미엄 백신 개발의 플랫폼으로 활용되고 있다.

이를 적용한 대표적인 파이프라인이 대상포진 재조합단백질 백신 'EG-HZ'다. 호주에서 임상1상을 진행했으며, 안전성과 유효성을 확인했다. 글로벌 1위 제품인 글락소스미스클라인(GSK)의 '싱그릭스'와 통계적 차이가 없는 것으로 알려졌다.

이 덕분에 2022년 2월 한국BMI에 215억 원 규모의 EG-HZ 기술수출도 했다. 국내시장에 한했기 때문에 글로벌 제약·바이오사들이 여전히 군침을 흘리고 있다. 글로벌 대상포진백신 시장규모는 2021년 28억 8,000만 달러(약 3조 8,000억 원)로 연평균 10% 성장해 2029년 60억 4,000만 달러(약 8조 원)에 이를 것으로 관측된다.

EG-IM, CIA09 중국 특허등록

아이진이 발명한 '신규 구조의 리포폴리사카라이드(Lipopolysaccharide, LPS) 유사체(EG-IM) 및 알루미늄 기반의 면역증강제(Alum)를 포함한 백신 조성물'의 중국 내 특허등록이 완료됐다. 해당 조성물이 포함된 백신의 중국시장 진출 토대 확보라는 점에서 큰 의의를 가진다. 한편 '면역반응 조절 물질 및 양이온성리포좀을 포함하는 면역증강용 조성물 및 이의 용도' 발명에 대하여도 중국 내 특허등록을 완료했다. 이는 대상포진백신(EG-HZ)의 핵심 면역증강용 조성 물질인 'CIA09'에 관한 발명으로 향후 많은 개량 백신에도 사용될 수 있는 플랫폼 기술이다.

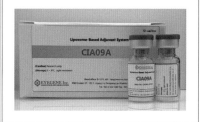

퓨쳐메디신

● 세계 최대 뉴클레오사이드 신약 플랫폼 보유한 연구중심 바이오텍 ●

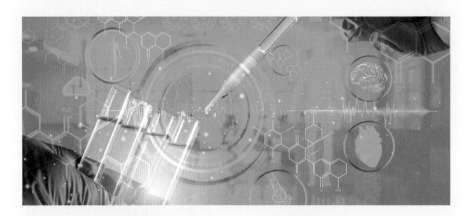

정낙신 대표이사
· 서울대 약대 학·석사
· 미 조지아대 약화학 박사
· 미 국립보건원/국립암센터
· 이화여대 약대 교수
· 서울대 약대 교수

정완석 대표이사
· 한국외대 중국어·경영학 학사
· 미 매사추세츠공과대 슬론 경영대학원 MBA
· 중 칭화대 경영학 석사
· 써니전자 전략기획실장
· 삼우통신 전략기획 임원
· 지홈 경영관리 임원

INFORMATION

설립일	2015년 6월 4일
비전 & 미션	세계 최고의 뉴클레오사이드 신약 개발 글로벌기업
주요 사업 분야	뉴클레오사이드 기반 합성신약 개발
핵심기술	뉴클레오사이드 기반 신약 플랫폼 포커스
상장	코넥스(2022년 7월 27일)

창립부터 경영과 R&D 분리해 전문화 추구

마라토너 고(故) 손기정과 남승룡 선수. 1936년 독일 베를린올림픽에서 각각 1등과 3등을 차지하며, 한민족의 저력을 세계에 알린 인물들이다. 이들의 성공은 서로의 능력을 최대치로 끌어내며 마지막까지 달릴 수 있게 했던 시너지도 한몫했던 것으로 평가된다.

국내 제약·바이오업계에서도 이들처럼 '블록버스터 신약' 개발이라는 공동의 목표로 결승선을 향해 함께 달려가는 이들이 있다. 정낙신·정완석 퓨쳐메디신 공동대표다. 제약·바이오업계에서는 벤처 성공 모델의 하나로 경영과 연구개발(R&D)을 분리한 이원 대표 체제가 각광받고 있다.

퓨쳐메디신은 2015년 창립부터 경영과 R&D를 분리해 전문화를 추구했다. R&D는 퓨쳐메디신의 원천기술을 보유한 정낙신 공동대표가 총괄하고 있다. 그는 미국 조지아대 약화학 박사 출신으로 미국 국립보건원(NIH)과 국립암센터(NCI) 연구원, 이화여대 약대 교수 등을 역임했다. 현재는 서울대 약대 교수, 한국유기합성학회 수석부회장 등을 맡고 있다.

국내 뉴클레오사이드 분야 일인자로 꼽히는 정낙신 공동대표는 합성신약 개발의 혁신적인 성과로 국내 제약·바이오산업의 부흥을 꿈꾼다. 그가 이 같은 목표를 하루빨리 실현할 수 있도록 정완석 공동대표는 경영을 총괄하고 있다.

그는 중국 칭화대 경영대학원에서 MBA 과정을 마치고, C&G그룹에서 사회생활을 시작했다. 이후 써니전자와 지홈 등에서 경영진을 맡아 글로벌 사업 전문가로 성장했다. 정낙신 공동대표가 퓨쳐메디신 창업의 핵심 파트너로 정완석 공동대표를 택한 이유이기도 하다.

두 공동대표의 후방지원도 업계 최고 전문가들이 하고 있다. 연구기획본부장인 허정임 전무, 최고재무책임자(CFO) 권정철 전무 등이 대표적인 예다. 허 전무는 교토대 생화학 박사 출신으로 미국국립암연구소, 한국쓰리엠 등에서 핵심 연구원으로 재직했다. 메드팩토에서도 항암제 개발을 담당한 바 있는 실무와 이론을 겸비한 전문가다. 퓨쳐메디신에서는 차기 항암제 개발을 주력하고 있다. 권 전무는 대한생

퓨쳐메디신 현관 앞을 가득 채운 특허증. 퓨쳐메디신은 유럽 등 주요 국가에서 76건의 특허출원 및 등록을 완료했다.

명, 한영회계법인, 미래에셋증권 등을 거쳐 쎄미시스코 CFO를 지냈다.

그간의 성과가 이들의 시너지를 방증한다. 2023년, 창업한 지 불과 9년 차밖에 되지 않았지만 글로벌 임상2상을 진행 중인 비알콜성지방간염(NASH)을 비롯한 9개 파이프라인을 보유하고 있다. 관련해 유럽 등 주요 국가에서 76건의 특허출원 및 등록을 완료했다. 2022년 코넥스에 입성했으며, 2023년에는 코스닥 상장에도 도전한다. 이미 나이스디앤비와 한국평가데이터의 기술성평가에서 각각 A등급을 확보했다.

기술과 경영진에 대한 신뢰가 높다 보니 투자에 나선 우군도 많다. 회사 설립 후 HK케이이노엔, NH투자증권, 한국투자증권, 라구나Pre-IPO퓨쳐투자조합제5호, 코오롱2017 4차산업혁명투자조합, 우신벤처투자 등으로부터 누적 400억 원가량을 조달했다.

퓨쳐메디신 관계자는 "2023년 성공적인 코스닥 상장을 통해 새로운 도약을 모색할 것"이라며 "이전상장을 위한 상장예비심사 신청 시점은 주간사인 NH투자증권과 협의를 거쳐 조만간 공시할 예정"이라고 말했다.

NASH 치료제 등 성과 가시화… 상장 청신호

퓨쳐메디신은 뉴클레오사이드 저분자 합성신약 개발업체다. 퓨쳐메디신을 비롯한 많은 신약 개발사가 주목하는 뉴클레오사이드는 인체 내 신호전달물질이다. 높은 안전성 등으로 합성의약품 최적의 소재로 꼽힌다. 실제 항바이러스제, 항암제, 유전자치료제 등으로 폭넓게 활용되고 있다. 길리어드사이언스, 일라이릴리 등 글로벌 제약·바이오사들은 이미 뉴

뉴클레오사이드 기반 신약후보물질 발굴 플랫폼, 포커스

클레오사이드로 블록버스터 신약을 만들어내며 가치를 증명했다.

퓨쳐메디신도 자체 개발한 플랫폼 '포커스(FOCUS)'를 통해 뉴클레오사이드 신약 개발에 승부를 걸었다. 포커스는 일반적으로 수년씩 걸리는 핵심 적응증 선정부터 최종 후보물질 확정까지의 기간을 6개월로 단축했다. 작용제에 그쳤던 뉴클레오사이드의 한계도 원인을 막는 차단제(길항제)까지 영역을 넓혔다. 이미 수천 건의 뉴클레오사이드 화합물 라이브러리(은행)를 구축한 상태다.

퓨쳐메디신은 포커스에 기반해 뉴클레오사이드의 확장성 한계를 극복하고 시대적 요구에 따른 신약 개발에 빠르게 나서고 있다. 비알코올성지방간염 치료제가 대표적인 예다. 비알코올성지방간염의 경우 제대로 된 치료제가 없어 신약 개발이 시급하다. 시장도 크다. 시장조사업체 글로벌데이터에 따르면 오는 2026년 비알콜성지방간염 치료제 세계 시장규모는 253억 달러(약 32조 원)로 커진다.

연구중심 바이오텍 퓨쳐메디신의 중추를 담당하고 있는 연구진들.

퓨쳐메디신은 우선적으로 자원을 투자해 비알코올성지방간염 등의 치료제 후보물질 'FM101'에 집중하고 있다. FM101은 섬유화를 일으키는 A3아데노신수용체의 발현을 조절해 간 염증과 섬유화를 억제하는 역할을 한다. 그 가능성을 확인한 HK이노엔은 2020년

FM101의 비알코올성지방간염 적응증에 대한 국내 및 중국 사업권을 퓨쳐메디신으로부터 기술이전받았다. 별도로 퓨쳐메디신의 지분도 일부 확보했다.

임상도 속도를 내고 있다. 유럽에서 글로벌 임상2상을 진행하고 있으며, 국내에서도 2023년 5월부터 임상2a상을 위한 환자 모집을 시작했다. 퓨쳐메디신은 비알콜성지방간염의 글로벌 임상2상 성과가 가시화되는 2023년 말을 전후해 기술수출도 본격화될 것으로 보고 있다. 계약금 1,000억 원 이상을 목표로 한다.

현실화되면 FM101에 기반한 녹내장, 원발성담즙성담관염 등 다른 파이프라인의 개발도 속도를 낼 전망이다. 이미 경구용 녹내장 치료제의 경우 호주 임상2a상에 진입했다. 원발경화성담관염 치료제로서는 2021년 2월 미국 식품의약국(FDA)의 희귀의약품으로 지정되기도 했다.

퓨쳐메디신 관계자는 "FM101을 비롯한 주요 후보물질에 대한 임상은 FDA 등의 가이드라인에 최적화해 진행되고 있다"며 "이 덕분에 글로벌 빅파마들이 우리의 성과에 주목하고, 기술수출 등을 긍정적으로 보고 있다"고 설명했다.

이 밖에도 퓨쳐메디신은 대장암과 전립선암, 비소세포폐암, 류머티즘성관절염, 아토피 치료제 등의 파이프라인을 보유하고 있다. 표적항암제 파이프라인의 후보물질 'FM301'은 개발 이력이 없는 하스핀 키나아제를 억제하는 게 특징이다. 퓨쳐메디신은 종양 유발에 관련된 하스핀 키나아제의 결합 부위를 밝혀냈고, 이를 표적하는 FM301의 강력한 항암 효과를 확인했다. 관련 내용은 최근 미국 다학제 저널인 〈ACS 센트럴 사이언스(Central Science)〉에 공개돼 큰 관심을 받았다.

퓨쳐메디신은 "FM101뿐만 아니라 FM301, 면역항암제 'FM401', 자가면역질환을 타깃하는 'FM503' 등도 향후 기술이전과 글로벌 임상이 본격화될 것"이라며 "코스닥 상장으로 추가 자금을 확보해 빠르게 성과를 낼 수 있도록 노력할 것"이라고 말했다.

퓨쳐메디신의 파이프라인 현황

프로그램	적응증	연구 및 탐색	전임상	임상1상	임상2상
FM101	비알콜성지방간염				
	녹내장				
	당뇨병성신증				
	원발성담즙성담관염				
FM203	바이러스감염증				
FM301	불응성췌장암				
FM401	고형암				
FM503	자가면역질환				
	혈액암				
FM701	비소세포성폐암				

인트론바이오테크놀로지
● 박테리오파지 유래 신약 글로벌 선두 업체 ●

윤성준 대표이사 사장
· 서울대 동물자원과학 학·석사
· 서울대 의대 암연구센터
· 인트론바이오테크놀로지 설립

윤경원 대표이사 부사장
· 서울대 고분자공학 학사
· 서울대 경영전문대학원 EMBA
· 삼성물산, 씨티은행

INFORMATION

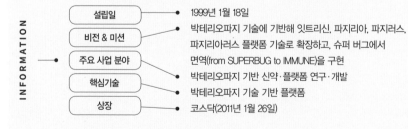

설립일	1999년 1월 18일
비전 & 미션	박테리오파지 기술에 기반해 잇트리신, 파지리아, 파지러스, 파지리아러스 플랫폼 기술로 확장하고, 슈퍼 버그에서 면역(from SUPERBUG to IMMUNE)을 구현
주요 사업 분야	박테리오파지 기반 신약·플랫폼 연구·개발
핵심기술	박테리오파지 기술 기반 플랫폼
상장	코스닥(2011년 1월 26일)

형제가 각각 신약·수익사업 맡는 밸런스 경영

"인트론바이오는 명실공히 박테리오파지(Bacteriophage) 관련 분야의 세계적 선두 그룹이라고 생각합니다. 유익한 특성을 가진 박테리오파지를 지속적으로 확보해 다양한 질병 치료의 길을 찾아 나가고 있죠. 박테리오파지 연구를 면역 치료 분야로 확대하고 마이크로바이옴을 컨트롤함으로써 암을 예방하거나 치료할 수 있을 것이라고 믿고 있습니다."

윤경원 인트론바이오테크놀로지(이하 인트론바이오) 대표는 자사를 이같이 평가했다.

인트론바이오는 각자 대표이사 체제로 창립자인 윤성준 대표이사와 윤경원 대표이사가 각각 신약 사업(신약파트)과 수익사업(DR파트)을 나눠서 맡는 '밸런스 경영'이 특징이다.

인트론바이오는 1999년 서울대 의대 암연구센터에서 근무했던 윤성준 대표가 설립한 회사다. 윤성준 대표는 서울대 의대 암연구센터 병역특례과정 중 박사과정 진학이 외부 요인으로 불가능해지자 자체 개발한 연구용 시약 기술을 기초로 돈을 벌자고 결심하게 됐다. 신약 개발 사업을 염두에 두고 회사를 세운 윤성준 대표는 사업화 연계 연구개발(R&BD)에 집중하기 위해 동생인 윤경원 대표를 2001년 12월 입사시켰다.

과장으로 입사한 윤경원 대표는 차근차근 승진을 거쳐 2014년 대표이사 부사장 자리에 올랐다. 윤경원 대표 덕분에 인트론바이오는 자금난에서 빠르게 벗어나 캐시카우를 확보하는 등 안정적인 사업 구조를 유지하고 있다. 윤경원 대표가 대외적인 일과 내부 살림살이를 도맡으면서 윤성준 대표가 신약 개발에 집중할 수 있게 됐다.

윤성준 대표는 "'피는 물보다 진하다'는 말도 있고, 우리 형제는 각자의 성격과 스타일이 다르기 때문에 여러 면에서 시너지가 있다"며 "초·중·고에서 대학은 물론, 회사까지 같은 곳에서 일하는 형제가 많지 않은 상황에서 서로의 능력을 존중한 것이 지금까지 '형제 경영'을 해온 원동력이었다"고 언급했다.

'시약의 국산화' 모토로 출발… 동물용 사료로 수익 창출

인트론바이오 DR파트는 분자진단·신속항원(항체)진단 사업을 통해 수익을 창출하고 있다. 신약 개발을 지속적으로 하기 위해 수익사업이 필요하다는 판단하에 분자진단 사업에 발을 들이게 됐다. 1999년 '시약의 국산화'를 모토로 첫발을 뗀 인트론바이오는 2004년경 동물 감염성 바이러스 진단 제품을 개발·출시하면서 동물 진단 분야에 진출했다.

이 무렵 인트론바이오의 신약파트는 박테리오파지 기술 투자를 본격화하면서 동물용 항생제 대체재 사업에 진출했다. 이 사업은 신약파트의 BD사업부에 포함되면서 신약파트에서

인트론바이오는 세균 잡아먹는 바이러스. 박테리오파지가 세균을 죽일 때 작용하는 단백질 효소인 엔돌리신을 활용해 신약을 개발하고 있다.

매출을 내고 있다. 신약파트는 원천기술을 활용해 기술수출이나 사업화를 수행하는 생명공학연구소와 박테리오파지 기술을 활용하기 위한 BD사업부로 나뉘어 있다.

사업 초창기 인트론바이오의 박테리오파지 연구는 살모넬라에 대한 백신을 개발하는 등 동물 분야에 집중해 이뤄졌다. 이에 대해 윤경원 대표는 "당시 사람에게 직접 박테리오파지를 먹이거나 투여하는 것은 현실적인 이유로 어렵다고 생각했다"며 "사람보다는 현실적으로 가능성이 높은 동물 분야에 먼저 진출했다"고 설명했다.

인트론바이오는 박테리오파지를 사료첨가제 형태로 산업화하는 데 성공한 업체다. 국내에선 2011년 동물사료 내 항생제 첨가 금지법이 시행되면서 수혜를 입게 됐다. 동물용 항생제 대체재 사업은 꾸준히 수익을 내면서 인트론바이오가 인체 분야 신약 연구개발에 뛰어드는 발판이 됐다.

사람 대상 신약 개발로 방향 전환… 면역치료제 분야로 확장

수의학을 전공했던 초창기 연구소장이 퇴사한 이후 윤성준 대표가 직접 연구소를 이끌게 되면서 인트론바이오는 인체 대상 신약 개발로 방향을 전환하게 됐다. 특히 박테리오파지 자체가 아닌 '엔돌리신(Endolysin)'으로 연구 방향을 전환시킨 게 인트론바이오 발전에 영향이 컸다는 게 윤경원 대표의 설명이다. 엔돌리신은 박테리오파지가 세균을 죽일 때 작용하는 단백질 효소다.

인트론바이오는 동물 분야에 대한 투자는 일정 수준만 유지하고 나머지 수익을 인체 분야의 R&BD에 재투자했다. 2014년에는 슈퍼박테리아치료제가 임상에 진입하는 등 신약 개발에 본격적으로 뛰어들게 됐다.

이처럼 인트론바이오의 연구개발 분야는 대략 5년 주기로 시약→진단→신약 분야로 변화해왔다. 신약 분야 측면에서는 세균 질병→바이러스 질병→면역질환 순으로 영역을 확대시키고 있다. 2024년에는 면역치료제 분야로 진출한다는 게 인트론바이오의 계획이다.

윤경원 대표는 "인트론바이오는 당연히 블록버스터 신약을 통해 기업으로서의 존재 의미를 지켜나갈 것"이라면서도 "이와 더불어 모럴버스터(Moral Buster) 신약을 통해 죽어가는 사람을 살리는 사명도 잊지 않고 있다"고 말했다. 모럴버스터 신약이란 죽어가는 사람을 살리는 블록버스터 신약을 의미하는 합성 신조어로 널리 사용되고 있다.

이어 그는 "세균 질환과 바이러스 질환에 대해 효과적인 대책을 세우려면 박테리오파지를 잘 이해하고 이용해야 한다"며 "박테리오파지를 이용한 신약 개발은 궁극적으로 사람의 건강과 면역에 직접 연결될 것"이라고 강조했다.

박테리오파지로 퍼스트인콘셉트 신약 개발

인트론바이오는 마이크로바이옴(Microbiome)보다 박테리오파지가 인간의 면역에 더 중요하다는 관점 하에 R&BD를 진행하는 업체다. 이를 바탕으로 인트론바이오는 엔돌리신, '잇트리신(itLysin)' '파지리아(PHAGERIA)' '파지러스(PHAGERUS)' 등 다양한 플랫폼 기술을 개발해왔다. 이를 통해 '퍼스트인클래스(First-in-class, 계열 내 최초)'를 넘어 '퍼스트인콘셉트(First-in-concept)' 신약을 개발하겠다는 게 인트론바이오의 포부다.

박테리오파지란 세균의 균형·제어 역할을 하는 생물체로 흔히 '세균을 잡아먹는 바이러스' '세균의 천적' 등으로 불린다. 인트론바이오는 박테리오파지를 단순히 '세균을 죽이는 바이러스'라는 개념을 넘어서 장내 세균을 컨트롤하면서 진화해나가고 있다는 개념으로 접근하고 있다. 즉 사람의 면역과 직·간접적으로 연관성이 있다고 보는 것이다.

윤성준 대표는 "박테리오파지가 지구상 최초의 생물체이며, 그 기원은 박테리오파지의 DNA 조각이었을 것"이라며 'ViP 싸이클 가설'을 제시했다. ViP 싸이클 가설이란 바이러스가 박테리오파지로부터 진화했다고 추정하는, 2019년 인트론바이오가 세운 새로운 가설이다. 이는 바이러스에서 박테리오파지가 진화했을 것이라고 보는 학계 의견과 다른 인트론바이오만의 독특한 가설이다.

윤성준 대표는 "박테리오파지를 컨트롤할 수 있게 되면 세균은 물론 바이러스에도 효과적으로 대응할 수 있는 무기를 갖게 될 것"이라며 "더 나아가 박테리오파지에서 면역의 열쇠를 찾게 될 것이며, 궁극적으로 사람의 건강한 삶을 유지할 수 있는 판도라의 상자를 열 수 있지 않을까"라고 언급했다. 이어 "이는 '가정'에서 출발하고 있지만 '확신'에 찬 발걸음"이라며 "박테리오파지 관련 신약 개발의 성공으로 자연스럽게 증명될 것이라 믿고 있다"고 강조했다.

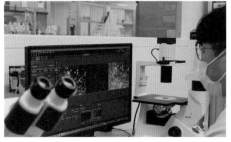
잇트리신 기술에 기반해 수퍼박테리아를 타깃하는 신약 개발에
매진하고 있는 생명공학연구소.

'세계 최초' 엔돌리신·잇트리신 신약 개발

인트론바이오는 박테리오파지가 세균을 죽일 때 작용하는 단백질 효소인 엔돌리신을 활용해 신약을 개발하고 있다. 특히 세계 최초로 엔돌리신 자체를 이용해 임상에 진입한 슈퍼박테리아 치료 후보물질 'SAL200'은 인트론바이오의 방향을 전환시킨 중요한 분기점으로 작용했다. 2013년 1월 식품의약품안전처(식약처)로부터 SAL200의 임상1상 승인을 받으면서 세계 최초로 인체 내 투여를 시도하고, 엔돌리신에 대한 안전성 우려를 불식시켰다. 2018년 11월에는 SAL200이 스위스 로이반트에 9억 달러(약 1조 1,500억 원) 규모로 기술이전되는 성과를 냈다.

인트론바이오는 여기에 만족하지 않고 잇트리신이라는 새로운 플랫폼 기술을 개발한다. 잇트리신이란 자연계에 존재하는 엔돌리신을 이용해 신약을 개발하는 단계를 넘어 엔돌리신을 신약에 걸맞게 조정하는 '튜닝' 과정을 거치는 것으로, 엔돌리신에 단백질공학 기술과 바이오인포매틱스 기술 등을 접목해 만들어냈다. 잇트리신 후보물질 이름에는 SAL200, BAL200, GN200 등 '200'이라는 숫자가 붙어있다. 이는 '200년 이상 유지되는 신약'이라는 뜻과 함께, 페니실린이 개발된 '20세기 초'로 되돌아가 '제로 상태'에서 다시 새로운 항생제를 개발해야 한다는 뜻이 함축돼 있다는 게 회사 측의 설명이다.

인트론바이오는 슈퍼박테리아 문제 해결을 목표로 잇트리신을 통해 다양한 내성균에 효과적인 신약을 개발 중이다. 슈퍼박테리아란 항생제에 내성을 보이는 균을 총칭하는 용어다. 항생제 남용으로 세균의 내성이 강해지면서 슈퍼박테리아 문제가 세계적인 문제로 부상하고 있다. 윤경원 대표는 "SAL200, BAL200 등 잇트리신(엔돌리신) 신약은 인트론바이오

입장에선 초창기 기술 버전의 신약"이라며 "돈을 벌어야 한다는 기본 방향은 물론, 세계 최초로 엔돌리신의 상용화라는 관점에서 연구개발이 추진되고 있는 신약"이라고 설명했다.

파지리아·파지러스 넘어 '파지리아러스' 플랫폼 개발 목표

여기서 더 나아가 인트론바이오는 박테리오파지와 세균 간의 관계를 기초로 연구개발하는 파지리아 플랫폼 기술도 만들었다. 마이크로바이옴이 사람의 면역에 직간접적으로 영향을 끼친다면 박테리오파지 또한 면역과 중요한 연관성이 있을 것이라는 생각에서다. 인트론바이오는 동물용 항생제 대체재 개발에 쓰인 파지리아 기술을 인체 대상으로 확장해 대장암, 알츠하이머병, 파킨슨병 등을 타깃으로 하는 파지옴 신약을 연구개발하고 있다.

윤경원 대표는 "마이크로바이옴에 비해 파지옴 분야는 아직까지 전 세계적으로 활발한 연구가 진행되고 있지 않다"면서도 "언젠가 장내 세균의 중요성이 점차 증명되면 그 중심에 박테리오파지가 중요한 역할을 하고 있는 것이 밝혀지고, 인트론바이오의 경쟁력이 꽃피우게 될 것"이라고 기대했다.

인트론바이오는 박테리오파지 500여 종을 분리, 확보하고 있다. 박테리오파지를 조작해 원하는 형태로 제작하는 로봇 박테리오파지 기술도 개발 중이다. 궁극적으로는 바이러스에 대한 백신·치료제 개발을 위한 것으로 이를 위한 플랫폼 기술인 파지러스도 구축했다. 인트론바이오는 파지러스를 통해 박테리오파지 기술을 바이러스 관련 질환으로 확장해 항바이러스제, 백신제제 개발을 위한 연구를 진행 중이다.

인트론바이오가 종착점으로 여기고 개발하는 플랫폼 기술은 '파지리아러스(PHAGERIARUS)'다. 파지리아가 박테리오파지가 인간의 면역에 간접적으로 영향을 미칠 것으로 예측하고 있다면 파지리아러스는 면역에 직접적인 영향을 미치고 있다는 관점에서 출발한다. 박테리오파지에 기초해 면역을 조절하는 면역치료제 개발 분야를 지향하는 것이 파지리아러스 플랫폼 기술이다.

윤경원 대표는 "파지리아러스 플랫폼 기술은 개발 과정이 매우 어렵고, 그 성공을 장담할 수 없다"면서도 "하지만 인트론바이오의 생각과 방향을 조금만 이해하게 된다면, 해당 분야에 대한 성공 가능성과 성공 가치에 대한 기대감이 한층 높아질 것"이라고 주장했다.

권리 반환된 SAL200, 재기술이전 논의 현황은… "기술실사 중"

수퍼박테리아 치료제 SAL200은 2018년 11월 스위스 로이반트에 9억 달러(약 1조 1,500억 원) 규모로 기술이전됐다가 2022년 6월 계약 파기됐다. 로이반트는 SAL200 개발사로 자회사 라이소반트를 설립해 연구개발을 지속해 2022년 1월 미국 식품의약국(FDA)에 임상 2상 시험계획(IND)을 승인받았다. 그러나 로이반트의 정책이 변경되면서 SAL200을 포함한 6개 파이프라인의 개발을 중단하기로 결정했다. 라이소반트가 기존에 지급한 계약금 1,000만 달러(약 128억 원)는 반환되지 않는다.

인트론바이오는 SAL200의 미국 임상2상을 진행할 글로벌 파트너사를 찾으면서 기술이전을 재추진하고 있다. 인트론바이오는 로이반트가 SAL200 개발에 지난 4년간 수백억 원을 투자하면서 쌓은 많은 임상데이터를 감안하면 SAL200의 성공 가능성이 더욱 높아졌다고 보고 있다. 2023년 7월에는 로이반트로부터 SAL200의 임상시험용 의약품을 무상 취득했다. 임상시험용 의약품이 준비돼 언제든 투약이 가능해지면서 임상 일정을 앞당길 수 있을 것으로 기대되는 대목이다.

윤경원 인트론바이오 대표는 "명확히 얘기할 수 있는 부분은 기술실사를 단계적으로 잘 진행하고 있다는 것"이라며 "SAL200을 반드시 시장에 제품화·상용화시키기 위해 이에 적합한 기업을 선정하는 데 힘쓰고 있다"고 말했다.

BAL200, GLP-TOX 완료… 임상1상 통해 기술이전 가능성 ↑

기술이전 가능성이 높은 또 다른 파이프라인으로는 탄저균 치료제 BAL200이 있다. BAL200은 비임상 독성실험(GLP-TOX)을 완료했다. 윤경원 대표는 "BAL200는 미국의 국방 관련한 기업들과 협력을 논의 중"이라며 "앞으로 인체 대상 임상1상을 통해 안전성을 확인한다면 FDA의 동물실험갈음규정(Animal Rule)을 적용해 보다 빠르게 시장에 진입할

인트론바이오테크놀로지의 신약 개발 현황

품목	적응증	연구 시작일	현재 진행 단계	
			단계(국가)	승인일
바이오신약 SAL200	메티실린 감수성 및 황색포도알균으로부터 유발되는 혈액 감염(균혈증/심내막염)	1999년	임상2상(대한민국)	2016년
			임상1상(대한민국)	2017년
			임상2상(미국)	2022년
그램음성균 대응 바이오신약 (GN200 series)	항생제 내성 그램음성균감염증	2003년	대량 제조공정 기술개발/ 안정성 및 유효성시험	-
그램양성균 대응 바이오신약 (BAL200/EFL200/CDL200 등)	그램양성균감염증	2001년	대량 제조공정 개발/ 독성시험/유효성시험	-

수 있을 것"이라고 말했다. 탄저균 백신·항생제 시장은 연간 5,000억 원 규모 이상인 것으로 알려져 있다.

SAL200과 BAL200이 중요한 이유는 인트론바이오의 초창기 기술인 엔돌리신을 적용한 신약의 상용화 여부를 가능할 수 있는 파이프라인이기 때문이다. 윤경원 대표는 "SAL200과 BAL200의 연구개발은 돈을 벌어야 한다는 기본 방향은 물론, 세계 최초 엔돌리신의 상용화라는 관점에서 추진되고 있다"며 "따라서 SAL200과 BAL200의 임상 진행과 시장에 성공적으로 안착시키는 게 중요하다고 생각한다"고 말했다.

인트론바이오의 단기적인 목표는 SAL200과 BAL200의 지속적인 임상과 연구개발이 미국에서 이뤄질 수 있도록 하는 것이다. 이를 통해 두 파이프라인의 신약 가치가 입증되면 후속 잇트리신 파이프라인의 가치도 동반 상승할 것으로 기대하고 있다. 단 미국 임상은 최소 수백억 원 이상의 비용이 소요되기 때문에 자체 자금으로 진행할 계획은 없다. 대신 미국 임상을 진행할 파트너사를 찾아 글로벌 협업을 추진하겠다는 전략이다.

신약 개발할 자체 자금 넉넉… 현금성자산 921억 원 보유

인트론바이오는 미국 임상은 파트너사를 통해 진행하면서 후속 파이프라인 개발에 집중할 예정이다. 이러한 초기 개발에는 DR파트를 통해 창출한 현금을 활용한다는 방침이다.

인트론바이오의 DR파트는 코로나19 팬데믹으로 인해 분자진단 사업이 수익을 내면서 2019년 44억 원 적자였던 영업손익이 2020년 157억 원 흑자로 전환되고, 2021년에도 101억 원의 흑자를 냈다. 2022년에는 엔데믹으로 인해 15억 원의 영업손실이 발생했지만 팬데믹 기간에 벌어둔 현금을 쌓아뒀기 때문에 당분간 외부 자금을 조달할 계획은 없는 것으로 알려졌다.

인트론바이오의 현금성자산(단기금융상품 포함)은 2018년 212억 원→2019년 564억 원→2020년 600억 원→2021년 1,052억 원으로 4년째 증가하다 2022년 868억 원으로 전년 대비 17.5% 감소했다. 2023년 1분기에는 현금성자산이 921억 원으로 소폭 증가하면서 타바이오텍 대비 넉넉한 현금을 보유하고 있다.

윤경원 대표는 "코로나19 팬데믹 시기에 큰 현금을 창출해 보유 현금이 어느 정도 여유로운 편"이라며 "당장 외부 자금조달이 필요한 상황은 아니지만 신약 개발 진척도에 따라 상황은 달라질 수 있기에 자금 상황을 예의주시하며 관리하고 있다"고 말했다.

이뮤니스바이오

● 전 공정 자체 처리 가능한 세포치료제 업체 ●

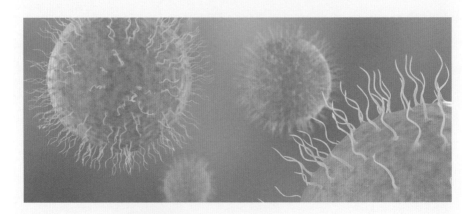

강정화 대표이사
· 덕성여대 미생물학 학·석사, 이학·약학 박사
· 미 오하이오주립대 식품미생물학 교환교수
· 이뮤니스바이오 연구소장
· 한양대 겸임교수
· 과학기술정보통신부 바이오특별위원회 민간자문위원

INFORMATION

설립일	2016년 3월 4일
비전 & 미션	21세기 첨단 재생의료, 세포치료제 기술 글로벌 선도기업
주요 사업 분야	자가면역세포치료제 연구·개발
핵심기술	인체 면역시스템을 재현한 세포 활성, 세포 증식 기술 및 암세포 타기팅 기술
상장	비상장

설립 2년 만에 상용화 성과… 강정화 대표, 연구자로서 R&D 강화

"이뮤니스바이오는 임상 확장이 어려운 상황에서 다양한 임상 시도를 하는 진정한 바이오 벤처라고 생각합니다. 최근 국회에서 대표 발의된 첨단재생의료및첨단바이오의약품법(첨생법) 개정안이 통과된다면 이미 안전성이 검증된 이뮤니스바이오의 기술로 환자들을 더 많이 치료할 수 있게 될 것입니다."

자연살해(NK)세포를 이용해 면역항암제를 개발 중인 이뮤니스바이오는 최대주주(2022년 말 기준 지분율 15.79%)인 황성환 전 대표가 2016년 3월 설립했다. 자가 NK세포치료제 'MYJ1633'은 회사가 설립된 지 2년 만인 2018년부터 일본에서 치료에 쓰이는 등 상용화 성과를 내기 시작했다. 또한 2019년 6월 베트남에 이어 2020년 2월에는 말레이시아에 기술수출 됐다. 대학에서 강의를 하던 강 대표는 2017년 말 이뮤니스바이오에 연구소장으로 들어와 2019년 3월에는 대표이사로 취임해 4년째 이뮤니스바이오를 이끌고 있다.

강 대표는 "연구의 경우 논문이나 연구 성과만으로도 큰 업적이 될 수 있는데 사업은 매출이나 수익 등 실용화에 대해 면밀하게 따져보고 파이프라인 등을 기획해야 한다는 점에서 좀 더 부담이 되는 면이 있다"면서도 "이뮤니스바이오 경영에 연구자로서 갖는 강점을 발휘하고자 한다"고 말했다.

첨생법 개정안 통과 시 해외 환자 유치도 기대

이뮤니스바이오의 핵심 신약 MYJ1633은 2018년 4월 모든 암종을 대상으로 일본 후생노동성에서 치료제로 등록돼 상용화됐지만 국내에선 유방암, 위암, 복막전이위장관암 등을 대상으로 3건의 임상을 진행 중이다. 강 대표는 "우리나라는 일본과 달리 각 적응증별로 임상을 따로따로 진행해야 하는 어려움이 있다"고 토로했다.

회사에 따르면 일본은 완제의약품 시장과 재생의료 시장이 모두 활성화돼 있다. 일본에서는 세포치료제가 시술용 임상 승인을 받으면 재생의료 시장에서 의료진의 책임 아래 후생노동성의 승인을 받아 환자에게 해당 치료제를 적용할 수 있게 된다. 반면 우리나라는 환자들이 면역세포를 활용한 재생의료를 받으려면 개발 중인 치료제의 임상에 참여하거나 해당 치료

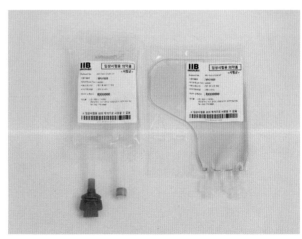

일본, 베트남, 말레이시아 등 3개국을 대상으로 상용화에 성공했을 뿐 아니라 적응증 확장을 위해 5개 암종을 대상으로 연구개발을 진행 중인 자가 NK세포치료제인 MYJ1633.

제가 임상3상까지 마치고 정식 승인을 받고 상용화되길 기다려야 한다. 이 때문에 재생의료를 위해 해외로 원정 치료를 떠나는 환자가 매년 1~2만 명에 달하는 것으로 추산된다. 1인당 원정 치료에 부담하는 비용은 약 1억 원에 달하는 것으로 알려졌다.

최근 국회에서는 국회 보건복지위원회 간사인 강기윤 국민의힘 의원이 첨생법 개정안을 대표 발의했다. 해당 개정안의 핵심은 줄기세포나 T세포·NK세포 등 면역세포를 활용한 첨단 재생치료 시술을 국내 의료기관에서 받을 수 있도록 하는 것이다. 첨생법 개정안이 통과될 경우 전문가 심사를 거쳐 안전성이 확보된 치료제는 연구뿐 아니라 치료 목적 재생의료 시술이 가능해진다. 해당 개정안이 통과돼 국내에도 재생의료 시장이 생긴다면 연간약 1조 원 이상 규모의 시장이 새롭게 형성될 것으로 추정된다. 중국 등 해외 환자를 유치한다면 더욱 시장이 확대될 가능성도 무궁무진하다. 세포치료제를 개발하는 바이오 벤처입장에서도 병원에서 치료 목적 환자 투여가 가능해지면 신약 공급에 따른 매출이 발생하게 된다. 연구개발에 따른 비용 부담이 상당히 줄게 되는 셈이다.

강 대표는 "첨생법 개정안이 통과되면 국내 환자들이 일본까지 가지 않고도 안전성이 검증된 이뮤니스바이오의 기술로 치료받을 수 있게 된다"며 "해외로 국내 환자들의 치료 비용이 유출되는 것을 막을 수 있을 뿐 아니라 장기적으로는 해외 환자들도 유치할 수 있다"고 강조했다.

한편 이뮤니스바이오의 창립자 황 전 대표는 계열사 스마트셀랩으로 떠나 세계 최초의 전구세포(Precursor Cell)치료제 개발에 도전하고 있다.

전구세포란 줄기세포가 체세포로 분화하는 중간 단계에 있는 세포로, 특정 세포가 완전

이뮤니스바이오 GMP 시설에서
이루어지고 있는 세포치료제
생산 작업(왼쪽)과 품질 분석.

한 형태를 갖추기 전에 다양한 세포로 분화 가능한 상태에 있는 게 특징이다. 스마트셀랩이 개발한 전구세포는 체세포 기능과 줄기세포 기능을 동시에 보유한 단분화능전구세포(Fating Progenitor Cell)에 해당된다.

강 대표는 "전구세포는 줄기세포와 체세포의 장점을 모두 가져갈 수 있다"며 "보통 여러 가지 물질을 통해 분화를 조절하는데 한 가지 물질로만 분화하기 때문에 안전성이 좋고, 유효기간이 길면서 유효성이 좋은 치료제를 개발할 수 있다"고 설명했다. 스마트셀랩은 우선적으로 연골전구세포를 이용한 퇴행성관절염 치료제를 개발 중이다. 2023년 내 식품의약품안전처(식약처)에 임상시험계획(IND) 신청을 목표로 하고 있다. 강 대표는 "2023년 말 IND를 신청하면 세계 최초의 전구세포치료제 임상이 된다"고 강조했다.

스마트셀랩은 가톨릭관동대와 조인트벤처로, 창립 당시 지분율이 51%인 자회사였으나 이후 증자로 인해 현재 지분율은 26%로 관계사가 된 상태다. 별개의 회사지만 면역세포와 줄기세포를 공동으로 연구·임상·제조하는 등 형제 기업으로서 동행하고 있다.

3세대 항암제 넘어선 면역세포치료제 만들 것

이뮤니스바이오는 기존 항암제의 부작용과 내성을 극복한 면역세포치료제 개발을 목표로 하고 있는 바이오 벤처다. 면역세포치료제란 면역세포를 활성화해 암세포의 방어기제를 약화시키는 원리의 치료제로, 3세대 항암제인 면역항암제보다 발전된 개념이다.

강 대표는 "면역항암제는 면역 기능을 활성화할 수 있는 물질을 넣어 체내 면역세포를 활성화시키는 방식"이라며 "면역세포의 개체 수가 충분하지 않을 때는 효과가 미미할 수 있다"고 지적했다. 이어 "이뮤니스바이오는 혈액에서 면역세포를 뽑아 배양해 이미 활성화된 세포들, 바로 일할 수 있는 군사들을 체내에 넣어주는 방식이기 때문에 훨씬 더 치료 효과가 좋다"고 설명했다.

이뮤니스바이오의 핵심 파이프라인은 단연 자가 NK세포치료제인 MYJ1633이다. MYJ1633은 환자의 혈액 60cc를 채혈해 최대 13일의 배양 기간을 거쳐 세포 수 20억 셀(100ml)로 생산되는 치료제다. 유효기간은 냉장 시 48시간, 냉동 시 3개월이다. 가장 활성이 높은 적정량의 세포 수로 치료 효과를 극대화하기 위해 현재 임상에 사용되는 임상시험약의 규격이 설정됐다. MYJ1633의 세포 독성은 99%, 순도는 98%로 암 및 암 줄기세포 사멸에 97%의 효능이 확인됐다.

MYJ1633은 이미 일본, 베트남, 말레이시아 등 3개국을 대상으로 상용화에 성공했을 뿐 아

이뮤니스바이오의 파이프라인 현황

프로그램	적응증	기초연구	비임상	IND	임상1상	임상2상	임상3상	NDA	비고
MYJ1633	모든 암종	2018년 상용화							일본, 베트남, 말레이시아
MYJ1633-BCS	HER2양성유방암	2023년 임상 중							1/2a상 / 병용
MYJ1633-SCSs	위암	1상 완료. 2상 승인 대기 중							2상 / 단독
MYJ1633-SCSa	복막전이위장관암	2023년 임상 중							1/2a상 / 단독
MYJ1633-TNBC	삼중음성유방암								병용
MGY2133-VIRUS	바이러스								단독
MGY1838-IBD	염증성장질환								Treg세포
MGY-ACF21	자동세포배양기	2023년 4Q 양산 예정							

니라 적응증 확장을 위해 5개 암종을 대상으로 연구개발을 진행 중이다. 이르면 2023년 내 2개국과 추가 기술수출 성과를 도출할 것으로 기대된다.

HER2양성유방암의 경우 2023년 병용 임상1/2a상을 진행 중이며, 위암은 단독 임상1상을 완료하고 임상2상 시험계획 승인을 기다리고 있다. 복막전이위장관암의 경우 단독 임상 1/2a상을 진행 중이며, 삼중음성유방암은 아직 임상 진입 전 단계다.

위장관암 임상의 경우 면역세포치료제 최초로 복강 내 투여(Intraperitoneal, IP) 임상에 도전한다. 본래 정맥 투여 방식으로 개발된 MYJ1633을 복강 내 투여함으로써 면역 치료 효과를 높이겠다는 것이다. 강 대표는 "암세포가 복막으로 전이되고 복수가 차게 될 경우 복강 내에 직접 치료제를 투여하면 약효를 높일 수 있을 것"이라며 "복막전이 환자들의 기대여명이 별로 남지 않은 상태에서 면역세포치료제 투여를 통해 새로운 치료 옵션을 제공할 수 있다"고 설명했다.

이뮤니스바이오는 최근 복강 내 항암요법으로 임상을 진행 중인 연구진과 협업을 고려하고 있다. 최근 고대구로병원 등 12개 대학병원이 복강 내 항암요법의 임상2상을 성공적으로 마친 것으로 알려졌다. 기존 항암요법으로는 복막전이위암 환자의 평균 생존 기간이 6~10개월에 그쳤지만, 복강 내 항암요법을 실시하자 6개월 이상 생존률이 80%를 넘겼다.

이뮤니스바이오는 채혈부터 치료제 투여까지 모든 과정을 자체적으로 처리할 수 있는 기술력을 갖췄다. 피더(Feeder)나 소팅(Sorting) 등 추가 공정 없이 우수한 제조 공정을 갖춘 것도 강점이다. 이뮤니스바이오는 제조공정 최적화를 바탕으로 빅데이터와 딥러닝 기반 자동제어시스템을 갖춘 자동세포배양기 'MGY-ACF21'도 개발해냈다. 2023년 4분기부터 양산할 예정인 MGY–ACF21은 세포치료제를 생산하는 과정을 자동화함으로써 세포치료제의 품질을 상향평준화할 것으로 기대된다. 강 대표는 "최적의 자동화 공정 설계가 가능하며, 일괄 작업이 가능한 무균자동배양기를 통해 시장을 확대하는 것은 물론, 기술수출에도 박차를 가할 것"이라고 말했다.

세포치료제 기술과 함께 MGY–ACF21를 수출하면 해외에서도 인력 파견 없이 균일한 품질의 세포치료제 생산이 가능해진다. 따라서 MYJ1633의 추가 기술이전이 보다 용이해질 것이라는 게 강 대표의 생각이다.

강 대표는 "자가 NK세포치료제는 숙련된 기술을 갖춘 사람이 직접 생산한다"며 "이 때문에 기술이전 후 현지에 인력을 파견하지 않는 한 품질에 차이가 발생하기 쉬운데 자동세포배양기를 활용하면 이러한 문제를 해결할 수 있다"고 설명했다. 이어 "자동세포배양기가 세팅되면 해외 현지에서 세포치료제를 생산 가능해지니 기술수출 논의에 탄력이 붙게 될 것"이라고 귀띔했다.

이외에도 이뮤니스바이오는 활성화된 NK세포가 분비하는 미세소포체(Microvesicles, MVs)와 NK세포를 병용한 복합 항암치료제, 면역 조절·억제를 담당하는 면역세포인 조절T(Treg)세포를 이용한 세포치료제, 동종 NK세포치료제를 개발하고 있다.

동종 NK세포치료제 'MGY2133'은 바이러스 치료제로 개발되고 있다. 이뮤니스바이오는

조절T세포의 면역 조절

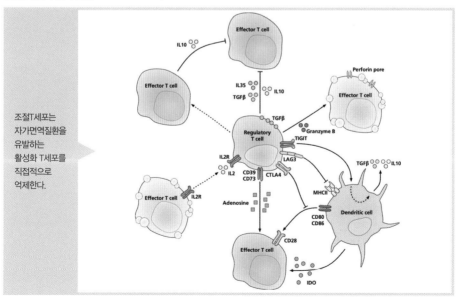

조절T세포는 자가면역질환을 유발하는 활성화 T세포를 직접적으로 억제한다.

2021년 국방부 산하 국방과학연구소가 공모한 '바이러스 세포 해독 플랫폼 개발' 과제 수행 기업으로 선정됐다. 이뮤니스바이오는 해당 과제를 통해 바이러스 유행 후 60일 이내에 신속하게 대응 가능한 항바이러스 NK세포치료제를 대량 생산하는 플랫폼을 구축 중이다.

특히 조절T세포치료제 'MGY1838'은 건선, 류머티즘, 루푸스 등 다양한 자가면역질환 치료가 가능한 원천 치료제로 기대되는 신약후보물질이다. 현재 염증성장질환 전임상을 진행하고 있으며 향후 건선 등으로 적응증을 확대할 예정이다.

이뮤니스바이오는 세계 최고 수준의 조절T세포 배양 능력을 갖췄다고 자신하고 있다. 기존 조절T세포치료제는 혈액 200~400cc를 채취해 20~30일에 걸쳐 제조됐으며, 순도는 30%, 조절T세포수는 400만 개 수준이었다. 반면 MGY1838은 20cc의 혈액으로 7일 내에 조절T세포를 배양해 생산되며, 순도는 98%에 달한다. 완제품의 유효세포 수는 2억 5,000만 셀로 압도적인 수치를 기록했다. 강 대표는 "조절T세포는 혈액 내에 굉장히 적게 들어 있는 세포지만 혈액에서 채취, 배양해 치료제로 개발했다"며 "여기에는 5개월 만에 특허를 받을 정도로 독보적인 기술이 적용됐다"고 강조했다. 조절T세포치료제는 이뮤니스바이오의 파이프라인의 또 다른 한 축으로 부상할 전망이다. 강 대표는 "면역을 조절해주는 조절T세포치료제를 추가 파이프라인으로 확보했다"며 "기존 NK세포치료제가 항암제를 타깃으로 한다면 조절T세포치료제는 자가면역질환을 타깃으로 하고 있다"고 말했다.

2024년 IPO 목표… 2023년 내 기술성평가 신청

이뮤니스바이오는 주관사로 키움증권을 선정해 2024년 기업공개(IPO)를 목표로 준비 중이다. 기술특례상장을 위해 늦어도 2023년 말에는 기술성평가를 신청할 계획이다.

강 대표는 "NK세포치료제 MYJ1633의 위암 임상1상을 완료하면서 안전성 데이터는 확보된 상태"라며 "MYJ1633의 유방암 임상1/2a상의 중간 결과를 통해 유효성을 확인한 후 기술성평가 신청을 준비하려고 한다"고 말했다.

이뮤니스바이오는 주로 기술이전과 세포치료제 위탁개발생산(CDMO) 사업을 통해 매출을 내고 있다. 여기에 세포배양액 사업을 추가해 매출을 늘리겠다는 게 회사의 목표다.

이뮤니스바이오의 2022년 매출액은 16억 원으로 전년 15억 원과 엇비슷한 수준을 유지했다. 같은 기간 영업손실은 37억 원에서 26억 원으로 29.5% 줄고, 순손실은 53억 원에서 19억 원으로 64.3% 감소했다. 세포치료제 CDMO 사업으로는 2022년 약 10억 원의 매출을 벌어들이고 기술이전에 따른 경상기술료(Royalty) 4억 원을 수령했다.

이뮤니스바이오는 2019년 6월 베트남에 이어 2020년 2월 말레이시아에 MYJ1633의 기술 수출 및 원료공급 계약을 체결했다. 이에 따라 매월 로열티를 수령하고 있다는 게 회사 측의 설명이다. 강 대표는 "매월 수령한 로열티는 순수익으로 잡히기 때문에 이뮤니스바이오의 수익성 개선에도 기여하고 있다"고 귀띔했다.

이뮤니스바이오는 우수한 세포치료제 생산능력을 바탕으로 세포치료제 CDMO 사업도 영위하고 있다. 한 고객사는 이뮤니스바이오의 조절T세포치료제 CDMO 서비스를 받고 국내와 미국에서 임상을 승인받았다. 또 다른 고객사를 대상으로는 전구줄기세포치료제 CDMO를 수행 중이다. 강 대표는 "이뮤니스바이오는 줄기세포치료제, 조절T세포치료제, 전구줄기세포치료제 등 타사의 세포치료제 제조 경험도 많은 CDMO 기업"이라면서 해당 사업이 유망할 것으로 기대했다.

매출 증대를 위해 세포배양액 화장품 원료 사업도 펼치고 있다. 이뮤니스바이오는 2022년 세포배양액 사업을 시작함과 동시에 1억 원 수준의 매출을 창출했으며, 앞으로 빠르게 성장할 것으로 기대하고 있다. 세포배양액이란 세포를 배양한 후 세포를 제외하고 남은 액체로, 배양 중 활성화된 세포가 분비하는 성장인자나 사이토카인 등 유효성분을 포함한 액체다. 즉, 세포가 분비하는 유효성분이 남아 있기 때문에 화장품 원료로서 유효성이 있다는 게 회사 측의 설명이다. 세포배양액은 단일 기능이 아닌 복합 기능성이며, 고가의 원료라는 특성이 있다. 세포치료제를 생산하는 과정에서 생기는 부산물이기 때문에 이를 통해 새로운 부가가치를 창출한다는 게 세포배양액 사업의 장점이다.

이뮤니스바이오는 국제화장품원료집(ICID)에 자사 세포배양액을 등재한 후 줄기세포배양액, NK세포배양액, 조절T세포배양액 등 3종을 생산하고 있다. 국내에 줄기세포배양액을 생산하는 곳은 많지만 NK세포배양액을 생산하는 곳은 드물다. 특히 조절T세포배양액은 아직 생산하는 곳이 없다. 강 대표는 "이뮤니스바이오는 세 가지 세포배양액을 보유한 유일한 기업"이라고 강조했다. 현재 이뮤니스바이오는 세포배양액을 HY 등 약 50여 개사에 복합 기능성 화장품 원료로 공급하고 있다.

이뮤니스바이오는 자체적으로도 세포배양액 화장품 사업을 펼치고 있다. 해당 화장품의 차별화 포인트는 세포배양액 추출물이 아닌 원액을 넣고 있다는 점이다. 강 대표는 "화장품보다는 세포배양액 자체에 집중하고 있다"며 "좋은 원료를 신중하게 고르기 때문에 제조단가가 비싸다"고 언급했다. 최근에는 쇼핑몰을 정식 오픈하면서 오픈 기념 할인 행사를 진행하는 등 마케팅을 본격화하고 있다.

VORONOI

보로노이

● 인산화효소정밀표적치료제 개발 기업 ●

김현태 경영부문 대표이사
· 서울대 경영학 학사, 동대학원 MBA 수료
· 동양증권 국채운용 사원
· 삼성자산운용 해외펀드운용팀장
· KB증권/한화투자증권/
  이베스트투자증권 자산운용팀장

김대권 연구개발부문 대표이사
· 서울대 약학 학·석사
· 경북대 약물 경제성 평가 박사 수료
· 태평양기술연구원 선임연구원
· 한국보건산업진흥원 연구원/전략기획팀장
· 첨단의료산업진흥재단 팀장
· KDB캐피탈 바이오벤처투자 차장

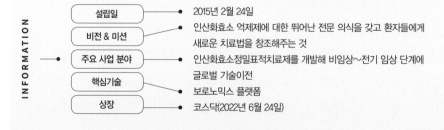

INFORMATION

설립일	2015년 2월 24일
비전 & 미션	인산화효소 억제제에 대한 뛰어난 전문 의식을 갖고 환자들에게 새로운 치료법을 창조해주는 것
주요 사업 분야	인산화효소정밀표적치료제를 개발해 비임상~전기 임상 단계에 글로벌 기술이전
핵심기술	보로노믹스 플랫폼
상장	코스닥(2022년 6월 24일)

기술이전 대표 주자로 급부상한 바이오 벤처

보로노이는 임상2a상 이전에 기술이전하는 방식의 사업을 주력으로 하는 바이오 벤처다. 대부분 매출이 기술이전을 통해 발생하고 있다. 2019년 5월 각자 대표이사 체제로 전환한 이후 김현태 경영부문 대표와 김대권 연구개발부문 대표가 회사를 이끌고 있다.

김현태 대표는 보로노이의 지분 39.62%를 보유한 최대주주이자 이사회 의장이다. 김현태 대표는 보로노이 지분을 사비로 취득해 최대주주가 된 이후 외부 투자 유치도 적극적으로 펼치면서 바이오 사업을 본격화한 인물로 바이오 관련 이력이 전혀 없는 증권맨 출신이다. 2003년 서울대 경영학과를 졸업한 후 2005년 동대학 경영대학원(MBA) 과정을 수료했다. 같은 해 유안타증권의 전신인 동양증권 국채운용 사원으로 입사한 그는 2007~2009년에는 삼성자산운용에서 해외펀드운용팀장을 맡았다. 이후 KB증권, 한화투자증권, 이베스트투자증권 등에서 자산운용팀장을 역임하다 2016년 10월 보로노이에 합류했다.

김대권 대표는 서울대 약대에서 학·석사 학위를 취득했다. 이후 태평양기술연구원 선임연구원, 한국보건산업진흥원 전략기획팀장, 대구경북첨단의료산업진흥재단 선임연구원, 산은캐피탈 바이오벤처투자 차장을 거쳐 2019년 보로노이 대표로 선임됐다. 전사적인 연구개발(R&D)을 총괄하고 있는 김대권 대표는 바이오연구소, 임상개발팀, 의약화학연구소, AI연구소를 이끌고 있다.

눈에 띄는 점은 김현태 대표가 2016년 10월 거의 대부분의 보로노이 지분을 자비로 취득하며 최대주주 자리에 오르고 신규 대표이사로 취임했다는 점이다. 상장예심 청구를 신청할 무렵 김현태 대표의 지분율은 44%에 달했다. 업계 관계자는 "바이오업계에선 대표이사더라도 직접 사비를 들여 회사 지분을 사들이는 일이 흔치 않다"며 "일반적으로 적은 자본을 들여 창업한 후 기업가치를 높여 벤처캐피탈(VC)로부터 투자를 받는 식으로 본인 자금을 별로 들이지 않는 게 일반적"이라고 언급했다.

김현태 대표는 최대주주가 된 지 1개월 만에 84억 원 규모의 시리즈A 투자 유치에 성공하며 바이오 사업을 본격적으로 영위하기 시작했다. 회사 성격이 바뀌면서 창업 멤버였던 안응남 감사는 2018년 3월 사임하고, 창립자 김현석 팀장도 사내이사직에서 물러났다.

보로노이는 2015년 2월 김현태 대표의 동생인 김현석 팀장(당시 사내이사)이 설립한 회사다. 김현석 팀장이 최대주주였으며, 안응남 감사와 함께 회사를 세웠다. 현재 김현석 팀장은 보로노이 신약개발연구소의 AI연구소 팀장으로서 회사에 기여하고 있다.

김현석 팀장은 바이오멤스(Bio-MEMS)를 전공한 이후 대기업에서 근무했던 것으로 알려져 있다.

바이오멤스는 생명공학과 초소형전자기계시스템(MEMS)의 합성어로 '미세한 나노·마이크로 단위에서 조작 가능한 가공·전달·조작·분석 및 생화학 기술을 고려한 시스템'을 뜻한다. 체외진단, 미세유체공학, 조직공학, 표면처리, 약물전달시스템 등이 대표적인 연구 분야다. 김현석 팀장은 이러한 전공을 살려 보로노이의 AI 신약 개발 연구에 전념하고 있다.

한편 김현태 대표는 창립 초기뿐 아니라 최근에도 450억 원 규모 유상증자 배정 물량의 100%를 받기로 결정하는 등 회사 투자에 적극적인 자세를 유지하고 있다. 김현태 대표는 이번 청약에 필요한 자금 180억 원을 주식담보대출을 통해 마련하기로 했다. 지분을 담보로 유증에 참여

보로노이가 이룬 빠른 기술이전이라는 성과는 내재화한 핵심 역량, 특히 전문적인 연구 인력에 힘입은 바 크다.

하면 주가 하락 시 반대매매를 당할 수 있다. 따라서 김현태 대표의 유증 100% 참여에는 신약 가치 상승에 따라 주가가 오를 것이라는 자신감이 뒷받침됐을 것이라는 게 업계 분석이다.

실제로 이러한 자신감이 시장에도 통했다. 보로노이는 당초 목표했던 자금조달 규모 450억 원보다 36.2% 초과한 613억 원을 최종적으로 조달하게 됐다. 유증 결정 이후 주가가 꾸준히 상승한 덕분이다. 개발 중인 비소세포폐암 치료제 임상 결과에 대한 기대감뿐 아니라 김현태 대표가 적극적으로 유증에 참여한 것이 긍정적으로 작용한 것으로 풀이된다.

인산화효소표적치료제로 기술수출 실적 확대

인산화효소(Kinase, 키나아제)란 세포 안팎에서 신호를 전달하는 역할을 하는 단백질로, 인체 내에 550여 종류가 있다. 인산화효소가 정상적으로 작동하지 않으면 질병이 발생하게 된다. 인산화효소표적치료제는 비정상적인 인산화효소에 선택적으로 결합해 기능을 억제함으로써 치료 효과를 낸다.

2020년 말 기준 미국 식품의약국(FDA) 승인을 받은 인산화효소표적치료제는 65개다. 보로노이는 인산화효소의 종류가 550여 종인데다 다양한 돌연변이가 발생하기 때문에 신약 개발 수요는 여전히 높다고 보고 있다.

실제로 2001년 혈액암 치료제 '글리벡(Gleevec)' 출시 이후 2017년부터 2020년까지 연평균 8개의 인산화효소 신약이 출시되는 등 FDA의 인산화효소 신약 승인 건수가 빠르게 늘고 있다. 인산화효소표적치료제 시장은 2020년 약 60조 원 수준으로 추정되며, 2025년에는 100조 원 규모로 성장할 전망이다.

보로노이는 비임상~전기임상 단계에서 인산화효소표적치료제의 국내외 기술이전 5건을 성사시킨 업체다. 2020년 10월 미국 나스닥 상장사 오릭파마슈티컬스에 기술수출한 것을 시작으로 2021년에는 HK이노엔, 미국 브리켈바이오텍(현 프레시트랙스테라퓨틱스), 미국 피라미드바이오사이언스 등 3곳과 기술이전 계약을 체결했다. 2022년 9월에는 미국 메티스테라퓨틱스에 기술수출을 이뤘다. 계약 규모를 비공개한 HK이노엔 건을 제외하면 기술이전 계약금 규모만 총 22억 7,270만 달러(약 2조 7,906억 원)에 달한다. 보로노이가 2015년에 설립된 점을 고려하면 상당히 빨리 기술이전 성과를 낸 셈이다. 핵심 역량을 내재화

보로노이의 기술이전·공동연구 계약 현황

품목	계약 상대	대상 지역	계약 체결일	총 계약 금액	수취 금액	진행 단계
VRN07	오릭파마슈티컬스	전 세계 (중화권 제외)	2020년 1월	최대 7,362억 원 (6억 2,100만 달러)	154억 원 (1,300만 달러)	임상1상
-	JW중외제약	-	2020년 12월			비임상
VRN06	HK이노엔	전 세계	2021년 1월	비공개		비임상
VRN02	프레시트랙스 테라퓨틱스	전 세계	2021년 8월	최대 3,835억 원 (3억 2,350만 달러)	59억 원 (500만 달러)	임상1상
VRN08	피라미드 바이오사이언스	전 세계 (한국 제외)	2021년 11월	최대 1조 29억 원 (8억 4,600만 달러)		비임상
VRN14	메티스테라퓨틱스	전 세계	2022년 9월	최대 6,680억 원 (4억 8,220만 달러)		비임상

해 경쟁사 대비 우월한 기술력을 갖췄기에 가능했다는 게 회사의 생각이다.

보로노이 관계자는 "인산화효소정밀표적치료제 개발에 있어 경쟁사 대비 우월성을 확보하기 위해서는 표적 선택성과 높은 뇌 투과도 확보가 기술적 핵심 요소"라고 짚었다. 보로노이는 전문적인 연구 인력, 인산화효소 프로파일링(Kinase Full Profiling)과 실험을 통한 대량의 데이터베이스 축적, 실험실(Wet Lab)과 인공지능(AI)을 유기적으로 결합한 AI 플랫폼 등 핵심 역량을 갖췄다.

보로노믹스를 통한 신약 개발 프로세스

신약 개발 프로세스에 AI 접목한 '보로노믹스' 플랫폼

보로노이는 우수한 신약후보물질을 최단 시간에 도출하기 위해 기존 신약 개발 프로세스에 AI를 접목한 '보로노믹스(VORONOMICS)' 플랫폼을 구축했다. 보로노믹스 플랫폼은 인산화효소 프로파일링 데이터베이스, 신물질 도출을 위한 화합물 생성 알고리즘, 뇌혈관장벽(BBB) 투과율 예측 알고리즘 등으로 구성돼 있다.

인산화효소 프로파일링 데이터베이스는 현재 약 4,000여 개 신규 합성화합물에 대한 55만 개 이상의 실험데이터를 보유하고 있다. 이는 국내 최대 데이터베이스라는 게 회사 측의 설명이다. 또한 보로노이는 컴퓨터 분자 모델링 기술을 이용해 타깃과 결합력이 높은 물질을 선별해 신물질 합성을 진행한다. 이러한 화합물 생성 알고리즘을 통해 초기 화합물 설계에 소요되는 시간을 최소화했다.

보로노이는 방대한 양의 인산화효소치료제 자체 실험데이터를 확보해 AI 예측 성능을 업그레이드하고 있다. 매년 AI가 제시한 4,000개 이상의 신물질을 직접 합성하고, 최대 1만

8,000두의 설치류 실험을 통해 실험데이터를 쌓고 있는 것이다. 이러한 동물실험을 위해 2019년 자체적으로 바이오연구소와 함께 실험동물센터도 구축했다.

보로노이 관계자는 "한마디로 국내 대형 임상시험수탁기관(CRO)을 자체적으로 보유하고 있다고 보면 된다"며 "보로노이만큼 생체 외(in vitro)나 생체 내(in vivo) 실험을 많이 하는 회사가 드물다"고 강조했다. 이어 "그래서 경쟁사보다 신약 개발 속도가 훨씬 빠르고 비용도 많이 절약하면서 디테일한 실험데이터를 축적할 수 있는 것"이라고 부연했다.

추가 기술수출 기대되는 파이프라인은? VRN07·VRN11 주목

추가적인 기술수출도 기대되는 상황이다. 보로노이는 탄탄한 신약 발굴 역량과 기술수출 노하우를 바탕으로 다수의 파이프라인에 대해 국내외 제약·바이오 기업들과 기술이전 논의를 이어가고 있다.

일단 2020년 오릭파마슈티컬스로 기술이전된 'ORIC-114(VRN07)'의 중화권 권리 이전이 가속화될 것으로 예상된다. 2023년 7월, 오릭파마슈티컬스는 8,500만 달러(약 1,100억 원) 규모의 자금조달에 대해 발표했다. 2023년 하반기 VRN07의 임상1상 데이터 발표를 앞둔 오릭파마슈티컬스가 대규모 자금조달을 이끌어냈다는 것은 임상데이터 청신호로 해석된다는 게 업계 추정이다.

비소세포폐암 치료제 'VRN11'도 기술이전이 기대되는 파이프라인이다. 보로노이는 2023

년 하반기 세계폐암학회(IASLC WCLC 2023)에서 비소세포폐암 치료제 VRN11의 전임상 데이터를 발표할 예정이다. VRN11은 전임상에서 100% 뇌 투과율을 확인해 뇌 전이암 치료에도 효과적일 것으로 기대되고 있다. 보로노이는 2023년 6월 28일, 식품의약품안전처(식약처)에 VRN11 1상 임상시험계획(IND) 승인을 신청했다. 승인이 나는 대로 임상을 개시할 계획이다. 김현태 대표는 "VRN11 파이프라인의 성공을 확신한다"며 자신감을 드러냈다.

보로노이의 파이프라인 현황

프로그램	타깃	적응증	연구 및 탐색	전임상	임상1상
VRN07	EGFR Exon 20 INS	비소세포폐암			
VRN06	RET fusion	폐암, 갑상선수질환			
VRN02	DYRK1A	자가면역질환, 퇴행성뇌질환			
VRN08	MPS1	유방암, 기타 고형함			
VRN01	LRRK2	교모세포종, 췌장암			
VRN11	EGFR C797S	비소세포폐암			
VRN10	HER2양성	유방암			
VRN04	RIPK1	자가면역질환			
VRN13	PDGFR	폐동맥고혈압			

초기 임상 자체 수행 후 L/O 노리는 사업 모델… 수익성 ↑

보로노이는 다수의 기술이전 계약을 체결해 2020년부터 매출이 본격적으로 발생하기 시작했다. 최근 3년간 보로노이의 매출액은 2020년 62억 원→2021년 148억 원→2022년 98억 원을 기록했다. 이는 설립 초기 매출이 전무한 신약 개발사도 흔한 상황에서 눈에 띄는 성과다. 이에 따라 보로노이의 최근 3년간 영업손실은 2020년 270억 원→2021년 108억 원→2022년 179억 원으로 집계됐다. 신약 개발을 위한 연구개발로 인해 영업손실이 이어진 것이다. 문제는 앞으로도 지속적인 연구개발에 따라 영업비용이 높다는 점이다. 최근 3년간 보로노이의 판매관리비는 2020년 332억 원→2021년 256억 원→2022년 276억 원으로 연평균 288억 원을 사용했다.

보로노이는 이러한 비용 부담을 줄이기 위해 초기 임상만 자체적으로 수행하는 사업 모델을 구축했다. 후기 임상은 기술이전 후 파트너사가 비용을 지출하도록 함으로써 막대한 임상 비용을 절약하고 수익성 제고를 노린 것이다.

임상 진입 파이프라인 증가··· 연구개발비 확보 위해 유증 실시

그럼에도 보로노이는 매년 AI가 제시한 4,000개 이상의 새로운 물질을 합성하고, 최대 1만 8,000두 이상 설치류 실험을 하는 등 자체적으로 실시하는 실험이 상당히 많다. 이를 통해 매년 업데이트되는 데이터만 최대 500개이며, 누적 데이터 수만 55만 개 이상이다.

임상에 진입하는 파이프라인이 증가하면서 이에 따른 연구개발비 상승도 부담이다. 보로노이는 최근 비소세포폐암 치료제 VRN11의 임상1상을 개시했으며, 2024년에는 HER2양성변이유방암 치료제 'VRN10'의 임상1상에 진입할 계획이다.

보로노이는 해당 파이프라인의 임상 비용 등 연구개발비를 마련하기 위해 2023년 6월, 536억 원 규모의 유상증자를 결의했다. 주주 배정 후 실권주 일반공모 방식이다. 최대주주인 김현태 대표는 청약에 100% 참여한다. 보로노이는 이번 조달 자금을 VRN10과 VRN11 연구개발에 각각 251억 원, 284억 원 사용할 계획이다.

선급금 일부 주식 수취··· 파트너사 지분가치 따라 손익 영향

기술이전으로 생긴 파트너사의 지분가치가 인수 당시보다 하락해 손익에 부정적 영향을 미치기도 했다. 이는 보로노이가 기술이전 계약에 따른 선급금(Upfront) 중 일부를 파트너사의 주식으로 수취했기 때문이다.

보로노이는 2020년 미국 나스닥 상장사 오릭파마슈티컬스와 체결한 기술이전 선급금 1,300만 달러 중 500만 달러는 현금으로 수취하고 나머지는 오릭파마슈티컬스의 주식으로 받았다. 해당 주식은 당시 30거래일 평균주가의 25% 할인된 가격으로 인수했다.

2021년 기술이전 계약을 체결한 나스닥 상장사 프레시트랙스테라퓨틱스(당시 브리켈바이오텍)도 기술이전 선급금 500만 달러 중 250만 달러는 주식으로 지불했다. 주식 인수 가격은 당시 시가를 반영한 금액인 52억 원으로 2021년 매출로 100% 반영됐다.

보로노이 관계자는 "미국을 비롯한 글로벌제약사들은 라이선싱계약 체결 시 현금과 주식으로 지급하거나 주식만 지급하는 형태로 계약을 진행하는 경우가 많다"고 설명했다.

한편 보로노이는 현재 회계 점검을 받고 있어 과징금 등 조치가 뒤따를 수 있다. 이는 2020년 말 감사보고서상 재무상태표에 공정가치 측정 금융자산을 유동자산으로 표기한 것을 뒤늦게 인지해 2021년 감사보고서에 이를 정정한 데 따른 것이다. 단순 오류에 따른 실수였고, 감사보고서 정정을 완료했기 때문에 조치 수위가 높진 않을 것으로 예상된다.

코아스템켐온

● 줄기세포치료제와 비임상시험 연구 사업 중심 바이오 기업 ●

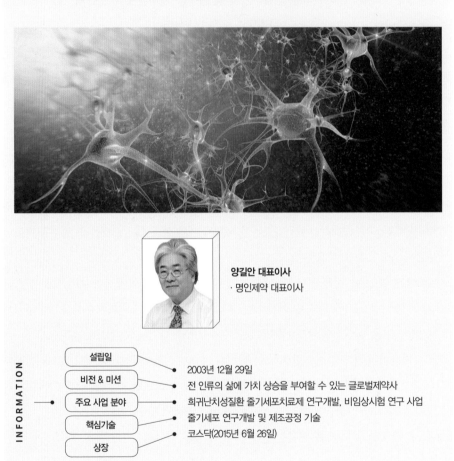

양길안 대표이사
· 명인제약 대표이사

INFORMATION

설립일	2003년 12월 29일
비전 & 미션	전 인류의 삶에 가치 상승을 부여할 수 있는 글로벌제약사
주요 사업 분야	희귀난치성질환 줄기세포치료제 연구개발, 비임상시험 연구 사업
핵심기술	줄기세포 연구개발 및 제조공정 기술
상장	코스닥(2015년 6월 26일)

연구 실패해도 해고 걱정 없는 회사

"2000년대 초 외국 학회에 갔다가 국내 대기업 연구소에서 연구원으로 일하던 사람들을 만났어요. IMF 경제위기 직후였던 그때 국내 연구원들이 모이면 빠지지 않고 나오는 이슈 가 '해고'라는 것을 목도하고 기절할 만큼 놀랐습니다. 그래서 연구 인력을 소중히 하는 기업을 만들자는 목표로 창업을 결심했어요."

코아스템켐온의 전신인 코아스템의 창업주 김경숙 코아스템켐온 최고기술책임자(CTO)는 "경제위기가 닥치면 기업이 제일 먼저 규모를 줄이는 게 연구소더라. 연구원들이 비록 연구를 하다 실패를 하더라도 해고 걱정은 하지 않는 직장, 연구공동체 같은 조직을 만들고 싶었다"며 창업을 결심한 계기를 이야기했다.

2013년 국내 비임상시험 분야에서 톱 3 임상시험수탁기관(CRO)으로 꼽히는 켐온을 인수했을 때도 피인수기업의 복지제도를 본사 수준으로 끌어올리는 데 주력했다. 그는 "처음 켐온을 인수했을 때 회사가 용인에 있음에도 직원용 기숙사가 없다는 데 놀라 여성용·남성용 총 2개의 직원용 아파트를 마련했다"고 회상했다. 인수 직후 이 같은 복지제도 마련을 위해 코아스템의 자금을 보태기도 했다.

코아스템은 2022년 자회사인 켐온과의 합병을 최종 결정, 사명을 '코아스템켐온'으로 변경했다. 김 CTO는 "켐온과의 합병 과정이 수월할 수 있었던 이유도 지난 9년간 서로 다른 조직문화가 조화롭게 어울릴 수 있도록 노력했기 때문"이라고 강조했다.

한양대 의대에서 학·석·박사학위를 취득한 김 CTO는 동대학 진단검사의학과에서 전문의 과정을 수료하고 의생명과학연구소 연구부교수까지 지냈다. 한양대 류머티즘성관절염임상연구센터 연구교수와 중앙약사심의위원회 위원도 역임한 제약·바이오 분야 전문가다. 연구개발(R&D)의 중요성을 간과하지 않는 기업이 되겠다는 김 CTO의 다짐 아래 2003년 설립된 코아스템은 켐온과의 합병을 거쳐 2022년 기준 연 매출 463억 원의 줄기세포치료제 개발사 및 CRO로 성장했다. 인력 규모는 376명에 달한다.

'뉴로나타-알주' 기술이전 2024년 예상

현재 코아스템켐온이 보유 중인 파이프라인은 총 8개다. 이 중 임상 단계에 진입한 파이프라인은 임상2상 후 2014년 식품의약품안전처(식약처)의 조건부품목허가를 받아 국내 시판 중인 루게릭병 치료제 '뉴로나타-알주'를 포함해 다계통위축증 치료제, 루푸스 치료제까지 총 3개다.

코아스템켐온의 전신인 코아스템의 김경숙 창업주. 현재는 최고기술책임자(CTO)를 맡고 있다.

현재 개발 중인 신약 모두가 희귀질환 치료제다. 이 중 루푸스 및 루푸스신염 치료제인 'CE211AT15'는 지난 2016년 130억 원에 한림제약으로 기술이전됐다. 코아스템은 당시 선급금(Upfront)으로 15억 원을 받았고 이후 2020년 초엔 임상1상 종료에 따른 마일스톤으로 한 번 더 15억 원을 받았다.

개발 중인 신약후보물질들이 희귀질환을 주로 겨냥하는 데 대해 김 CTO는 희귀질환 환자들의 삶의 질을 개선하고 기대수명을 높이겠다는 사명감과 개발 성공 가능성을 이유로 들었다. "줄기세포치료제를 연구하면서 치료 대안이 없어 절박한 희귀질환 환자들을 많이 봤고 이들을 위한 일을 하겠다고 결심했다. 아울러 바이오 벤처로서도 희귀질환을 겨냥하는 것이 유의미한 사업전략이다."

희귀질환의 경우 환자 수가 적기 때문에 임상시험 규모를 작게 할 수 있어 비용이 적게 들고 치료 대안이 없기에 환자 모집도 용이하다는 것이 김 대표의 설명이다. 그는 "희귀질환 치료제는 신속허가나 조건부허가를 받을 수 있는 확률이 높고 미충족 의료 수요도 크기 때문에 상대적으로 실패에 대한 리스크를 헤지(상쇄)해가면서 신약 개발을 할 수 있다"고 부연했다. 자사의 유망 파이프라인을 조기 기술이전함으로써 경쟁 약물을 개발하는 글로벌 빅파마들에 의해 사장될 수도 있는 길을 택하기보다는, 실제로 신약 개발까지 가능한 약물을 책임감 있게 개발하는 데 초점을 두겠다고도 했다.

김 CTO는 "줄기세포치료제의 경우 제조 경험을 가진 제약사가 드물어 우리가 직접 제조까지 하는 것이 더 효율적이라고 봤다"면서도 "다만 우리는 개발 능력이 좋은 회사일 뿐 판매, 마케팅 분야에서는 약점이 있다는 것을 알고 있다. 뉴로나타-알주도 임상3상 데이터가 나오면 본격적으로 기술이전에 나설 것"이라고 덧붙였다.

그는 "뉴로나타-알주의 경우 임상3상이 안정권에 들어서면 그때 프리미엄을 붙여 기술이전을 하는 것이 우리 회사 입장에서도, 리스크를 헤지하고 싶은 글로벌 빅파마 입장에서도 이득"이라며 "데이터가 모이면 다른 데 공개하기 전에 제일 먼저 보내달라고 요구하고 있는 글로벌 빅파마들이 있다"고 귀띔했다.

회사 측은 뉴로나타-알주 임상3상이 마무리 단계에 접어드는 2024년 초 기술이전 성과가 나올 수 있을 것으로 기대하고 있다. 회사 관계자는 "뉴로나타-알주가 글로벌 시장에서 시판될 경우 북미시장에서만 연간 5,000억 원 규모의 매출을 낼 것으로 예상하고 있다. 기술이전 계약 역시 이를 바탕으로 진행될 것"이라고 언급했다. 예상 매출액은 연간 북미에서 루게릭병 신규 환자가 4,500명씩 발생한다는 기존 통계를 기반으로 유효 구매 환자가 최소 1,000명일 때를 가정한 수치다. 약값은 환자 한 명당 연간 5회 투약을 기준으로 5억 원을 가정했다.

2022년에는 박건우 고려대 의대 신경과학교실 교수를 사외이사로 선임했다. 김 CTO는 "박 교수는 파킨슨병·치매·소뇌위축증 분야 권위자로 희귀질환에 관심이 많고 R&D 분야 경험도 많다"며 "코아스템켐온이 개발 중인 신경계퇴행성질환, 희귀질환 치료제 연구를 하는 데 있어 방향성을 잡아줄 수 있을 것으로 기대하고 있다"고 했다.

2023년 1월에는 뉴로나타-알주의 보존기간을 이틀에서 일주일 이상으로 늘릴 수 있는 냉장 보존제 'HTS-FRS'를 현탁화제로 혼합한 뉴로나타-알주의 임상시험 첫 환자 투약을 개시했다. 한 차례 임상시험으로 HTS-FRS를 혼합했을 때 뉴로나타-알주의 내약성과 안전성을 입증하면 된다.

뉴로나타-알주의 유일한 단점은 경쟁 약물 대비 환자의 편의성이 낮다는 것이었지만 이 역시 냉장 보존제가 적용되면 해소될 전망이다. 리루텍과 렐리브리오는 경구용 약이고, 라디컷은 하루 한 번 1시간씩 투여해야 하는 정맥주사제인 반면, 줄기세포치료제인 뉴로나타-알주는 첨가제로 환자 본인의 뇌척수액을 사용하고 있어 경쟁 약물 대비 환자의 고통이 크고 부대비용이 높다는 단점이 있었다. 하지만 HTS-FRS 적용으로 뇌척수액 채취 과

코아스템켐온의 파이프라인 현황

구분	프로그램	적응증	탐색	전임상	IND	임상1상	임상2상	임상3상	비고
중간엽 줄기세포 (MSC)	Lenzumestrocel (Neuronata_R)	근위축성측삭경화증 (루게릭병)							US FDA 임상3상 동시 진행
									현탁화제 임상1상 진행
		근위축성측삭경화증 (루게릭병)(copy0)							US FDA 임상3상 동시 진행
	CE111BR16	다계통위축증							임상1상 종료
	CE211BR19	소뇌실조증							
	CE211NS21	시신경척수염							
	CE211AT15	루푸스							
Astrocyte, ESC	Astrocyte	파킨슨병							
EV	EV231LU00	섬유화증							
진세노사이드, 커큐민	ET291RE19	방사선직장염							

정이 생략되면 이 같은 단점이 완화된다.

회사 측은 냉장 보존제를 첨가한 뉴로나타-알주가 안전성을 인정받으면 향후 기술수출 협의에서 유리한 고지를 선점하는 데 도움이 될 것으로 기대하고 있다.

남은 과제는 뉴로나타-알주 보험수가 결정

코아스템켐온 반기보고서에 따르면 2023년 6월 말 기준 코아스템 매출의 4%에 해당하는 9억 4,000만 원은 루게릭병 치료제 뉴로나타-알에서 나온다. 나머지 212억 원은 CRO 서비스 매출이 차지한다.

자가 골수 유래 중간엽줄기세포를 주성분으로 하는 전문의약품으로 지난 2014년 식약처의 조건부품목허가를 받은 뉴로나타-알주는 이듬해 2월 말부터 환자 투약이 개시됐다. 하지만 조건부허가 때부터 추진했던 보험 등재는 건강보험심사평가원(심평원)과의 합의 불발로 이뤄지지 못했다. 김 CTO는 "희귀질환 치료제는 경제성 평가가 필수가 아니었지만 경제성 평가를 직접 진행해 관련 분석 자료를 토대로 심평원과 협의했다. 하지만 자료를 제시했음에도 심평원에서 너무 낮은 약값을 제시했고 이를 받아들이면 회사 운영이 불가능할 수준이었다"며 "당시 회사에서는 생산원가 수준으로만 약값을 책정해도 합의에 응하겠다고 했지만 결국엔 (합의에) 이르지 못했다"고 설명했다.

대신 국내 환자들에 비해 상대적으로 약값 저항성이 낮은 사보험에 가입된 외국인 환자들에게 눈을 돌렸다. 그는 "뉴로나타-알주와 같은 개인 맞춤형 바이오 분야는 국내시장 규모가 너무 작아 신약 개발사는 무조건 글로벌 시장을 타깃으로 해야 한다는 것을 배웠다. 미국 식품의약국(FDA)에 임상시험계획(IND)을 신청하게 된 것도 이 때문"이라고 했다.

뉴로나타-알주는 1년에 총 5번 주사를 맞도록 돼 있다. 현재 국내에서는 주사 한 회당 4,000만 원 수준으로 약값(비보험)이 책정돼 있다. 이는 임상3상 전 조건부허가 상태에서의 약값이기 때문에 추후 임상3상을 마치면 약값 설계가 다시 이뤄질 수 있다. 회사 측에서는 북미지역 진출 시 한 회당 약 1억 원, 연간 총 5억 원의 약값을 적정가격으로 생각하고 있다.

이어 김 CTO는 "국내에서 너무 낮

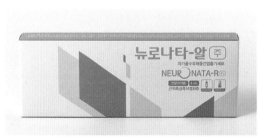

뉴로나타-알주는 경쟁 약물 대비 수명연장 효과가 커 FDA 허가 시 1조 원에 가까운 글로벌 시장을 장악할 수 있을 것으로 예상된다.

은 가격에 보험수가가 결정되면 향후 미국이나 유럽에서 해당 약을 출시할 때 보험수가 합의에 걸림돌이 될 수 있다"며 "임상3상을 마친 뒤 미국에서 먼저 보험 등재를 하고 그 가격을 기준으로 다시 심평원과 합의할 것"이라고 했다. 회사는 2024년경 임상3상 결과를 도출해 FDA에 품목허가를 신청할 계획이다.

기존에 시판 중인 루게릭병 치료제들은 모두 증상완화제이며 뉴로나타-알주 역시 근본 치료제는 아니다. 하지만 뉴로나타-알주는 경쟁 약물 대비 수명연장 효과가 커 FDA 허가 시 1조 원에 가까운 글로벌 시장을 장악할 수 있을 것으로 예상된다. 앞서 코아스템켐온은 뉴로나타-알주의 시판 후 데이터를 통해 해당 약물이 대조군 대비 3~10개월(리루텍 3개월, 렐리브리오 10개월)의 수명연장이 가능한 기존 치료제들과 달리 67개월의 수명연장 효과가 있는 것으로 나타났다고 밝혔다.

2023년 4월 FDA의 조건부승인을 받은 바이오젠의 '토퍼센'의 출시에 뉴로나타-알주 예상 매출액에 영향이 없겠냐는 질문에도 코아스템켐온은 자신감을 드러냈다. 기존 시판 치료제들과 달리 토퍼센은 최초의 루게릭병 치료제를 목표로 개발 중이다.

회사 관계자는 "토퍼센은 루게릭병 환자 중에서도 특정 유전자인 과산화물제거효소1(SOD1) 유전자 관련 질환을 가진 환자들에게서만 쓸 수 있도록 개발된 약물"이라며 "전체 루게릭병 환자 중 타깃 환자 비중이 2%에 불과하다"고 설명했다.

이어 김 대표는 "루게릭병 환자의 10%가량은 유전성이고 나머지 90%는 산발성·치매성으로 알려져 있는데 뉴로나타-알주가 타깃하는 환자는 이 90%에 해당한다"며 "토퍼센이 품목허가를 받아 시장에 출시되더라도 아예 타깃 환자군이 다르고 그 규모도 작아 전체 루게릭병 치료제 시장에 미칠 영향은 미미할 것으로 본다"고 했다.

글로벌 시장조사업체 글로벌데이터에 따르면 2021년 루게릭병 시장규모는 7억 6,230만 달러(한화 약 9,708억 원)였고, 인구 고령화에 따라 유병률과 의료비 증가로 관련 시장은 꾸준히 성장해 오는 2029년에는 약 10억 4,000만 달러(1조 3,244억 원) 규모에 이를 것으로 예상된다.

오송 바이오단지에 건립 중인 첨단바이오의약품센터가 2024년 8월 완공되면 코아스템켐온은 자체적으로 약물 개발에 필요한 모든 프로세스를 보유한 바이오 기업이 된다. 센터는 연면적 약 7,603㎡(약 2,300평), 생산능력은 연간 600로트(Lot)다.

큐라티스

● 국내 최초 청소년·성인용 결핵백신 개발 기업 ●

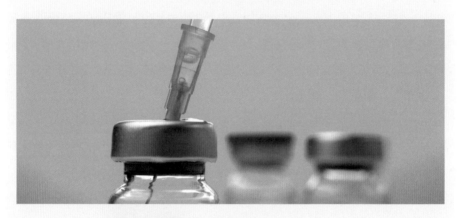

조관구 대표이사

· 서울대 수의학 학사
· LG생명과학(현 LG화학) 미국 지사장
· 쥴릭파마코리아 사업개발 임원
· 코발스(구 할란) 대표이사
· 동국대 약대 겸임교수

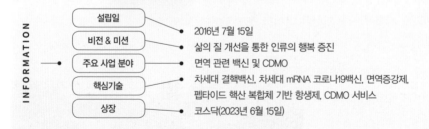

INFORMATION

설립일	2016년 7월 15일
비전 & 미션	삶의 질 개선을 통한 인류의 행복 증진
주요 사업 분야	면역 관련 백신 및 CDMO
핵심기술	차세대 결핵백신, 차세대 mRNA 코로나19백신, 면역증강제, 펩타이드 핵산 복합체 기반 항생제, CDMO 서비스
상장	코스닥(2023년 6월 15일)

결핵백신 속 LNP 기술, mRNA 코로나백신 개발에 도움

큐라티스는 2016년 미국 비영리기관인 감염병연구소(IDRI)로부터 청소년·성인용 결핵백신의 기술이전을 받아 연세대의료원 내 벤처로 시작했다. 세계적으로 신생아용 결핵백신(BCG Vaccine) 외 청소년, 성인 대상 결핵백신은 없다는 점에 주목한 것이다. 지금은 사임한 결핵백신 분야 권위자 신성재 연세대 의대 미생물학교실 교수와 LG생명과학 출신 조관구 대표가 설립했다.

업계에서는 결핵백신 시장의 가능성을 일찌감치 읽어낸 조 대표의 사업 역량을 높게 평가한다. 국내에서 영·유아기에 맞은 결핵 예방접종의 면역력이 떨어지는 청소년기 결핵 발병률이 높아지고 있고 결핵백신의 경우 공익성이 높아 개발에도 속도가 붙을 수 있기 때문이다. 현재 큐라티스가 개발 중인 청소년·성인 대상 결핵백신 'QTP101'은 BCG를 접종한 성인 및 청소년을 대상으로 한다. 2021년 12월 국내를 포함한 다국가 임상2b/3상에 대한 임상시험계획(IND)을 제출하고 2022년 7월 식품의약품안전처(식약처)로부터 IND 승인을 받았다. 오는 2025년 상용화가 목표다. QTP101은 세계적으로 가장 상용화에 근접해 있는 청소년·성인 대상 결핵백신이다.

결핵백신을 만드는 데 필요했던 지질나노입자(LNP) 기술이 차세대 메신저리보핵산(mRNA) 코로나19백신 개발에도 큰 영향을 끼쳤다는 것이 회사 측 설명이다. LNP는 RNA 분자를 감싸 환경 변화와 효소에 의한 분해로부터 보호함으로써 세포막을 통과할 수 있도록 하는 약물전달기술을 말한다. 회사 관계자는 "우리가 생산·개발하는 결핵백신에 들어가는 면역증강제(Adjuvant)가 LNP 계열 기술인 걸 알고 가능성이 있다고 판단해 빠르게 mRNA 코로나19백신 개발에 착수했다"고 설명했다. 'QTP104'는 모더나, 화이자의 mRNA 코로나19백신에서 한층 발전한 형태여서 경쟁력이 있다는 게 회사 측 설명이다. 차세대 mRNA, 즉 레플리콘RNA(repRNA) 코로나19백신 QTP104는 접종 후 세포 내에서 증폭하는 특징을 갖고 있어 소량만 접종해도 충분한 양의 항원이 발현된다. 또 지질무기질나노

차세대 mRNA 백신 기술 repRNA 플랫폼

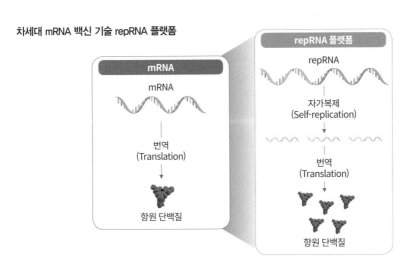

큐라티스의 매출을 책임지고 있는 오송 바이오플랜트 전경(위)과 내부 생산 라인 장비 모습.

입자(Lipid Inorganic Nanoparticle, LION)이라 불리는 전달 시스템이 자체 면역증강제로 작용하기 때문에 폴리에틸렌글리콜(PEG) 성분이 없어 이로 인한 면역반응(사이토카인 폭풍) 및 알레르기 반응(아나필락시스 반응)도 최소화할 수 있다.

회사 관계자는 "큐라티스는 2017년부터 이미 해오던 연구이기 때문에 이제 막 시장에 진입한 다른 mRNA 백신 후발 주자에 비해서는 앞서 있다"며 자신감을 드러냈다. QTP104는 2021년 7월 식약처의 임상1상 IND 승인을 받아 현재 임상1상 투여를 마치고 막바지 단계에 접어들었다.

누적 매출 100억 원의 바이오플랜트… 수직증축 검토

큐라티스는 2020년 8월 충북 오송읍에 면적 1만 9,932㎡(약 6,000평) 규모에 달하는 바이오플랜트 및 바이오연구소를 완공했다. 2022년 1월에는 cGMP, EU-GMP, KGMP 등 미국과 유럽연합(EU), 한국의 우수식품·의약품 제조·관리의 기준(GMP) 인증도 취득했다. 오송 바이오플랜트에서는 연간 5,000만 바이알(vial)의 액상 주사제 생산이 가능하다.

현재 전체 생산능력(CAPA)의 80% 정도를 수주 물량으로 채우고 있지만 청소년·성인용 결핵백신인 QTP101 및 차세대 mRNA 코로나19백신 QTP104의 상업화가 가시화되는 때부터는 자사 백신의 생산·판매에 중점을 둘 방침이다. 대신 위탁생산(CMO) 및 위탁개발생산(CDMO) 서비스는 일정 수준의 고정 매출을 유지하는 방식으로 운영한다고 설명했다.

바이오플랜트 완공 후 수주 매출이 발생하기 시작했지만 2021년 170억 원 규모의 영업손실을 기록하며 적자에서는 벗어나지 못했다. 하지만 늦어도 상용화를 앞둔 백신들이 시장에서 본격적으로 판매되는 2025년에는 흑자전환이 가능할 것으로 예상하고 있다.

회사 관계자는 "회사 내부에선 보수적으로 흑자전환 시점을 2025년으로 보고 있다"면서도

"바이오플랜트에서 꾸준히 수주를 이어가고 있고, 2022년 초 품목허가를 받은 비타민C 주사제인 '큐아씨주(아스코르브산)' 판매 매출도 발생할 것이며, 중국 루캉오리온과 맺은 차세대 결핵백신 공동개발 계약으로 마일스톤을 수령하는 것까지 고려하면 개인적으로는 이보다 이른 흑자전환도 가능할 것으로 기대한다"고 귀띔했다.

큐라티스의 지난 3개년간 실적은 2020년 매출 1억 원, 영업손실 132억 원, 2021년 매출 16억 원, 영업손실 170억 원, 2022년 매출 85억 원, 영업손실 215억 원이다. 점점 매출이 늘고 있지만 주요 파이프라인이 후기 임상에 진입하고 있어 연구개발(R&D) 비용도 늘고 있다. 회사가 공식적인 예상 흑자전환 시점을 보수적으로 설정한 이유다.

최근에는 미국 바이오 전문 연구개발 업체 PAI라이프사이언스로부터 주혈흡충증백신 'QTP105'를 기술도입하기도 했다. 주혈흡충증은 기생충의 일종인 주혈흡충에 감염돼 심할 경우 간염 및 간경화로 사망에까지 이르게 되는 질병으로 세계 7억 8,000만 명이 감염 위험권에 있다. 하지만 아직까지 상용화된 백신이 없어 혁신신약의 지위를 노려볼 수 있다. 미국 국립보건원(NIH)과 빌앤드멀린다게이츠재단에서 해당 기술의 추가적인 개발에 대해 우선순위를 부여하기도 했다.

조관구 대표는 "2023년 하반기 아프리카 2개국에서 EU 지원을 바탕으로 임상1b상을 진행하고, 2024년에는 임상시험자 360명을 대상으로 임상2a상을 실시할 계획"이라며 "2027년까지 임상3상을 마치고 2028년 품목허가를 받는 것이 목표"라고 말했다.

이어 그는 "연간 6,000~8,000만 명의 접종이 가능할 것으로 보이며, 세계백신면역연합에서 조달 및 구매하는 백신 가격을 고려할 때 연 매출은 1조 6,000억 원 수준으로 예상한다"고 덧붙였다.

결핵, 감염병 중 사망률 1위인데 성인용 백신 없어

결핵은 세계 10대 사망원인 중 하나지만 아직까지 정복되지 않은 분야다. 영유아용 결핵백신은 있지만 접종 후 10년이 지나면 효과가 없어짐에도 상용화된 성인용 결핵백신은 없다. 특히 아시아에서는 결핵 발병률이 두 자릿수에 달하지만 글로벌 빅파마들은 결핵백신 개발에 주춤한 상태라 누구라도 성인용 결핵백신 상용화에 성공한다면 안정적으로 시장을 손에 쥘 수 있다. 국내에서는 큐라티스가 결핵백신 임상3상 진입을 앞두고 있다.

세계보건기구(WHO)의 '2021 글로벌 결핵 리포트'에 따르면 결핵은 2019년 한 해 세계에서 1,000만 명의 신규 환자를 발생시키고 142만 명을 사망에 이르게 한 세계 10대 사망원인 중 하나로 꼽힌다. 특히 감염병 중 사망자 수가 가장 많은데 매일 3,900여 명의 환자가 사망하는 수준이다. 특히 한국은 2020년 기준 경제협력개발기구(OECD) 36개 회원국 중 결핵 발병률 1위, 사망률 2위라는 오명을 갖고 있다. 매년 국내에서만 2만~3만 명의 신규 환자가 발생한다. 결핵으로 인한 사망은 결코 중저개발국에 국한된 것이 아닌 것이다.

결핵은 결핵균(Mycobacterium tuberculosis)에 의한 공기매개감염질환으로 신체 여러 부분을 침범하지만 대부분 폐결핵으로 발병된다. 결핵균에 감염됐다고 전부 발병하는 것은 아니고 50%는 감염 후 1~2년 내, 나머지 50%는 체내 잠복해 있다가 이후 면역력이 감소할 때 발병한다. 초기의 일반적인 결핵은 치료가 가능하지만 다량의 강한 항생제를 장기 복용해야 하므로 항생제 독성으로 인한 여러 부작용을 겪을 수 있다. 이 때문에 결핵 치료에 앞서 결핵백신이 필요하다는 주장이 나온다.

특히 영아들은 결핵성 수막염, 폐결핵 발병률이 높아 생후 4주 이내 현재 사용 중인 유일한 결핵백신인 BCG 백신 접종을 권고받는다. 한국 정부는 WHO 권고에 따라 국내 판매

큐라티스의 파이프라인 현황

프로그램		연구개발	비임상	임상1상	임상2상	임상3상
인의용 백신	성인용 결핵백신(QTP101-001)					
	청소년용 결핵백신(QTP101-002)					
	신규 결핵백신(QTP102)					
	코로나19백신(QTP104)					
	주혈흡충증백신(QTP105)					
	SFTS 백신					
면역증강제	신규 면역증강제(QTP705)					
CPP 플랫폼	세포 투과성 펩타이드					
	결핵 타깃 펩타이드					
펩타이드 핵산 복합제(PNA)	다제내성 황색포도알균					
	항암제					
동물용 백신	써코바이러스백신					
	아프리카돼지열병백신					
	구제역백신					
화학제품	큐아씨주(아스코르브산)	GMP 인증 및 품목허가 완료				
	면역항암제					
	결핵/비결핵 치료제					

허가를 받은 3종의 BCG 백신 중 덴마크 국립혈청연구소(SSI)의 피내용 백신을 국가예방접종지원사업(NIP) 대상으로 지정, 국가가 무료접종을 지원하고 있다.

1912년 처음 개발돼 많은 영유아들의 목숨을 구한 것으로 추정되는 BCG지만 효과 지속 기간은 10여 년 수준으로 청소년 및 성인에게는 결핵 예방 효과가 없는 것으로 알려져 있다.

빅파마 주춤한 새 큐라티스 선방

영국 글락소스미스클라인(GSK)과 SSI, 국내에서는 큐라티스가 결핵백신 개발사 중 후기 임상에 진입, 상용화에 가장 근접한 것으로 알려져 있다. 하지만 업계에서는 GSK와 SSI의 결핵백신 개발은 사실상 중단된 것으로 추정한다. 수년째 개발 진행 상황에 대한 공식적인 언급이 없기 때문이다.

실제로 SSI가 개발 중인 결핵백신으로 알려진 'H4:IC31'을 NIH 임상시험 정보 사이트 '클리니컬 트라이얼'에 검색하면 과거 완료된 임상시험 정보만 볼 수 있을 뿐 현재 진행 중인 임상시험 내역은 뜨지 않는다. GSK의 'M72+AS01E' 역시 빌앤드멀린다게이츠재단으로 기술이전이 진행된 후 현재 더 이상의 개발은 진행되지 않고 있다. 바이오업계 관계자는 "빌앤드멀린다게이츠재단은 M72+AS01E의 공정 개발에만 3~5년이 소요될 것으로 보고 있다"며 "그 이후 개발 진행 여부는 불투명한 상황인 것으로 보인다"고 귀띔했다.

큐라티스가 현재 개발 중인 결핵 관련 백신 파이프라인은 성인·청소년용 결핵백신 QTP101, 차세대 결핵백신 QTP102, mRNA 결핵백신 QTP106, 노인용 결핵백신 QTP109 등 총 네 가지다. QTP101은 2023년 7월 식약처로부터 다국가 임상2b/3상 IND를 승인받았다. QTP104는 임상1상 중이며 나머지 파이프라인은 아직 비임상 단계에 있다.

주요 파이프라인인 QTP101은 BCG로 형성된 생체 면역반응을 부스팅하는 백신이다. 영유아기 BCG를 접종한 청소년이나 성인이 3회의 추가 접종을 하면 결핵균 감염 예방 효과가 있다는 것이 회사 측 설명이다. 글로벌 시장조사업체 글로벌인포메이션에 따르면 BCG 시장규모는 2019년 기준 약 2,325만 달러(한화 약 302억 원)에 달했다. 성인용 결핵백신이 상용화된 사례가 없어 정확한 시장규모를 추론하기는 어렵지만, 신생아 대상으로 접종하는 저렴한 약가의 BCG 백신 시장보다 접종 대상 인원군(15세 이상)이 크므로 기존 BCG 백신 시장보다 시장규모는 수십~수백 배 이상 커질 것으로 전망된다. 통계청에 따르면 2021년 기준 국내 15세 이상의 인구수는 약 4,560만 명으로 BCG 접종 대상인 신생아 수 26만 명보다 약 170배 이상 많다.

옵티팜

● 국내 이종장기이식 연구 선도기업 ●

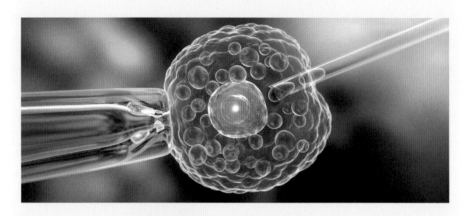

김현일 옵티팜 대표이사
· 서울대 수의학 박사
· 제일바이오 팀장
· 한국양돈수의사회 부회장
· 서울대 수의대 비전임교수
· 충북대 방역대학원 겸임교수

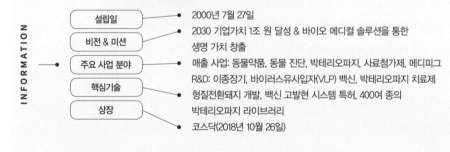

INFORMATION

설립일	● 2000년 7월 27일
비전 & 미션	● 2030 기업가치 1조 원 달성 & 바이오 메디컬 솔루션을 통한 생명 가치 창출
주요 사업 분야	● 매출 사업: 동물약품, 동물 진단, 박테리오파지, 사료첨가제, 메디피그 R&D: 이종장기, 바이러스유사입자(VLP) 백신, 박테리오파지 치료제
핵심기술	● 형질전환돼지 개발, 백신 고발현 시스템 특허, 400여 종의 박테리오파지 라이브러리
상장	● 코스닥(2018년 10월 26일)

김현일 대표 "돼지 장기이식 기술에 자신"

2021년 미국 앨라배마대 의료진은 뇌사자에게 성공리에 유전자조작 돼지의 신장을 이식했다. 이 소식이 2022년 초 미국이식학회저널(AJT)에 발표되자 국내에서 이종장기이식 관련 연구를 하는 바이오 기업들의 주가가 들썩였다. 2023년 7월 미국 뉴욕대 의대에서도 유전자조작 돼지 신장을 뇌사자에게 이식했고, 이식된 신장이 32일째(8월 17일 현재)까지 정상 기능하고 있다는 사실이 보도됐다. 이종장기이식 연구는 미국이 가장 앞서 있지만 한국도 글로벌 선두 주자에 속한다. 이 분야 국내 대표기업으로 손꼽히는 옵티팜의 김현일 대표이사는 "앨라배마대의 성과는 세계 이종장기이식산업의 전환점이 될 것"이라고 평가했다.

그는 "영장류에 이종장기이식을 실험한 게 10여 년 전인데 사람에게 이제껏 하지 못했던 이유는 면역거부반응과 돼지 내인성 레트로바이러스(PERV)의 발암 가능성에 대한 우려 때문"이라며 "최근 미국에서 진행한 두 차례의 이식수술에서 이 두 가지 우려 요소가 해소됐기에 이종장기이식은 앞으로 굉장히 빠른 속도로 현실화될 것"이라고 내다봤다.

국내 장기이식 대기자 수는 2020년 기준 4만 7,706명. 이 중 2,000명에 가까운 사람들이 매년 대기 명단에서 장기이식을 기다리다 사망한다. 시장조사업체 글로벌마켓인사이트에 따르면 2019년 186억 달러(약 22조 원) 규모였던 전 세계 인공장기 시장은 2025년 309억 달러(약 37조 원) 규모까지 성장할 것으로 예상된다. 줄기세포로부터 분리한 세포를 재조합해 만든 장기 특이적 세포 집합체인 미니 장기(오가노이드)나 인공장기 같은 해법도 언급되지만 가장 현실에 가까운 것은 이종 간 장기이식이다.

옵티팜은 이종장기 분야 중에서도 이종신장과 이종췌도 연구에 집중하고 있다. 이종췌도 이식이란 돼지의 췌장에서 혈당을 조절하는 세포덩어리인 췌도를 분리해 당뇨병 환자에게 이식하는 것을 의미한다. 돼지 췌도 이식 연구는 다른 기업들도 관심을 갖고 진행 중인 분야다. 하지만 김 대표는 "일반 미니 돼지의 췌도를 사용하는 기업들과 달리 옵티팜의 형질 전환돼지 췌도를 이식받은 설치류들은 100여 일간 정상혈당을 유지했다"며 "면역반응을 상당 부분 제어해 장기 거부반응을 막기 위한 면역억제제 투여를 최소화할 수 있을 것으로 기대한다"고 옵티팜 기술의 안전성을 강조했다. 옵티팜은 현재 영장류 동물을 대상으로 한 돼지 췌도 이식을 앞두고 건강한 영장류에 당뇨병 처치를 하고 있다. 영장류 실험에서 국제이종장기학회(IXA) 가이드라인이 규정하는 인체 임상시험 조건을 충족시킨 뒤 2024년 연말 식품의약품안전처(식약처)에 임상시험계획(IND)을 제출하는 것이 목표다.

옵티팜은 지난 2006년 모회사인 이지바이오가 동물질병 진단 사업을 위해 설립해 2018년 10월 기술특례로 코스닥시장에 입성했다. 옵티팜은 동물 사업만으로도 안정적인 매출을 내던 회사다. 그러다 동물 사업만으로는 성장의 한계를 느끼고 지난 2012년부터 본격적으로 인체 사업에 투자를 병행하게 됐다.

김 대표는 "동물용 백신을 성공리에 개발해도 기술이전 선급금(Upfront)이 많아야 인체용 백신의 10분의 1에 불과했다"고 설명했다. 현재 옵티팜은 동물질병 진단과 동물약품, 사료 첨가제, 의료용 돼지인 메디피그 판매로 매출을 창출해 바이러스유사입자(VLP) 백신과 박테리오파지, 이종장기 연구개발 등 인체 생명공학 사업 연구개발에 자본을 투입하는 사업 구조를 갖고 있다. 2022년 전체 매출의 절반인 74억 원이 동물 백신과 같은 동물의약품 판매에서 나왔다. 충남 천안 입장에 위치한 공장에서는 연간 350두의 메디피그를 생산하고 있는데 이는 국내 시장의 약 15% 수준이다.

아직은 인체 사업에서 수익을 내지 못하고 있지만 수익화에 성공할 경우 빠른 규모 성장이 기대된다. 현재 형질전환돼지의 마리당 가격만 5,000만 원에 달하며 업계에서는 이종장기이식 시장이 본격적으로 열릴 경우 돼지 췌도 이식에 환자가 부담하는 비용은 약 2억 원 수준일 것으로 보고 있다. 김 대표는 "2006년 처음 옵티팜을 만들었을 때는 국내 최고의 동물질병 진단센터를 만들고자 했지 지금과 같은 연구들을 하게 될 거라고는 생각지 못했다"며 "지금의 옵티팜은 박테리오파지, 이종장기이식 등 다른 회사들이 하기 어려운 연구와 사업을 하고 있다. 성공하면 블루오션이라 확신한다"고 자신감을 드러냈다.

회사의 토대인 동물의약품 관련 사업은 꾸준히 캐시카우로 가져가되 오는 2025~2026년부터는 연구개발(R&D) 조직을 완전히 인체의약품 중심으로 재편하고, 2030년까지 전체 매출의 60%는 인체의약품에서 나올 수 있도록 하겠다는 방침이다. 김 대표는 "2030년에는 매출 1,000억 원, 기업가치 1조 원 이상의 회사로 성장시키겠다"고 했다.

동물질병 진단 기업서 이종장기이식 대표기업으로 우뚝

옵티팜은 농축산 사료를 만드는 이지홀딩스 내 하나뿐인 바이오 계열사다. 2005년 모회사인 이지바이오의 기획전략부서로 입사한 김 대표는 동물질병 진단 사업의 필요성을 말하는 슬라이드 10장짜리 제안서를 계기로 곧장 옵티팜의 창립 멤버가 됐다. 그는 "늦어도 검

동물질병 진단 사업을 위해 설립됐으나 현재는 이종장기이식 연구 국내 대표기업으로 거듭난 옵티팜의 사옥 전경(왼쪽)과 중앙실험실 연구 모습.

사 후 이틀 안에는 문자나 메일로 농장주들에게 가축들의 검사 결과를 알리다 보니 시장점유율이 60%까지 높아진 것 같다"며 "국가기관에 진단을 맡기면 결과가 나오기까지 보름이 걸리던 것에 비하면 우리 서비스는 굉장한 진보"라고 했다.

2006년 7월 동물질병 진단을 위해 설립된 옵티팜은 같은 해 말 동물약품 공급 사업에도 진출해 산업 동물의 진단부터 예방·치료까지 아우르는 회사가 됐다. 동물 관련 바이오산업에서만 연간 70억~80억 원의 매출을 내던 옵티팜은 2012년 본격적으로 인체 제약·바이오 사업에 뛰어든다. 그는 "그 당시 모회사인 이지바이오에서도 좀 더 성장성이 있는 인체 제약·바이오 사업에 투자할 필요가 있다고 봤다"고 부연했다.

동물 사업은 옵티팜이 인체 사업의 R&D를 지속할 수 있도록 떠받치는 기둥이다. 지난 2021년 옵티팜은 총 143억 원의 매출을 냈다. 이 중 25%는 동물질병 진단, 52%는 동물의 약품 사업에서 나왔다. 인체 사업 R&D에 들어가는 비용 탓에 2018년 상장 이래 지속적인 영업적자를 기록하고 있는 것은 사실이다. 하지만 동물 사업 덕에 비교적 안정적인 현금흐름을 갖고 있다. 김 대표는 "기존 공모자금으로 연구성과를 만들고 매출 확대로 회사 가치를 높인 뒤 추가 증자를 통해 프로젝트를 성공시키겠다"고 말했다.

2023년 내 돼지 췌도 이식 전임상 진입

연구 파이프라인에서 수익이 나기 전까지 캐시카우인 동물 사업의 매출을 늘려 이른 시일 내 흑자전환을 하는 것이 목표다. 인체 사업의 임상 진행 속도만큼이나 동물 사업의 매출 증대에도 총력을 기울이고 있는 배경이다. 그 가운데에는 서울대 수의대에서 과학과 생물공학 박사학위를 따고 한국양돈수의사회 부회장까지 지낼 정도로 동물 바이오 분야에 능통한 전문가인 김 대표가 있다.

옵티팜의 연구개발 계획

구분	프로그램		2023	2024	2025	2026	2027
이종장기	췌도	인체	비임상	임상		2상	사업화
	신장					비임상	
	혈액						임상
박테리오파지	젖소 유방염 치료제	동물	비임상	임상	사업화		
백신	FMD: 구제역	동물	비임상	임상	사업화		
	PCV2d		사업화(L/O)				
	HPV	인체	사업화(L/O)				

구제역백신 후보물질 'FMDV-VLP 백신'은 2025년부터 옵티팜의 매출을 끌어올릴 것으로 기대되는 동물의약품 중 하나다. 구제역은 치사율이 최대 55%에 달하는 우제류 대상 바이러스성 급성 전염병으로, 축산농가에 백신 접종이 의무화됐지만 아직 국산 구제역백신이 없어 한국은 연간 1,000억 원 규모의 구제역백신을 수입하고 있다.

수입되는 구제역백신 중 점유율 1위는 아르헨티나 바이오제네시스바고에서 생산한 바이오아토젠이다. 다만 바이오아토젠을 비롯한 기존 백신들은 방어 효과가 낮고 접종 후 접종 부위(주로 목)에서 육아종이나 화농이 나타나는 이상육 발생률이 50% 이상이어서 축산농가에서 접종을 꺼리는 경향이 있다. 이 때문에 정부에서도 국산 백신 개발에 관심이 크다. 옵티팜의 구제역백신 후보물질은 기존 백신 대비 생산 단가가 낮고 이상육 발생률도 낮다는 것이 회사 측 설명이다. 옵티팜은 비임상시험을 2023년 내 종료하고 2024년 농림축산검역본부 허가를 위한 비임상을 실시해 품목허가를 받아 2025년 판매하는 것이 목표다.

이종장기이식 사업은 옵티팜의 연구 파이프라인 중 수익화 시점이 가장 먼 장기 과제지만 옵티팜의 최종 목적지이기도 하다. 옵티팜은 현재 영장류 동물을 대상으로 돼지의 췌도를 이식하는 전임상 연구를 진행 중이다.

국내에서 이종장기이식을 연구하는 기업은 옵티팜과 제넨바이오다. 두 회사 모두 코스닥 상장사로 시가총액은 옵티팜이 1,100억 원, 제넨바이오가 330억 원 수준(2023년 8월 말 기준)이다. 형질전환돼지 이식 연구 분야 전문가인 김성주 대표가 설립한 제넨바이오는 2022년 12월 식약처로부터 이종췌도 이식 임상1상을 승인받아 환자 모집 중이다. 다만 두 회사는 췌도를 제공하는 돼지의 종류가 다르다. 제넨바이오가 인체 이식에 활용하는 돼지는 무균미니돼지인 반면, 옵티팜은 이번 영장류실험에서 다중 형질전환돼지를 활용한다.

무균미니돼지는 한 마리의 세균에도 감염되지 않도록 무균실에서만 기른 '청정' 미니돼지다. 미니돼지의 심장, 췌장 등 장기의 크기는 사람과 유사하다. 형질전환돼지는 무균돼지에서 사람의 몸이 거부반응을 일으키는 유전자까지 인위적으로 제거한 것이다. 옵티팜이 활용하는 형질전환돼지는 'QKO(Quadruple Knock Out)'로, 이는 돼지 유전자 4개를 제거한 형질전환돼지를 의미한다.

옵티팜 관계자는 "지금은 어떤 형질전환돼지가 이종장기이식에 적합한지 탐색하는 단계"라며 "여러 유형의 형질전환돼지로 신장, 심장, 각막, 피부 등 이종장기이식에 활용할 수 있는 다양한 시험을 진행 중이다. 췌도 이식의 경우 그동안 옵티팜이 쌓아놓은 데이터가 있어 가장 먼저 인체 임상시험에 진입할 수 있을 것으로 보고 있다"고 말했다. 2023년 7월 옵티팜은 '2023년 이종장기 연구개발사업자'로 선정돼 이종 세포 및 장기(조직) 임상 가능성 검증 기술개발에 195억 원을 배정받았다. 해당 사업은 2027년까지 췌도, 각막, 피부 등의 이종이식제제 임상1상 IND를 제출하는 것을 최종 목표로 한다.

옵티팜 연구원들이 메디피그를 돌보는 모습(위)과 이종장기이식을 비롯해 다양하게 활용되는 다중 형질전환돼지.

고비용 요구되는 이종장기 연구·미진한 사회적 합의는 한계

"이종장기이식 연구의 경우 천문학적인 연구개발 비가 듭니다. 1차적으로는 민간기업이 이를 부담하는 것이 맞지만 국내 기업들이 개발에 앞서 나가면 전 세계에 기술 수출할 수 있는 중요한 기술이기 때문에 정부 차원의 연구개발 투자가 절실합니다."

김 대표는 정부 지원 필요성에 대해 목소리를 높였다. 그래도 지난 2020년 첨단재생바이오법(첨생법)이 시행된 뒤 많은 부분이 달라졌다는 게 김 대표의 설명이다. 김 대표는 "이전에는 줄기세포, 세포치료제, 유전자치료제, 이종장기이식이 모두 불법이었지만 첨생법 시행 이후 합법이 되면서 분위기가 바뀌었다"고 말했다. 이종 간 장기이식 이슈를 언급하면 빼놓지 않고 언급되는 윤리적 문제도 옵티팜이 맞닥뜨린 과제다. 특히 한국은 관련 논의가 미진해 추후 인간을 대상으로 한 임상이 진행될 때 리스크로 작용할 수 있다. 최근 들어 동물복지나 동물권에 대한 인식이 개선되면서 돼지를 사람의 장기 제공처로 활용하는 것이 타당하냐는 반론이 나올 것으로 예상된다. 김 대표도 이 같은 고민이 타당하며 깊이 있는 논의가 필요하다고 인정했다. 당장 기업 입장에서 할 수 있는 동물복지에 최선을 다하겠다는 의지도 드러냈다. 김 대표는 "최소한 동물들이, 돼지들이 고통받지 않고 불안하지 않은 상황에서 장기이식이 이뤄지도록 최대한 준비하고 배려하려 한다"고 말했다.

코로나19로 커진 이종 간 감염병에 대한 공포심 역시 옵티팜을 비롯한 이종장기이식 연구 기업 앞에 놓인 문제다.

김 대표는 "세계보건기구(WHO)에서 돼지의 장기를 사람에게 이식할 때 140여 가지 세균과 바이러스에 대해 추적 관리함으로써 품질관리가 확실한 돼지만 활용하도록 가이드라인을 만들었다"며 "이종 간 장기이식을 할 때는 감염학자들이 고안해낸 모든 안전 절차를 거쳐 우려하는 문제가 생기지 않도록 관리감독하고 있다"고 설명했다.

04

인류에 가장 친화적인
치료제를 지향하다

바이오앱
● 식물생명공학 기술 기반 동물 백신 기업 ●

손은주 대표이사
· 경북대 의학 석사, 이학 박사
· 포스텍 연구원
· 미 캘리포니아주립대 박사후연구원
· 포스텍 연구교수/겸직교수

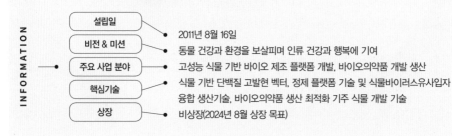

INFORMATION

설립일	2011년 8월 16일
비전 & 미션	동물 건강과 환경을 보살피며 인류 건강과 행복에 기여
주요 사업 분야	고성능 식물 기반 바이오 제조 플랫폼 개발, 바이오의약품 개발 생산
핵심기술	식물 기반 단백질 고발현 벡터, 정제 플랫폼 기술 및 식물바이러스유사입자 융합 생산기술, 바이오의약품 생산 최적화 기주 식물 개발 기술
상장	비상장(2024년 8월 상장 목표)

'식물 백신 개발사' 바이오앱, 탄생 배경은?

바이오앱은 2009년 손은주 대표가 미국에서 박사후연구원을 하던 중 박사학위 논문을 지도해준 포스텍 황인환 교수가 창업을 제안하면서 시작됐다. 다른 사람들보다 식물세포, 특히 단백질을 잘 아니 '식물 단백질' 신약을 만들어보자는 것. 결심하기 어려웠지만 도전해

보고 싶었다. 식물 백신이 일반 백신보다 부작용이 적고 유용하다는 확신이 있어서다. 그 래서 고민 끝에 2011년 바이오앱을 창업했다.

설립 당시에는 식물 플랫폼 기반 백신 개발 기업이 없었다. 지금은 식물 기반 백신을 개발해 국내 최초로 허가도 받고 출시도 했지만, 그때만 해도 걱정이 많았던 것이 사실이다. 2011년 창업을 준비할 때만 해도 주변의 많은 이들이 '식물 백신은 실현 가능성이 없다' '개발이 어렵다'며 극구 말렸다.

식물 백신 생산은 1989년 안트젠(Arntzen) 박사와 동료들에 의해 처음 시도됐는데, 당시 〈네이처〉에 발표된 담배에서 단일클론항체를 생산할 수 있다는 논문에 의해 관심을 받기 시작했다. 그 이후 담배, 쌀, 옥수수, 감자, 알팔파, 상추, 토마토, 당근, 대두 등 다양한 식물에서 수백 가지의 재조합단백질이 생산되고 있고, 그중 옥수수에서 추출한 소 트립신은 2002년부터 상용화됐다. 그러다 2012년 5월 미국 식품의약국(FDA)이 최초로 당근 세포에서 만든 의약품을 허가했다. 이스라엘에 있는 회사에서 개발한 것인데, 당근 세포에서 효소를 만들어 정제한 다음 고셔병(유전병)을 앓고 있는 이에게 주사하게끔 했다. 대장균이나 동물세포가 아닌, 식물세포에서 만들어진 치료제에 대해 FDA에서 처음으로 승인한 사례가 나온 것이다. 동시에 바이오앱이 하고 있는 연구에 대한 관심도 높아지는 계기가 됐다.

캐나다 실패 이후⋯ 세계 최초 식물 플랫폼 상용화 도전

그 후 캐나다에서 식물 백신에 도전했다. 캐나다 메디카고는 식물 플랫폼을 이용한 코로나19 백신으로 자국에서 허가를 받았지만 최근 문을 닫았다. 세계보건기구(WHO)가 긴급 승인을 거부해서다. 메디카고의 오너십은 일본 미츠비시화학에 있는데 두 번째 주주가 필립모리스, 거대한 담배 회사. WHO의 담배 규제 정책 때문에 지분의 1/3을 거대 담배 회사가 소유하고 있는 기업의 제품을 승인해줄 수 없다는 결정을 내리면서 미츠비시에서 공장 운영 중단을 선언했다. 제품의 문제가 아닌, 조금은 당황스러운 이유로 회사가 어려움에 처하는 것을 보고 손 대표는 조금 더 긴장하게 됐다고 전했다.

손 대표는 "메디카고에서 식물 기반 코로나19백신을 론칭했다면 소비자 입장에서는 부작용이 최소화된 재조합백신을 접종할 기회가 있었을 텐데 아쉬움이 많다"고 전했다.

포항 소재 바이오앱 본사 전경(위). 아래는 돼지열병백신 생산용 식물 재배 모습.

그에 따르면 식물 유래 백신은 메신저리보핵산(mRNA) 백신만큼 신속하게 변이 바이러스에 대응하여 백신을 생산할 수 있지만 mRNA 백신에 비해 부작용은 현저하게 경미하다. 또한 영하 20~80℃ 유통이 아니라 4℃ 냉장 유통이 가능한 백신이라 더 많은 사람에게 신속하게 백신을 공급할 수 있다.

손 대표는 "이제 식물 백신으로 바이오앱이 세계 최초 치료제를 상용화하는 것이 목표"라며 "최신 기술들이 전통적인 농·축산업의 환경 부담을 줄여가고 있으며, 식물에서 바이오 산업을 위한 단백질 원료를 생산하는 일은 친환경적이며 안전하다"고 말했다. 그는 이어 "향후 배양육 영역의 가격경쟁력 확보를 위해서는 성장인자의 가격을 낮추는 게 필요하다. 식물 플랫폼은 이러한 목적에 적합하다"고 설명했다.

동물 백신으로 수익 확보, 사람 대상 백신 개발도 준비 중

"환경과 동물, 사람의 건강은 따로 생각할 수 없는 존재다."

손 대표는 감염병은 동물 차원에서 관리되어야 한다고 말한다. 코로나19 사태도 동물에서 유래됐을 것으로 추정되는 만큼 우리 주변의 동물 관리가 선행되어야 한다는 것이다. 실제 코로나19 팬데믹 사태를 겪으면서 우리는 감염원 관리의 중요성을 뼈저리게 깨달았다. 사람에서 발생하는 질병 60%가 동물에서 시작된다. 코로나19도 너구리(박쥐 아닌 것으로 판명)에서 기원한 질병이다.

손 대표는 15년 이상 식물세포 안에서 단백질이 이동하는 메커니즘을 연구했다. 독보적인 원천기술 역량이 회사의 강점으로 거론된다. 식물에서 고순도 단백질을 대량 추출하는 '고발현·분리 정제' 노하우를 갖췄다. 최근에는 단백질을 나노 물질로 만드는 기술도 확보했다. 이를 통해 면역반응을 일으키는 성질인 면역원성을 향상하는 데 성공했다.

이 때문에 한때 식물 유래 백신 열풍이 불었다. 이른바 '그린 백신' 열풍이다. 식물세포는 동물보다 안전성이 높고 대량생산이 쉬운 것으로 알려졌다. 식물에서 생산한 백신 후보물질이 대장균이나 동물세포에 비해 반응성이나 효능이 좋을 수 있다는 보고도 있다. 다수 기업이 식물 유래 백신에 뛰어들었고 실패만 반복됐다. 하지만 바이오앱은 식물 기반 동물 백신 개발에 성공했고 사람 대상 백신 개발도 계획하고 있다.

식물을 활용한 동물 백신 개발, 허바백으로 세계서 인정받아

바이오앱의 독보적 원천기술은 2019년 상용화한 돼지열병백신 '허바백'에 핵심기술로 녹아들었다. 담뱃잎의 일종인 '니코티아나 벤타미아나'에서 항원을 뽑아냈다. 바이러스를 배양해 만드는 일반적인 백신 제조 방식과 달리 안전성을 갖췄다. '마커 백신'이기 때문에 가축의 혈청을 분석하면 질병 감염 혹은 예방접종 여부를 가려낼 수도 있다.

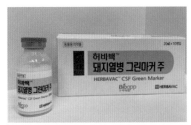

실제 돼지열병은 구제역처럼 1종 가축 전염병으로 백신이 필수다. 기존 백신은 바이러스를 직접 투입하는 방식이 다수였다. 저렴하지만 병원성이 높은 방식이다. 허바백의 경우 백신을 주사하면 돼지가 열병에 감염된 것인지와 백신 접종 유무를 구별할 수 있다. 이에 돼지열병을 완전 퇴치하는 박멸 작업과 청정국 지위를 받는 데 중요한 역할을 할 것으로 기대를 모은다. 더불어 진단키트도 따로 개발되고 있다.

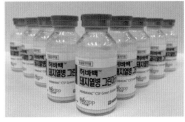

돼지열병백신 허바백은 마커 백신으로, 질병 감염뿐 아니라 예방접종 여부를 가려낼 수 있다.

손 대표는 "허바백은 백신 항체와 야외 감염 항체를 구분하는 '마커 백신' 기능을 갖췄으며 방역 현장에서 돼지열병 감염 여부를 쉽고 빠르게 진단할 수 있기 때문에 국가 방역 정책과 돼지열병 청정화에 기여할 수 있다"고 말했다.

손 대표가 동물 관리 강조하는 까닭은

손 대표가 식물 유래 백신에 관심을 가진 건 안전성 때문이다. 한국바이오협회 식물 유래 백신 기술 리포트에 따르면 백신은 일반적으로 동물세포나 유정란에 주입해 배양한 뒤 독성을 없애거나 약화시켜 만든다. 이 때문에 배양하는 데 오랜 시간이 걸리고 후처리까지 거쳐야 해서 대량생산까지 최소 6개월 정도 걸린다.

하지만 식물성 백신은 원료 확보까지 한 달 정도면 가능하다. 또한 광우병과 같은 희귀·난치성 질병을 일으키는 독성물질이 식물에서는 발견되지 않기 때문에 안전성이 좋다. 이에 식물세포는 화학 공장으로 비유된다. 식물의 세포는 필요에 따라 많은 종류의 단백질을 생산하는 일종의 화학 공장이다. 박테리아, 바이러스 등 병원체 공격을 받으면 이를 감지한 세포에서 성장 등을 위한 단백질 생산을 중단하고 질병과 싸우는 데 필요한 방어 단백질을 생산한다. 또한 배양육 영역에서도 성장인자의 가격을 낮추는 데 식물 기반 생산이 도움이 될 것이라 밝혔다. 마지막으로 이 '식물 기반 단백질 생산'은 바이오산업의 판을 바꾸고, 고가 의약품의 가격을 낮추는 데도 활용할 수 있을 것이라 덧붙였다.

손 대표는 "동물용 백신에 대한 니즈가 있어서 국가연구기관 제안으로 개발이 시작됐다"며 "기존 백신은 바이러스를 직접 투입하기도 하는 방식이 다수였다. 저렴하지만 병원성에 대한 우려가 있었는데 이를 획기적으로 개선한 제품을 개발했다"고 설명했다.

포스코가 시리즈D 투자한 이유는

바이오앱은 넉넉하게 쌓은 실탄으로 해외시장을 겨냥한다. 현재 캐나다와 식물 백신 판매를 협의 중이다. 바이오앱 창업 1년뒤인 2012년 시드 투자를 시작해 꾸준하게 팔로우-온 투자를 단행한 포스코그룹에서는 그룹의 역량을 동원해 바이오앱의 해외 진출을 돕겠다는 입장이다. 전 세계 무역망을 가진 포스코인터내셔널에서는 바이오앱의 그린 백신 제품 해외 사업화 계약 주체로 직접 참여하여 바이오앱 제품의 물류와 통관 배송 등을 책임지고 있다.

상장 목표는 2024년이다. 포스코 계열사로부터 이미 시리즈D 투자까지 받았다. 사전 기업 공개(pre-IPO) 준비는 조금씩 하고 있다. 늦어도 2024년 8월 정도에는 상장에 도전한다는 계획이다.

중장기 사업 동력을 발굴하는 로드맵도 그렸다. 결핵백신, 치매 및 파킨슨병백신, 항암제 전달물질 연구를 구상했다. 인체 의약품으로 파이프라인을 늘리면서 고객사 기반도 확대한다는 계획을 세웠다. 이를 위해 2023년 7월 바이오앱의 두 번째 백신 제품인 '허바백 써

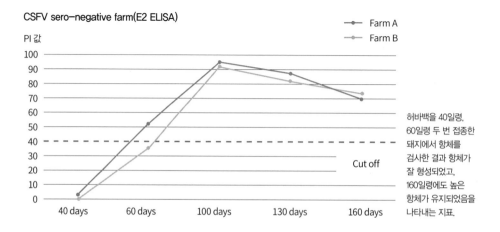

CSFV sero-negative farm(E2 ELISA)

허바백을 40일령, 60일령 두 번 접종한 돼지에서 항체를 검사한 결과 항체가 잘 형성되었고, 160일령에도 높은 항체가 유지되었음을 나타내는 지표.

코 그린백신주'로 정식 허가를 받았다. 2020년 써코 백신 글로벌 시장은 약 9,000억 원 규모다. 캐나다를 필두로 향후 매출 성장 포텐셜이 높은 것이다. 손 대표는 백신과 바이오 원료 소재를 더해 2024년 매출 목표를 50억 원으로 잡았다.

허바백 써코 백신, 돼지열병 마커 백신의 원리는?

손 대표에 따르면 돼지열병 마커 백신용 항원은 E2라는 단백질인데, 이 단백질은 예전에 GP55(Glycoprotein 55)라고 불렸을 정도로 당이 많이 붙어 있는 단백질이다. 식물은 이미 많은 연구논문에서 당화 과정(Glycosylation)이 활발하고 당화 구조가 균일한 편이라 당단백질 생산에 좋은 세포로 알려져 있다. 손 대표는 "바이오앱이 지닌 고발현 기술과 타기팅 엔지니어링 기술을 접목했을 때 돼지열병 항원인 E2 단백질이 효능이 좋고 생산성이 좋아서 제품화까지 가능했다"고 설명했다.

현재 국내 육지 지역에서는 대부분 생백신(Live Vaccine)을 사용하고 있고 돼지열병 청정화 달성을 목표로 하고 있는 제주지역에서만 마커 백신을 사용하고 있어 매출 규모가 크지는 않다. 하지만 현재는 돼지열병 청정국이지만 어느 순간 돼지열병 바이러스가 유입이 되었을 때 빠르게 대응하고 청정국 지위를 회복하려는 국가들, 캐나다와 미국 등을 대상으로 긴급용 국가 비축분을 목표로 인허가를 진행하고 있다. 또한 26년 만에 돼지열병이 발생해 현재도 많은 피해가 발생하고 있는 일본에 허바백을 론칭해 일본 돼지열병 청정화에 기여하고자 복수의 파트너와 논의 중에 있다고 손 대표는 덧붙였다.

해당 기술과 관련해서는 빌앤드멀린다게이츠재단과도 협업을 논의 중이다. 저개발국가 지원에 초점이 맞춰진 재단과의 미팅에서 관련 기술과 제품을 소개했고, 특히 현재 진단 업체와 공동으로 개발 중인 아프리카 돼지열병 항원 신속진단키트 제품을 아프리카와 동남아시아에 지원하는 사업 제안서를 2023년 10월까지 제출할 계획이다. 또한 월드뱅크 국제금융공사(IFC)에도 아프리카 돼지열병, 뎅기, 지카 진단키트 개발을 위한 사업 제안을 준비 중에 있다.

캐나다 정부와는 계약 협의 중이고 돼지열병 그린 마커 백신의 캐나다 등록을 위해 캐나다 정부기관에서 일부 추가 동물실험을 수행 중이다. 돼지열병 바이러스 실험은 '동물 이용 생물안전 3등급(ABL-3)'에서만 가능한 관계로 긴밀하게 일정을 조율하며 진행하고 있다. 동시에 국내 생산시설의 우수식품·의약품의 제조·관리의 기준(GMP) 인증 작업을 진행 중에 있다고 손 대표는 말했다.

비엘

● 신약 개발 및 헬스케어 사업 시너지 극대화 ●

박영철 대표이사
· 연세대 행정학 박사
· SDL 아시아 총괄 대표
· LionBridge 한국 대표
· 대우그룹 회장 직속 해외 사업 담당 PD
· 한국거래소 코넥스협회 수석부회장
· 한미중견기업인연합회(KABLF) 회장

INFORMATION

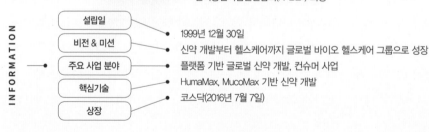

설립일	1999년 12월 30일
비전 & 미션	신약 개발부터 헬스케어까지 글로벌 바이오 헬스케어 그룹으로 성장
주요 사업 분야	플랫폼 기반 글로벌 신약 개발, 컨슈머 사업
핵심기술	HumaMax, MucoMax 기반 신약 개발
상장	코스닥(2016년 7월 7일)

우수 인재 곳곳 포진… 신약 개발부터 상업화까지 경험

비엘의 최대 강점은 우수한 맨파워다. 우선 임상개발센터장을 맡고 있는 이도영 상무(이학박사)는 종근당 재직 시절 국산 신약 20호 듀비에정 화학구조를 디자인했다. 이후 크리스탈지노믹스로 자리를 옮겨 국산 신약 22호 아셀렉스 캡슐 허가와 약가 협상을 담당했다.

이 상무는 국내에서 신약 개발을 처음부터 끝까지 경험해 본 몇 안 되는 인물로 꼽힌다. 특히 국산 신약 36개 가운데 2개가 이 상무 손을 거쳤다.

더 놀라운 건 크리스탈지노믹스의 분자 표적항암제 'CG200745'는 임상2상 직후 식품의약품안전처(식약처)로부터 희귀의약품으로 지정됐다. 희귀의약품은 대체 의약품이 없어 긴급하게 도입할 필요가 있는 의약품을 뜻한다. 희귀의약품으로 지정되면 임상2상까지만 마쳐도 판매허가를 먼저 받는다. CG200745를 췌장암, 골수이형성증후군 등을 적응증으로 임상2상을 진행한 사람이 바로 이 상무다. 그는 지난 2020년부터 비엘에서 청국장 유래 물질 폴리감마글루탐산을 이용해 항암제를 개발 중이다.

비엘은 무디 세브스(Mudi Sheves) 이스라엘 바이츠만연구소 유기화학과 석좌교수를 든든한 조력자를 두고 있다. 바이츠만연구소는 1934년에 설립된 세계 5대 기초과학 연구소로, 그는 1981년부터 바이츠만연구소에서 교수로 재직했다. 특히 지난 2006년부터 2019년까지는 바이츠만연구소 부총장을 역임했다. 이 기간 산하 기술 지주회사 '예다' 이사장을 겸임하면서 바이츠만의 기술수출을 진두지휘했다. 애브비의 휴미라, 테바의 코팍손, 머크(Merck)의 얼비툭스 등이 모두 그의 손을 거쳐 탄생했다. 이들 치료제는 바이츠만연구소에서 개발돼 기술수출을 거쳐, 글로벌 블록버스터 치료제로 등극했다.

바이츠만연구소는 모두가 실패한 'p53' 항암제 후보물질 개발에 성공했다. p53 유전자는 스트레스, DNA 손상, 저산소증, 종양(암) 발생에 대한 세포 반응을 조절한다. 즉, p53이 암세포 진행을 막는 세포 통제 사령관 역할을 한다고 볼 수 있다. 이 치료제는 지난 2018년 비엘과 바이츠만의 이스라엘 합작법인 퀸트리젠에 기술이전됐다. p53 치료제는 2022년 동물실험을 마무리하고 한국과 미국에서 임상1상을 앞두고 있다. 무디 교수는 비엘의 p53의 임상 성공과 상업화를 위해 물심양면 지원을 아끼지 않고 있다.

오르나 팔기(Orna Palgi) 박사는 1996년 바이츠만연구소에서 면역학으로 박사학위를 취득했다. 그는 지난 2003년부터 다국적제약사 테바에서 글로벌 약제 공정개발 및 생산(Chemistry, Manufacturing and Controls, CMC)과 바이오의약품 개발 분야 리더, 다발성경화증 및 자가면역치료 연구개발(R&D) 프로젝트 리더, 글로벌 R&D 실사 및 평가 본부장을 거쳤다. 팔기 박사는 미국과 유럽 임상 규제기관을 담당하며 임상3상까지 신약 개발 전체를 경험했다. 이후 미국 제약사 오틱파마의 최고운영책임자(COO)로 재직하며 오틱파마와 나스닥 상장사 노뷰스의 인수합병을 주도했다. 이스라엘 신약 개발업체 리제네라파마 연구개발 수석부사장을 역임하며 비동맥허혈성시신경병증 치료제의 미국 식품의약국

(FDA) 임상3상을 담당했다.

김태완 비엘멜라니스 이사회 의장 겸 미국 컬럼비아대 의대 교수도 비엘의 맨파워에서 빠질 수 없는 인물이다. 기존 자기공명영상(MRI) 간 조영제는 간 섬유화까지 살펴볼 수 없을 뿐더러 여러 부작용을 일으킨다. 이런 상황에서 김 교수는 인체 멜라닌을 모사해 혁신적인 간 조영제를 개발했다. 이 조영제는 독성이 없을 뿐 아니라 간암은 물론 간 섬유화까지 정확하게 살펴볼 수 있다.

비엘의 고문 겸 기술연구소 이사를 역임 중인 함경수 박사도 중요 인물 중 하나다. 그는 하버드대 의대 암센터 연구원을 거쳐 조선대 의대 석좌교수를 역임했다. 20여 년 이상 펩타이드를 이용한 암 치료제 개발 등 다양한 신약을 연구개발했다. 그는 현재 비엘의 신약 개발(BD)을 총괄하고 있다.

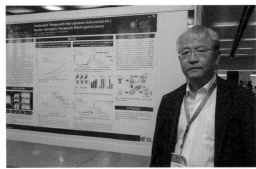

강력한 맨파워는 비엘이 지닌 미래가치의 핵심 중 핵심이다. 위 왼쪽부터 시계방향으로 국산 신약 20호 듀비에정 화학구조를 디자인한 이도영 상무, 무디 세브스 이스라엘 바이츠만연구소 유기화학과 석좌교수 그리고 인체 멜라닌을 모사해 혁신적인 간 조영제를 개발한 김태완 비엘멜라니스 이사회 의장.

글로벌 블록버스터 후보물질 다수 확보

2023년 7월 26일 비엘에 따르면 자궁경부전암 치료제 'BLS-M07'은 2022년 8월 식약처로부터 2/3상 임상시험계획(IND)을 승인받았다. 앞서 이 치료제는 환자 116명을 대상으로 임상2b상을 마쳤다. BLS-M07은 지난 2015년부터 한국, 일본 양국에서 임상을 시작해 개발 중이다.

자궁경부 전암으로 확진되면 치료제가 전무하다. 외과 시술로 자궁경부 병변을 도려내는 방법이 현재 유일한 치료법이다. 개발 중인 치료제들이 여럿 있지만, 전기천공 주사제 방식으로 BLS-M07에 비해 경쟁력이 높지 않다는 평가다.

이도영 상무(연구개발본부장)는 "경쟁사가 개발 중인 치료제는 전기천공 방식을 이용한 주사제 방식으로 환자에게 극심한 고통을 안겨준다"면서 "반면 BLS-M07은 경구제로 일반 알약과 다를 바 없어 시장 경쟁력이 높다"고 비교했다. 집에서 복용 가능한 알약과 달리, 전기천공 주사제는 맞을 때마다 병원을 방문해야 한다는 것도 큰 차이다.

그는 "BLS-M07은 유산균에 인체유두종바이러스(HPV) 항원을 주입해 캡슐로 싸서 장까지 도달시킨다"면서 "이후 유산균 결합 항원을 소장 점막의 면역세포와 결합시켜 면역반응을 유도한다. 이 과정에서 만들어진 항체가 림프관을 타고 자궁경부 쪽으로 전달돼 치료 효과를 낸다"고 설명했다. 이어 "반면 기존 치료제 후보물질은 자궁경부까지 치료제 전달이 쉽지 않아 전기충격을 가하는 것"이라고 덧붙였다.

상업화 전략은 구체적이다. 이 상무는 "BLS-M07이 임상3상에 성공한다면 3년 뒤엔 국내 품목허가가 가능해 보인다"며 "이후 여성 환자들의 의사 접근이 어려운 동남아 회교권 국가를 다음 타깃으로 하고 있다"고 밝혔다.

그는 1인당 치료제 가격을 100만~150만 원으로 보면, 환자 숫자를 근거로 국내는 연간 1,000~1,500억 원, 동남아는 연 5,000억 원의 매출이 발생할 것으로 추산했다. 동남아 지역은 국내 임상과 식약처 품목허가 상당 부분을 인정해, 추가 임상·서류 보완 등의 절차만으로 신약 품목허가를 받을 수 있다.

p53 재활성화 물질 확보, 세계 유일 성공

두 번째는 p53 항암제 후보물질을 확보한 것이다. 앞서 이야기했듯 비엘은 이스라엘 바이츠만연구소와 현지 합작법인 퀸트리젠을 세우고 해당 물질을 기술이전 받았다.

p53 유전자는 스트레스, DNA 손상, 저산소증, 종양(암) 발생에 대한 세포 반응을 조절한다. 암세포 진행을 막는 세포 통제 사령관 역할을 하는 이 p53이 망가지면 우리 몸은 암세포 발생에 속수무책이 된다. 인간 암의 약 50%는 p53 유전자 돌연변이 또는 p53 활성화 기전 결함으로부터 발생한다. p53 기능장애가 암 진행에 결정적인 역할을 한다는 얘기다. p53 기능을 회복할 수 있다면 모든 암을 치료할 수 있다는 개념 설계가 등장한 것도 바로

비엘의 파이프라인 현황

프로그램	적응증	기초연구	비임상	임상1상	임상2상	임상3상
BLS-M07	자궁경부상피내종양 2/3					
BLS-M22⁺	뒤시엔느근위축증					
BLS-H01	자궁경부상피이형증					
	코로나19					
P53	고형암					
	혈액암					
BLS-A01	코로나19 (v)					
BLS-M32	근감소증					
BLS-H01	화학요법보호제					
	아토피, 암					

이 때문이다. 현재 다국적제약사들은 p53 항암제를 연간 60조 원에 달하는 글로벌 항암제 시장을 독차지할 수 있는 '엑스칼리버'로 인식하고 있다.

글로벌 p53 치료제 개발에서 비엘은 경쟁사들을 제치고 가장 앞서 있다는 평가다. 무디 세브스 교수는 "다국적제약사들은 저분자화합물을 이용해 p53 기능 회복을 시도했다"면서 "하지만 우리는 펩타이드를 이용했다"고 답했다. 이어 "그 결과 다국적제약사들의 p53 치료제 후보물질은 하나같이 독성 문제로 골머리를 앓고 있다"면서 "반면 바이츠만이 개발한 후보물질은 p53 기능회복은 물론, 세포실험과 동물실험(쥐)에서 독성이 전혀 나타나지 않았다"고 설명했다.

인체 멜라닌 모사한 간 조영제 물질 확보

인체 멜라닌을 모사한 혁신적인 간 조영제 'ML-101'을 인수합병으로 확보한 것도 눈에 띈다. 비엘의 자회사 비엘팜텍은 2022년 비엘멜라니스를 인수하며 해당 물질을 확보했다.

김태완 컬럼비아대 교수는 "기존 MRI 조영제 주성분은 가둘리늄"이라며 "가둘리늄은 맹독성 중금속으로, 몸 밖으로 배출되지 않고 인체 여타 장기에 흘러 들어가면 염증반응, 전신 섬유화, 뇌 침전 등의 부작용을 일으킨다"고 설명했다. 그는 이어 "그 결과 가둘리늄 조영제 이탈을 최소화하기 위해 양 끝이 뚫린 선형에서 둥근 고리형으로 바꾸는 방식으로 제조법이 변경됐다"면서 "문제는 고리형 조영제는 간까지 전달되지 않는다. 하는 수 없이 간 조영제는 현재까지도 선형 가둘리늄을 쓰고 있다"고 덧붙였다.

FDA 역시 선형 가둘리늄에 대한 부작용을 블랙박스를 통해 경고하고 있다. FDA가 십수 년간 가둘리늄 대체재 찾기에 혈안이 돼 있는 이유다.

비엘멜라니스는 인체 멜라닌을 모사해 간 조영제 ML-101를 만들어냈다. 이 조영제는 독성은 없고 간암은 물론 간 섬유화까지 정확하게 살펴볼 수 있다. 자연 멜라닌은 조영에 필수적인 색소 특성을 지니면서도 인체에 무해하다.

김 교수는 "인공 멜라닌 간 조영제는 기존 조영제보다 10배 이상 밝다"며 "또 성분 자체가 인체에 무해하고 몸 밖으로 배출돼 부작용이 없다"고 강조했다. 그는 이어 "피부에 상처가 나면 조직이 섬유화되면서 피부가 시커멓게 변하지 않냐"면서 "섬유화된 조직에 멜라닌 색소가 달라붙는 특징이 있다. 이런 멜라닌의 특징으로 뛰어난 조영 품질이 나오는 것"이라고 부연했다.

상업화도 가시권에 들어왔다는 평가다. 비엘멜라니스는 지난 2년간 수차례에 걸쳐 대구경북첨단의료복합단지에서 실험실과 동일 품질의 인공 멜라닌 간 조영제를 100리터(L) 단위로 대량생산하는 데 성공했다. ML-101의 임상1상은 2023년 말 늦어도 2024년 초 이후 진행할 예정이다.

글로벌 시장조사업체 그랜드뷰리서치에 따르면, 글로벌 간 조영제 시장은 연평균 8.14%씩 성장해 오는 2026년 4,500억 원 규모로 커질 전망이다.

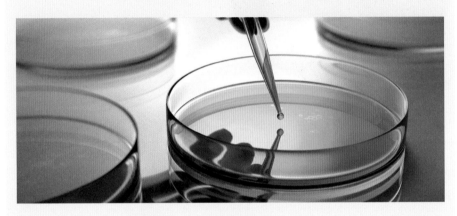

오가노이드사이언스
● 오가노이드 재생치료제 및 임상 플랫폼 개발 전문기업 ●

유종만 대표이사
· 고려대 생명과학 학사
· 차의과학대 의전 미생물학교실 박사
· 차의과학대 오가노이드센터장
· 차바이오그룹 고문
· 한국줄기세포학회 총무간사
· 산업부–과기부 3D생체조직플랫폼사업단 단장

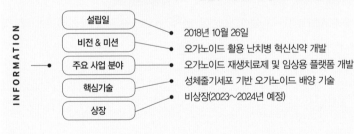

INFORMATION

설립일	2018년 10월 26일
비전 & 미션	오가노이드 활용 난치병 혁신신약 개발
주요 사업 분야	오가노이드 재생치료제 및 임상용 플랫폼 개발
핵심기술	성체줄기세포 기반 오가노이드 배양 기술
상장	비상장(2023~2024년 예정)

3차원 오가노이드 혁신 치료제가 온다

오가노이드는 생체 조직을 모사할 수 있도록 3차원(3D)으로 배양한 세포의 집합체다. 유종만 오가노이드사이언스 대표는 "3D로 생체 조직과 유사하게 배양한 오가노이드치료제는 재생의학 분야에서 혁신적인 효과를 발휘할 것으로 분석되고 있다"며 "기존 2차원 줄기세포를 크게 뛰어넘는 생착률과 자가증식 기능을 보유할 수 있기 때문"이라고 말했다. 이에 전 세계적으로 오가노이드에 대한 관심이 높아지고 있는 가운데 우리 정부가 2023년 5월, 오가노이드 재생치료제를 바이오 분야 국가첨단전략기술로 지정했다.

2018년 그가 설립한 오가노이드사이언스는 성체줄기세포(MSC)나 배아줄기세포(ESC), 유도만능줄기세포(iPSC) 등을 활용한 오가노이드 생성 기술을 보유하고 있다. 이를 통해 오가노이드 기반 '약물 독성 및 효능평가 등을 위한 임상 연구 플랫폼'의 상용화에 성공했으며, 이와 동시에 '첨단 재생치료제' 신약 개발에 나선 바 있다.

유 대표는 "2015년경부터 오가노이드 생성 기술 확보에 주력했고, 세계적인 오가노이드 연구그룹 수준으로 관련 기술 수준을 끌어올렸다"며 "뇌, 장, 간, 피부, 호흡기 등 다양한 생체 조직을 모사하는 오가노이드 라이브러리를 구축했다. 이를 바탕으로 2020년부터 약물을 평가하는 '오아시스 스크리닝' 서비스를 출시해 평가 가능한 대상을 늘려가고 있다"고 설명했다.

현재 오가노이드사이언스는 오가노이드 브랜드 오아시스 아래 인체 실험을 대신할 수 있는 약물 평가 플랫폼 '오아시스 스크리닝 오디세이', 오가노이드 재생치료제 개발을 위한 '오아시스 테라피', 연구용 치료 환자에게 맞는 최적의 약물을 찾아주는 '오아시스 케어', 연구 단계에서 사용할 재료를 공급하는 '오아시스 리서치' 등 크게 네 가지 사업을 진행하고 있다.

이 중 특히 오아시스 테라피의 성공을 위해 총력을 기울이고 있다. 회사는 성체줄기세포를 활용한 'ATORM-C(장 오가노이드)'와 'ATORM-S(침샘 오가노이드)' 'ATORM-L(간 오가노이드)' 'ATORM-E(자궁 내막)' 등 재생치료제 신약후보물질을 발굴해 개발하는 중이다.

2022년 7월 식품의약품안전처(식약처)가 "염증성장질환

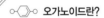

오가노이드란?

오가노이드는 장기를 뜻하는 'Organ'과 유사함을 뜻하는 접미사인 '-oid'를 합쳐 만든 신조어다. 줄기세포를 배양해 실험실에서 인위적으로 만든 3차원 미니 장기를 의미한다. 장기의 세포 구성, 구조 및 기능적 특이성을 재현한다.

오가노이드를 활용한 신약 개발의 특·장점

	인체 모사도	확립 기간	성공률	대량 증식	냉동 보관	면역항암제 평가
오가노이드(PDO)	높음	4주 이내	높음	가능	가능	가능
2D 세포 모델(PDC)	낮음	4주 이내	높음	어려움	가능	불가능
동물 모델(PDX)	높음	5개월 이상	낮음	불가능	불가능	불가능

환자 등에게 ATORM-C를 투여해도 좋다"는 적합 판정을 내렸다.

오가노이드사이언스는 광명 GMP센터와 판교 R&D센터를 운영 중이며, 90명의 회사 인력 중 65%가 연구자다. 또 회사는 2022년 3월 서울아산병원과 첨단바이오의약품 공동연구 협약을 체결했다. 해당 병원 내 562㎡(약 170평) 규모의 GMP 시설 구축도 2023년 내로 마무리할 예정이다. 유 대표는 "광명 및 서울아산병원 GMP센터에서 시료 생산과 의약품위탁개발생산(CDMO)을 진행할 예정"이라며 "오가노이드치료제 상용화에 필수적인 공정개발과 시설 확보에도 노력을 기울이고 있다"고 말했다.

2023년 2월 첨단재생의료 세포처리시설 허가를 취득한 광명 GMP센터.

오가노이드 기술력 세계적 수준⋯ 임상 속도 낸다

오가노이드사이언스의 핵심 사업은 오가노이드 기반 재생치료제를 개발하는 오아시스 테라피와 약물 효능평가 및 임상 연구 플랫폼으로 활용하는 오아시스 스크리닝이다.

유 대표는 "오아시스라는 브랜드를 붙인 우리 핵심 사업의 기본은 결국 오가노이드 생성기술"이라며 "장과 피부, 뇌 등 다양한 조직의 오가노이드 기술력을 확보해 고도화하는 데 집중하고 있다"고 말했다.

오가노이드는 성체줄기세포나 배아줄기세포, 유도만능줄기세포 등을 적절한 환경에서 배양해 생성한다. 이 중 성체줄기세포는 우리 몸의 각 조직의 재생을 위해 각 생체 부위에서 생성되는 줄기세포다. 반면 배아줄기세포는 수정란에서 얻을 수 있는 줄기세포이며, 유도만능줄기세포는 분화가 끝난 체세포에 특정 물질(전사인자)을 처리해 다시 분화할 수 있도록 되돌린 역분화 세포다. 즉 배아줄기세포와 유도만능줄기세포는 우리 몸을 이루는 모든 종류의 세포로 변신할 수 있는 능력인 '전분화능'을 가지고 있다.

유 대표는 "장 오가노이드처럼 성체줄기세포로 만드는 것들은 약 7일이 걸린다"며 "배아줄기세포나 유도만능줄기세포를 활용해야 하는 피부나 뇌 오가노이드 등은 30~100일 정도 소요된다. 이런 오가노이드는 100일 이상 놔두면 성숙화된다"고 설명했다.

이처럼 소요 시간 등 기술적인 면을 고려해 각국의 오가노이드 기업들은 성체줄기세포를 활용한 오가노이드 재생치료제 개발을 시도하는 중이다. 전분화능을 가진 배아줄기세포 등을 활용한 오가노이드는 임상 연구 플랫폼으로 활용되고 있다. 세계적인 오가노이드 연구그룹으로는 네덜란드 '휘브레흐트오가노이드테크놀로지(HUB)'를 들 수 있다. HUB는 지난 2009년 오가노이드라는 용어를 처음으로 제시한 한스 클레버스(Hans

전 세계 오가노이드 재생치료제 개발 현황

종류	적응증	개발 단계	국가	기관
장	궤양성장염 불응성크론병	임상1상	일본	도쿄의과치과대
		비임상	한국	오가노이드사이언스
	방사선직장염	비임상	한국	오가노이드사이언스
	단장증후군	개념 검증	일본	게이오대
침샘	방사선구강건조증 쇼그렌증후군	임상1상	네덜란드	그로닝겐대
		비임상	한국	오가노이드사이언스
간	유전성대사질환	비임상	네덜란드	휘브레흐트연구소
				위트레흐트대
눈물샘	건성안	개념 검증	네덜란드	휘브레흐트연구소
			한국	오가노이드사이언스
담도	담관 손상 질환	개념 검증	영국	웰컴-MRC 케임브리지 줄기세포연구소
갑상선	갑성선기능저하증	개념 검증	네덜란드	그로닝겐대
모낭	탈모	개념 검증	미국	하버드대
췌장	당뇨병	오가노이드 확립 단계	중국	과학원대
위	불응성위궤양	오가노이드 확립 단계	네덜란드	휘브레흐트연구소
자궁	자궁 유착	오가노이드 확립 단계	영국	케임브리지대

Clevers) 네덜란드 휘브레흐트대 교수가 설립했다. 클래버스 교수는 현재 공동연구진인 롭 콥페스(Rob P. Coppes)와 함께 침샘 오가노이드 재생치료제의 임상 연구 등을 진행 중에 있으며 2022년 12월에 첫 환자에게 투여한 것으로 알려졌다. 또 와타나베 마모루 일본 도쿄 의과치과대 교수 연구진이 개발한 장 오가노이드 재생치료제에 대한 일본 내 임상 연구 또한 2023년 초에 첫 환자에게 투여했다.

유 대표는 "임상 개발에서 오가노이드 기술을 선점한 네덜란드나 일본 대비 1년 정도 뒤처져 있지만, 신약 개발에서 이 정도는 큰 차이가 아니다"라며 "장이나 침샘 오가노이드 생성 기술은 우리도 세계 최고 수준의 기술력을 확보해 국내에서도 첨단재생의료 임상 연구가 진행 중에 있고, 피부나 뇌 오가노이드 기술력은 패스트 팔로어 수준으로 따라잡은 상황"이라고 말했다.

이를 바탕으로 오가노이드사이언스는 2020년부터 피부나 뇌 등의 오가노이드를 활용한 임상 연구 플랫폼 오아시스 스크리닝 오디세이 서비스를 출시하고 있다. 유 대표는 "피부 오가노이드를 50~100일 사이로 배양하면 머리카락까지 나올 정도로 생체를 잘 모사한다"며 "다양한 기능성 화장품이나 탈모 제품 등을 테스트하는 플랫폼으로 활용할 수 있을 것"이라고 말했다. 이어 "중추신경질환 치료제나 항암제 등의 개발 과정에서 인체에 사용하기 전에 쓸 수 있도록 각 생체 조직의 오가노이드 라이브러리를 구축하고 있다"고 말했다.

장·침샘 오가노이드 임상 본격화

오가노이드사이언스는 현재 ATORM-C(장)와 ATORM-S(침샘), ATORM-E(자궁, 효능 평가 단계), ATORM-L(간, 기술 최적화 단계) 등 재생치료제 후보물질을 확보하고 있다.

이 중 ATORM-C는 염증성장질환으로 손상된 환자의 장 부위에 배양한 장 오가노이드를 내시경을 통해 주입하는 재생치료제다. ATORM-C는 2022년 7월에 재생의료 및 첨단바

오가노이드사이언스의 파이프라인 현황

프로그램	타깃	적응증	연구 및 탐색	전임상	임상시험계획
ATORM-C	장	방사선직장염 염증성장질환			
ATORM-S	침샘	구강건조증			
ATORM-L	간	희귀 간질환			
ATORM-E	자궁	자궁유착			

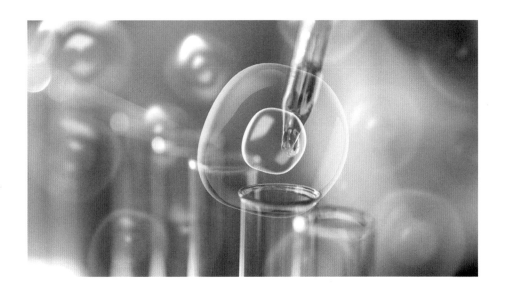

이오의약품 안전 및 지원에 관한 법률(첨단재생바이오법)에 의한 임상 연구 2건(베체트장염 및 방사선직장염)에 대해 적합 판정을 받았으며, 2023년 7월 첫 환자 등록 및 투약을 개시했다. ATORM-S는 방사선치료, 노화, 자가면역질환 등으로 손상된 침샘을 재생시켜주는 물질이다.

오가노이드사이언스는 이르면 2026년경 오가노이드 재생치료제 ATORM-C를 완성하는 것을 목표로 하고 있다. 유 대표는 "첨단바이오의약품의 경우 대체 치료제가 없고 생명을 위협하는 암 등 중대한 질환의 치료를 목적으로 하거나, 희귀질환관리법에 따른 '희귀질환의 치료를 목적으로 하는 의약품'의 경우 환자의 치료 기회 확대를 위해 3상 임상시험 결과 제출을 조건으로 품목허가가 이루어지는 조건부허가제도를 활용해, 차질 없이 진행된다면 3~4년 내로 혁신적인 오가노이드 재생치료제를 선보이게 될 것"이라고 말했다.

에이치이엠파마

● 마이크로바이옴 맞춤형 헬스케어 전문기업 ●

지요셉 대표이사
· 한동대 경영경제·식품과학 학사
· 한동대 생명과학 석·박사

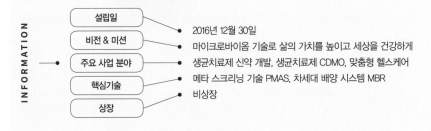

INFORMATION

설립일	2016년 12월 30일
비전 & 미션	마이크로바이옴 기술로 삶의 가치를 높이고 세상을 건강하게
주요 사업 분야	생균치료제 신약 개발, 생균치료제 CDMO, 맞춤형 헬스케어
핵심기술	메타 스크리닝 기술 PMAS, 차세대 배양 시스템 MBR
상장	비상장

마이크로바이옴 최고 권위자가 창업

에이치이엠파마는 스승과 제자가 설립한 마이크로바이옴 기업이다. 스승인 빌헬름 홀잡펠 (Wilhelm Heinrich Holzapfel) 교수는 유산균 분야에서 세계적 석학으로 알려져 있다. 독일 뮌헨공대 미생물학 박사학위를 취득하고 독일연방위생및독성학연구소(현 막스루브너

연구소)장 겸 칼스루헤공대 교수를 20년간 역임했다. 400편 이상의 마이크로바이옴 관련 SCI급 논문을 썼고 70권의 관련 저서를 남겼다. 홀잡펠 교수는 현재 에이치이엠파마 최고 기술책임자(CTO)를 맡고 있다.

지요셉 에이치이엠파마 대표와 인연은 한동대에서 시작됐다. 지 대표가 한동대 학부를

CTO인 빌헬름 홀잡펠 교수(왼쪽)와 지요셉 대표. 두 사람은 사제지간으로 회사를 함께 창업했다.

졸업한 뒤 석사과정을 홀잡펠 교수와 하고 싶단 의사를 전하면서 스승과 제자 관계가 됐고, 미생물이라는 공통의 관심사로 인연을 맺고 에이치이엠파마를 창업했다. 테크니온이스라엘공대를 졸업하고 한동대 연구교수를 지낸 지 대표는 국제 과학 컨퍼런스 등에서 다수의 과학자상을 휩쓸 만큼 마이크로바이옴 분야에 대한 역량을 인정받고 있다.

에이치이엠파마의 기업가치는 독자 개발 플랫폼 'PMAS(Pharmaceutical Meta-Analytical Screening)'에서 나온다. 이 플랫폼은 사람의 대변에서 장 환경을 복제해 개인별 장 환경에 맞는 솔루션을 찾아주는 일종의 스크리닝 기술이다. 에이치이엠파마는 PMAS로 크게 마이크로바이옴 신약 개발과 맞춤형 건강기능식품(건기식) 제품 추천 사업을 하고 있다. 신약 개발의 경우 모두 9개 파이프라인을 보유하고 있으며 이 중 가장 속도가 빠른 파이프라인은 우울증 치료제 'HEMP-001'과 저위전방절제증후군(LARS) 치료제 'HEMP-002'가 있다. 우울증 치료제 후보물질은 2023년 7월 미국 식품의약국(FDA) 2상 임상시험계획(IND) 승인을 받았다. 이르면 4년 내 품목허가 신청을 하겠다는 목표다. 저위전방절제증후군 치료제는 2023년 3월 호주 임상2상을 승인 받았다.

맞춤형 건기식 추천 서비스 '마이랩'은 글로벌 헬스&웰니스 전문기업 암웨이와 손잡고 2022년 8월부터 운영 중이다. 두 회사는 2020년 1월 헬스케어 사업과 관련해 20년 독점계약을 맺었다. 암웨이는 일찌감치 에이치이엠파마의 플랫폼 기술을 눈여겨보고 240만 달러(약 30억 원)가량을 투자하기도 했다. 이를 통해 두 회사는 국내 최대 규모 마이크로바이옴 분석 시스템을 구축했다. 매달 최대 5,000명 분의 마이크로바이옴 분석 서비스가 가능하다는 설명이다.

마이랩은 고객 마이크로바이옴을 분석해 미생물의 다양성과 분포 등을 확인한 후 이에 맞는 프로바이오틱스를 고객에게 추천하는 서비스다. 마이랩은 식습관부터 생활 습관을 포함한 개인별 라이프스타일도 제안한다. 고객이 자신의 분변을 암웨이에 보내면 20영업일

이내로 분석해 건강지표와 맞춤형 제품을 추천해주는 식이다. 가격은 20만 원 선이다.

에이치이엠파마는 또 다른 수익원으로 마이크로바이옴 위탁개발생산(CDMO) 사업을 점찍었다. 에이치이엠파마는 현재 경상북도 영천에 공장을 설립하고 있으며 2023년 9월 말 우수식품·의약품의 제조·관리의 기준(GMP) 이전 승인을 받을 예정이다. 기존 광교에 위치했던 공장보다 총 생산 규모(CAPA)를 10배가량 늘렸다. 나아가 에이치이엠파마는 세종에도 약 1만㎡(약 3,025평) 부지를 확보했다. CDMO 전용 공장으로 2026년 설립할 계획이며 예상 가동 시점은 2028년이다.

'11조' 맞춤형 헬스케어 시장 게임체인저로

마이크로바이옴은 몸 안에 사는 미생물(Mmicrobe)과 생태계(Biome)를 합친 용어로 우리 몸에 사는 미생물과 그 미생물들의 유전체를 말한다. 마이크로바이옴산업은 2020년부터 치료제와 헬스케어 시장에서 주목받는 신규 시장으로 주목받고 있다. 구글 벤처스 설립자 빌 마리스(Bill Maris)는 마이크로바이옴을 두고 "헬스케어의 가장 큰 게임체인저"라고 언급하기도 했다. 맞춤형 헬스케어 시장은 2022년 약 11조 원에서 연평균 15.5% 성장해 2027년 23조 3,000억 원 규모로 성장할 전망이다. 현재 국내에선 풀무원과 아모레퍼시픽 등 7개 기업이 맞춤형 헬스케어 시장에 진출해 있다.

에이치이엠파마는 자체 개발해 다수 특허를 보유한 플랫폼 PMAS로 맞춤형 헬스케어 시장 공략을 확대하고 있다. 2022년 8월부터 시작한 맞춤형 헬스케어 사업 마이랩을 통해 2022년 매출 32억 원을 냈다. 마이랩은 출시된 지 1년이 채 되지 않았지만 벌써 2만 건이 넘는 고객 데이터베이스를 구축했다. 현재 분변 분석키트만 3만 5,000개가량 팔렸고 프로바이오틱스 제품 구매 성장률도 140%에 달한다고 밝혔다. 나아가 에이치이엠파마는 6개월 단위로 전후 모니터링 서비스도 제공한다. 이를 통해 주기적으로 데이터를 대량 수집할 수 있다는 설명이다.

지 대표는 "많은 데이터베이스 확보가 헬스케어 사업의 핵심이다. 헬스케어는 두려움을 먹

마이랩 마이크로바이옴 솔루션 서비스 단계

고사는 사업인데 이걸 통제하는 것은 데이터베이스다. 이를 통해 건강을 예측해야 헬스케어 시장을 장악할 수 있다"며 "문제는 데이터 한 건 당 500달러에 달할 만큼 비싸단 건데, 우리는 암웨이와 손잡고 돈을 벌면서 데이터베이스를 구축하고 있는 셈"이라고 말했다.

마이랩은 크게 분변 채취, 복제 장 구축, 프로바이오틱스 처리, 맞춤형 프로바이오틱스 선별 단계로 나뉜다. 서비스 이용자는 대변 샘플을 보낸 후 20일가량 기다리면 자신의 장내 유익균과 유해균을 분석한 건강 분석지를 받을 수 있다. 또 장내 유익균의 다양성을 높일 수 있는 프로바이오틱스 제품을 추천받을 수 있다. 회사는 현재 국내에서만 시행 중인 서비스를 2024년부터 미국과 일본에도 차례로 출시한다는 목표다.

에이치이엠파마는 PMAS를 통해 신약 개발에도 속도를 내고 있다. 대표적인 파이프라인은 우울증 치료제다. 장내 미생물을 매개로 장신경계와 중추신경계가 연결돼 상호작용한다는 '장-뇌 축(Gut-brain Axis)' 이론에 기반해 개발을 진행 중이다. 지 대표는 "경구용으로 개발 중이며 약이 몸에 들어가 장내 미생물과 만나 상호작용을 일으키는 방식"이라며 "연구 결과 우울증을 앓는 환자들 중 항우울제에 반응하지 않는 비반응군의 뇌 염증 수치가 공통적으로 높았다. 이 염증 수치를 낮춰 우울 증상을 완화하는 방식으로 접근하고 있다"고 설명했다. 에이치이엠파마의 우울증 치료물질 HEMP-001은 2023년 7월 FDA로부터 2상 IND 승인을 받았다. 회사는 임상시험이 예정대로 진행된다면 4년 뒤쯤 품목허가 신청을 할 수 있을 것으로 전망하고 있다. 나아가 불안증 등 다른 뇌질환으로도 적응증을 확장해나갈 계획이다.

또 다른 파이프라인인 저위전방절제증후군 치료제 후보물질은 2023년 3월 호주 식품의약품안전청(TGA)으로부터 임상2상 IND 승인을 받았다. 저위전방절제증후군은 항문 괄약근을 보존하는 수술을 받은 환자에게 생기는 기능적인 장애를 말한다. 보건복지부에서 발표한 국가암등록통계에 따르면 대장암 환자의 5년 상대 생존율은 90% 이상으로 보고된 바 있으나, 관련 수술을 받은 환자 중 약 80%가 후유증으로 배변 조절 분능 현상 등을 동반하는 저위전방절제증후군을 겪고 있다. 에이치이엠파마는 호주 임상을 거칠 경우 FDA와 유럽의약품청(EMA)에서도 바로 승인 신청할 수 있어, 미국과 유럽으로의 진출이 용이할 것으로 내다보고 있다.

돈 버는 신약 개발사… "5년 내 ROI 달성"

에이치이엠파마는 '수익을 내는 바이오 기업'이 되겠다는 목표를 세웠다. 에이치이엠파마

에이치이엠파마의 파마바이오틱스 파이프라인 현황

프로그램	적응증	탐색	전임상	임상1상	임상2상	임상3상	비고
HEMP-001	우울증						미국 FDA 임상2상 승인
	아토피피부염						
HEMP-002	저위전방절제증후군						호주 HREC 임상2상 승인
	항암제 유발 중증 설사						
HEMP-003	만성폐쇄성폐질환						
TBD	소아 자폐						
TBD	비알콜성지방간						
TBD	당뇨						
TBD	소아 변비						

는 통상 연구개발비를 외부에서 조달받는 바이오 벤처들과 달리 직접 벌어들인 수익으로 신약 개발에 매진한다는 구상이다. 이르면 5년 이내 투자수익률(ROI) 달성을 노리고 있다. 현재 에이치이엠파마의 수익 기반은 크게 건기식 사업과 CDMO 사업으로 정리할 수 있다. 2022년 8월 출시한 건기식 서비스 마이랩은 출시 1년이 채 되지 않았지만 벌써 시장에서 긍정적인 반응을 얻고 있다. 2023년 목표 매출액 100억 원을 달성하고 있는데 이 중 70% 가량이 건기식 사업에서 발생할 전망이다.

이처럼 헬스케어 사업이 안정적인 궤도에 오른 건 탄탄한 인프라 구축에 있다. 마이랩은 6개월 단위로 맞춤형 솔루션에 대한 전후 모니터링을 지속적으로 시행하고, 자체 CS 운영으로 고객에게 즉각적인 피드백도 제공하고 있다. 이를 통해 안정적인 고객층을 확보하고, 주기적으로 데이터를 대량으로 수집해 헬스케어 사업을 계속 확장해나갈 수 있단 것이다.

실제 에이치이엠파마가 마이크로바이옴과 관련한 데이터베이스를 쌓는 속도는 압도적이다. 지 대표는 "한국식품연구원이 정부의 지원 받아서 5년간 쌓은 데이터가 4,000건이었다. 네덜란드나 영국의 기업도 2,000건 정도였다. 그런데 우리는 2만 건의 데이터베이스를 1년간 쌓은 것"이라고 설명했다.

CDMO 사업의 경우 본격적으로 2024년부터 수익이 발생할 전망이다. 초반에는 프로바이오틱스 제품도 일부 생산하다 점차 CDMO 사업 비중을 높여간다는 목표다. 세종에도 CDMO 사업을 위한 부지 약 1만㎡를 확보했다. 세종 공장은 CDMO 전용 공장으로, 2026년 설립할 계획이다. 예상 가동 시점은 2028년이다.

에이치이엠파마가 마이크로바이옴 CDMO 사업을 주목하는 건 그만큼 성장성이 높다는 판단에서다. 이미 국내에서 마이크로바이옴 대표 주자로 꼽히는 지놈앤컴퍼니는 2,700리터 (L) 규모를 갖춘 CDMO 공장을 미국 인디애나주에 짓고 있다. 종근당바이오도 CDMO로 해외 진출과 연 매출 700억 원 이상을 목표로 하고 있다. 마이크로바이옴 CDMO는 아직 초기 단계라 전임상 단계부터 상업화까지 담당할 구조를 갖춘 회사가 거의 없어 조기에 시장에 진입하려는 움직임이 활발하다.

해외에서도 관련 움직임이 감지된다. 바이오의 약품 CDMO 강자인 스위스 론자는 글로벌 유산균주 1위 기업 크리스찬한센과 손잡고 마이크로바이옴 CDMO 합작사 박테라를 설립했다. 기존 론자 생산기지 내 대형 생산시설을 구축하며 이미 먹는 마이크로바이옴 치료제 '보우스트' 생산 계약을 체결했다.

맞춤형 헬스케어 사업뿐 아니라 건강기능식품 사업, 신약 개발에서 CDMO까지 모두 가능한 데는 끊임없는 연구개발이라는 든든한 바탕이 있기 때문이다.

지 대표는 "이번에 FDA에서 우울증 치료제 임상2a상 승인을 받으면서 원료 및 완제의약품 생산공정(CMC) 승인도 함께 받았다. 이 말은 다른 회사의 원료 생산도 가능해질 수 있다는 의미"라며 "통상 미생물은 종균 보관부터 품질관리, 생산, 원료 공정 등이 까다로워 외국 회사에 이를 맡기곤 했는데 임상1상만 해도 20억~30억 원의 비용이 든다. 이 부분을 자체적으로 할 수 있다면 비용도 줄고 CDMO 사업 확장 가능성도 열리는 셈"이라고 설명했다.

에이치이엠파마는 2024년 초 코스닥 상장을 목표로 상장 절차를 추진 중이다. 2023년 9월 기술성평가 심사를 A, BBB등급으로 통과했다. 에이치이엠파마는 중장기적으로 한국의 크리스찬한센이 되겠다는 목표다. 신약 개발과 헬스케어 사업 분야에서 두각을 나타내겠다는 것이다. 덴마크 기업인 크리스찬한센은 1874년 설립돼 148년 전통을 자랑하는 세계 1위 균주 회사다. 확실한 매출 기반을 구축해 기업가치는 10조 원 이상으로 평가받고 있다. 지난 2021년 기준 매출액은 약 1조 7,400억 원이다.

지 대표는 "'수익 기반 성장(Profitable Growth)'이 회사 모토다. 헬스케어 사업을 통해 꾸준히 수익을 내면서 CDMO 확장도 무리하게 설비 투자를 하지 않고 차근차근 밟아가겠다"며 "5년 내 투자수익률을 달성하는 것이 목표"라고 말했다.

지놈앤컴퍼니

● 마이크로바이옴 기반 신약 개발 기업 ●

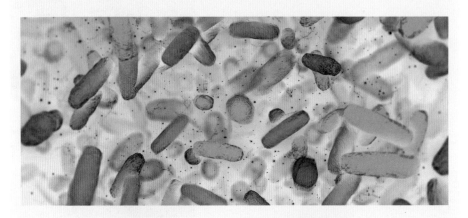

배지수 대표이사
· 서울대 의학 박사
· 미 듀크대 경영대학원(MBA)
· 서울대병원 인턴/레지던트
  (정신건강의학과전문의)
· 베인앤드컴퍼니 컨설턴트
· 한국머크(MSD) 대외협력 이사

박한수 대표이사
· 서울대 의학 박사
· 서울대 의대(PhD, 생화학전공)
· 미 하버드대 의대 선임연구원
· 잭슨연구소 수석팀장
· 광주과학기술원 교수

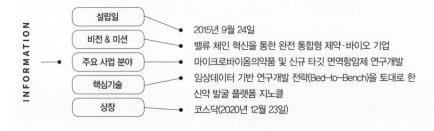

INFORMATION

설립일	2015년 9월 24일
비전 & 미션	밸류 체인 혁신을 통한 완전 통합형 제약·바이오 기업
주요 사업 분야	마이크로바이옴의약품 및 신규 타깃 면역항암제 연구개발
핵심기술	임상데이터 기반 연구개발 전략(Bed-to-Bench)을 토대로 한 신약 발굴 플랫폼 지노클
상장	코스닥(2020년 12월 23일)

서울대 의대 동기, 마이크로바이옴으로 의기투합

지놈앤컴퍼니는 2015년 9월 서울대 의대 동기인 배지수, 박한수 대표가 함께 설립했다. 둘은 '마이크로바이옴(Microbiome)'을 기반으로 한 신약 개발이라는 공동 목표에 의기투합하면서 공동 창업으로 결론을 내렸다.

마이크로바이옴은 미생물(Microbe)과 생태계(Biome)를 합친 용어로 인체 마이크로바이옴은 인체 안팎에 서식하고 있는 미생물들과 유전정보 전체를 말한다. 인체에 존재하는 미생물의 수는 100조 개에 이르러 인간 세포보다 10배 많으며, 미생물의 유전자 수는 인간의 100배가 넘는다.

지놈앤컴퍼니 관계자는 "마이크로바이옴은 다양한 대사 및 효소 작용을 바탕으로 인체 건강 상태를 좌우하는 것으로 알려져 있으며 대사, 면역, 기타 질병 억제 등의 역할을 하고 있어 질병과의 연관관계에 대한 연구가 활발히 진행되고 있다"고 설명했다.

글로벌 시장조사기관 프로스트앤설리번에 따르면 전 세계 마이크로바이옴 시장은 2019년 811억 달러에서 연평균 6%씩 성장해 2023년에는 1,086억 8,000만 달러 규모를 형성할 것으로 전망된다.

인체 내 마이크로바이옴의 역할

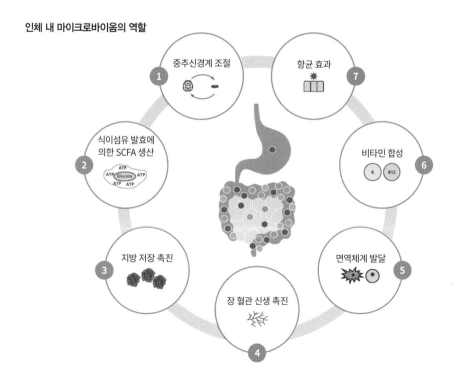

전문경영인 영입해 3인 각자대표 체제 계속 유지

지놈앤컴퍼니는 2018년 코넥스에 상장했으며 2020년 코스닥으로 이전 상장했다. 코넥스에 상장하기 전 지놈앤컴퍼니는 서영진 최고운영책임자(COO)을 영입하면서 경영관리부문을 더 강화했다. 서 COO는 2023년 5월 임기 만료 1년을 앞두고 사임했고, 이어 홍유석 디앤디파마텍 전 대표가 새로운 전문경영인으로 지놈앤컴퍼니에 합류했다. 홍 대표는 2024년 정기 주주총회 및 이사회 등을 통해 공식적인 선임 절차를 밟을 예정이다.

홍 대표는 일라이릴리와 글락소스미스클라인(GSK) 한국 법인 대표 등 해외 다국적제약사에서 30년 넘게 근무한 이력으로 지놈앤컴퍼니의 미국 신약 개발 자회사 및 바이오의약품 위탁개발생산(CDMO) 사업에 힘을 실어줄 것으로 기대된다.

이에 따라 지놈앤컴퍼니는 배지수·박한수·서영진 3인 각자대표 체제에서 배지수·박한수·홍유석 각자대표 체제로 전환했다. 현재 지놈앤컴퍼니의 경영은 배지수, 홍유석 대표가 함께 담당하고 있으며, 연구개발 분야는 박한수 대표가 총괄 중이다. 배지수 대표와 박한수 대표는 2023년 1분기 기준 지놈앤컴퍼니 지분을 각각 11.82%와 12.63% 보유하고 있다.

연구개발 중심 기업답게 지놈앤컴퍼니는 전문화된 연구개발 인력을 다수 확보했다. 연구개발 부문은 부설 연구소(마이크로바이옴 및 신약), 개발그룹, 임상그룹, 특허그룹, 생물정보분석실로 구분되며 인원은 총 68명으로, 전체 임직원 수의 61%를 차지한다.

지놈앤컴퍼니는 독자 개발한 마이크로바이옴 효능 원료 큐티바이옴과 릴리프바이옴이 함유된 화장품 유이크를 출시하며 컨슈머 사업에도 적극 나서고 있다.

사업 다각화… CDMO에 화장품까지

지놈앤컴퍼니는 마이크로바이옴치료제 개발뿐 아니라 2021년부터 마이크로바이옴 CDMO 사업도 실시 중이다. 이어 컨슈머 사업에도 적극 나서고 있다. 2021년 초에는 독자 개발한 마이크로바이옴 효능 원료 '큐티바이옴'과 '릴리프바이옴'이 함유된 화장품 브랜드 '유이크(UIQ)'를 출시했다. 큐티바이옴은 연구개발 플랫폼 '지노클(GNOCLE)'을 기반으로 건강한 사람의 피부 분석을 통해 찾아낸 피부 상재균 큐티박테리움 아비덤(Cutibacterium Avidum)의 유래 물질이다. 피부장벽 기능 개선 및 항염증 효능을 가지고 있는 것으로 알려져 있다. 현재 유이크 브랜드에는 에센스를 비롯해 클렌징폼, 시트 마스크, 토너, 크림, 크림 미스트 등 스킨케어 제품 17개 품목이 있다.

이 밖에 파트너사와의 협업을 통해 마이크로바이옴 건강기능식품 브랜드 '리큐젠(REQGEN)'을 론칭한 뒤 2022년 프리미엄 유산균 제품인 '리큐젠 리큐 지 바이옴'을 출시하기도 했다.

지놈앤컴퍼니 관계자는 "컨슈머 사업의 경우 신약 파이프라인에 대한 안정적 연구개발비용 확보 목적이 크다"라며 "최종적으로는 신약의 기술이전이 목표"라고 말했다.

신약 개발 플랫폼 지노클 활용으로 신약 파이프라인 확보

지놈앤컴퍼니는 각종 임상데이터와 다중오믹스(Multi-Omics) 기술을 바탕으로 마이크로바이옴 의약품과 신규 약물 표적 기반 면역항암제 등을 중점 연구개발 중이다.

지놈앤컴퍼니 관계자는 "암을 포함한 다양한 질환군에서의 혁신 치료제를 연구개발하는 기업으로, 기술이전 등을 통한 사업화를 기본 사업 모델로 하고 있다"고 말했다.

지놈앤컴퍼니는 신약 개발 플랫폼 지노클을 통해 마이크로바이옴치료제 후보물질을 발굴하고 있다. 지노클은 임상데이터베이스 및 라이브러리를 바탕으로 질환 관련 시험 및 동물

지놈앤컴퍼니의 파이프라인 현황

구분	프로그램	적응증	탐색	전임상	임상1상	임상2상	파트너사
마이크로바이옴	GEN-001	위암(Study 201)					독 머크(Merck), 화이자
		담도암(Study 202)					미 머크(MSD)
	SB-121	자폐증					사이오토 바이오사이언스
		신생아괴사성장염					
	GEN-004	난임					
	GEN-501	항암발진, 아토피피부염					
면역항암제	GENA-104	고형암					
	GENA-105	고형암					
	GENA-119	고형암					
	GENA-111(ADC)	고형암					디바이오팜

실험 모델을 통한 후보물질 효능을 검증한다.

구체적으로 지노클은 마이크로바이옴 샘플에서 질환과의 연관성을 분석해 치료제가 될 만한 후보 균주를 엄선하고, 동물실험 및 실험실 수준에서 작용기전을 규명해 추가적인 선별 과정을 거친다. 또 선별된 물질을 대상으로 약리독성평가 등 전임상시험을 진행해 신약 개발의 가능성을 높인다.

지놈앤컴퍼니의 주요 파이프라인인 'GEN-001'과 'GEN-501'이 지노클을 통해 발굴한 후보물질이다. 또 지노클을 통해 발굴한 마이크로바이옴 'GEN-3013'은 마이크로바이옴 건강기능식품 브랜드 리큐젠의 유산균 제품에 함유돼 있다.

2023년 주요 파이프라인 임상에 속도

지놈앤컴퍼니는 기존 면역항암제로 부족했던 암 환자들의 미충족 수요를 극복하기 위해 마이크로바이옴 면역항암제와 신규 타깃 면역관문억제제를 개발하고 있다.

핵심 파이프라인이자 상업화 속도가 가장 빠른 GEN-001은 건강한 사람에게서 분리 동정한 락토코커스 락티스 단일 균주를 주성분으로 한 경구용 마이크로바이옴치료제 후보물질이다. 암 환자의 면역력 활성화를 통한 면역항암효능을 가지고 있는 것으로 분석된다.

GEN-001은 전임상 연구에서 단독 면역항암효능뿐 아니라 기존에 개발된 면역항암제와 병용했을 때에도 효과를 보이는 것으로 확인됐다. 2019년 글로벌제약사 독일 머크(Merck)와 공동연구개발 계약을 맺었다. 2022년에는 미국 머크(MSD)와 담도암 환자 대상 임상시험을 진행하는 공동개발 계약을 체결해 '바벤시오' 및 '키트루다' 등과 병용요법 임상도 이뤄지고 있다. 기존 승인된 면역항암제는 약 20% 내외의 환자에서만 효과를 보이는 한계가 있었는데, GEN-001로 종양 미세환경 내 면역세포들을 통해 항종양 기능을 가진 면역세포들의 반응을 활성화하는 방식으로 면역항암제 효과를 극대화할 것으로 기대된다.

또 GEN-001은 2019년 LG화학과 동아시아 권역(대한민국, 중국, 일본)에 대한 권리 등의 기술이전 계약을 체결하는 등 이미 상업적 가치를 인정받았다.

GEN-001은 현재 위암에 대한 임상2상이 진행 중이다. 지놈앤컴퍼니가 목표로 한 임상 대상자 수는 총 42명인데, 이 중 21명을 대상으로 먼저 임상에 돌입해 효과를 확인했다. 나머지 21명에 대한 임상도 이뤄지고 있으며 환자 등록 완료를 앞뒀다.

뇌질환 마이크로바이옴치료제 'SB-121'은 2020년 8월 미국 사이오토의 경영권을 인수하며 확보한 파이프라인이다. 건강한 산모의 모유로부터 유래된 락토바실러스 루테리 균주이며, 전임상을 통해 자폐스펙트럼장애(ASD) 증상 완화에 영향을 미치는 옥시토신 분비를 활성화하는 것을 확인했다.

마이크로바이옴 외 항체 신약 개발도 기대된다. 'GENA-104'는 'CNTN4'를 타깃으로 하는 항체치료제 후보물질로, 전임상 연구에서 면역세포(T세포) 활성화를 통해 효과적으로 암세포를 사멸하는 효능을 보였다.

지놈앤컴퍼니는 3분기 내 GENA-104의 국내 임상1상 임상시험계획(IND)을 식품의약품안전처(식약처)에 제출한다는 계획이다. 특히, GENA-104의 임상1상에서는 의료 인공지능(AI) 기업 루닛의 암 치료 바이오마커 솔루션 '스코프'를 활용할 예정인 만큼 기대감이 더욱 높아지고 있다.

지놈앤컴퍼니 관계자는 "GEN-001의 경우 먼저 임상을 진행한 21명에서 목표를 만족해 다음 단계의 임상을 추가로 진행하는 것"이라며 "전체 생존 기간(OS) 등 임상의 최종 데이터를 분석하기 위해서는 약간의 시간이 더 필요할 것으로 보인다"고 말했다.

2020년부터 매출 발생… 매출 중심엔 CDMO

지놈앤컴퍼니는 2020년 기술특례제도를 바탕으로 코스닥시장에 상장했다. 기술및성장성 특례 등을 통해 상장한 바이오 기업들의 가장 큰 고민거리는 매출 확보다. 특례상장기업은

지놈앤컴퍼니가 지분 60%를 인수한 미국 리스트랩. GMP 중 가장 높은 수준으로 평가받는 cGMP에 적합한 품질관리 역량을 보유한 기업으로, 지놈앤컴퍼니의 CDMO 사업 진출의 신호탄이 되었다.

상장한 해를 포함해 5년간 관리종목 지정이 유예되지만 이후에도 매출 기준을 충족하지 못하는 경우 상장폐지까지 이어질 위험성이 있기 때문이다.

지놈앤컴퍼니는 2019년까지 매출이 없었으나 2020년부터 매출이 발생했다. 구체적인 매출액을 살펴보면 2020년 2억 원, 2021년 5억 원, 2022년 141억 원을 기록했다. 2022년에는 매출이 급성장했는데 이는 CDMO 사업이 본격화된 데 따른 영향이다. CDMO를 통한 매출은 2022년 121억 원으로, 이는 2022년 전체 매출의 86%를 차지한다.

지놈앤컴퍼니는 2021년 미국 리스트랩의 지분 60%를 2,700만 달러(약 340억 원)에 인수하며 마이크로바이옴 CDMO 사업 진출을 알렸다. 리스트랩은 마이크로바이옴치료제 CDMO 서비스를 제공하며, 우수식품·의약품의 제조·관리의 기준(GMP) 중 가장 높은 수준으로 평가받는 cGMP(미 FDA 인증 우수의약품 제조·관리 기준)에 적합한 품질관리 역량을 보유한 기업이다.

여기서 그치지 않고 지놈앤컴퍼니는 미국 내 신 공장 건립을 목적으로 자회사 '리스트바이오'를 설립했으며, 2022년 6월 착공식을 갖고 마이크로바이옴 신규 생산 공장을 건설하고 있다.

시장성 높은 미국, 유럽 등 글로벌 시장 진출을 위한 높은 기준의 cGMP 규정에 따른 마이크로바이옴 의약품 생산기술과 품질관리 시스템을 갖춘 생산시설 기반을 확보한 셈이다. 또 CDMO를 통한 캐시카우를 확보해 연구개발에도 더욱 속도를 낼 것으로 보인다.

2023년까지는 CDMO를 통한 매출이 2022년과 비슷한 수준을 유지할 것으로 전망된다. 그러나 리스트바이오의 공장이 설립되고 본격 가동되는 2025년에는 CDMO 매출액이 대폭 증가할 것으로 예상된다.

지놈앤컴퍼니 관계자는 "건설 중인 리스트바이오 공장은 2,000리터(L)의 생산규모로 현재 리스트랩의 700L 규모의 3배 수준인 만큼 매출도 크게 늘어날 것으로 보인다"라며 "최종적으로는 생산능력을 8,000L까지 늘릴 계획"이라고 말했다.

특히, 마이크로바이옴치료제 시장에 대한 관심이 높아지면서 생산 역량에 대한 수요도 꾸준히 증가할 것으로 예상된다. 이에 따라 2024년 마이크로바이옴 공급 부족은 최대

53.0%에 달할 것으로 추정된다.

지놈앤컴퍼니 관계자는 "마이크로바이옴 임상 물질 생산 수요는 연평균 23% 증가할 것으로 보이는데 CDMO 생산시설 증설 등 공급이 따라가기 어려울 것으로 보인다"라며 "선제적으로 CDMO 생산능력을 늘린 만큼 시장을 선점하게 될 것"이라고 강조했다.

만성 적자 탈출은 기술이전 기대되는 2~3년 뒤 전망

지놈앤컴퍼니가 CDMO 사업에 진출하면서 매출이 본격적으로 발생하고 있지만 적자 폭도 매출만큼이나 빠르게 커지고 있다는 점은 리스크로 작용할 수 있다.

지놈앤컴퍼니의 영업적자는 2018년 62억 원에서 2019년 138억 원, 2020년 266억 원, 2021년 361억 원에 이어 2022년에는 575억 원까지 커졌다. 이는 연구개발비용 증가에 따른 것으로 분석된다. 실제로 2020년 136억 원이던 연구개발비용은 2022년 367억 원까지 늘었다.

지놈앤컴퍼니는 적자 탈출을 위해서는 CDMO 등을 통한 매출 확보도 중요하지만 최종적으로는 주요 파이프라인의 기술이전이 필수적이라고 판단하고 있다. 지놈앤컴퍼니가 기대하는 기술이전 파이프라인은 GEN-001과 GENA-104로, 2~3년 내에는 기술이전이 가능할 것으로 전망 중이다.

지놈앤컴퍼니 관계자는 "GEN-001은 임상2상 후 데이터를 기반으로 기술이전이 가능할 전망"이라며 "GENA-104는 전 세계적으로 주목받고 있는 항체치료제인 만큼 기술이전에 대한 관심이 커 기술이전 가능성이 높다"고 말했다.

05

K-제약·바이오 생태계 지원군을 자처하다

피플바이오

● 세계 최초 알츠하이머 혈액 진단키트 상용화 기업 ●

강성민 대표이사
· 연세대 생물학 학사
· 미 애크런대 경영학 석사
· 한국MSD

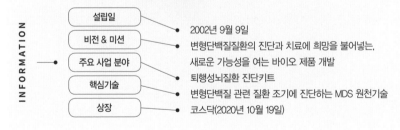

INFORMATION

설립일	2002년 9월 9일
비전 & 미션	변형단백질질환의 진단과 치료에 희망을 불어넣는, 새로운 가능성을 여는 바이오 제품 개발
주요 사업 분야	퇴행성뇌질환 진단키트
핵심기술	변형단백질 관련 질환 조기에 진단하는 MDS 원천기술
상장	코스닥(2020년 10월 19일)

알츠하이머 혈액 진단키트 세계 최초 상용화

"처음 창업하게 된 건 광우병이 세계적으로 이슈던 2002년이었어요. 광우병 유발 단백질인 프리온을 혈액으로 검출하는 키트를 만들어야겠다고 생각했죠. 항원항체반응을 이용해 프리온 진단 제품을 개발했지만 완전한 실패라는 점을 깨달았어요. 프리온이 기본적으로 우리 몸에 다 존재하는 물질이라 병에 걸린 사람과 걸리지 않은 사람 모두 '양성'이 나왔거든요. 개발하는 사이 광우병이 잠잠해지기도 했고요."

강성민 피플바이오 대표의 말이다. 사업 포기의 갈림길에 섰던 그는 프리온 검출 기술을 살리기로 했다. 사람 혈액 속에는 질병을 유발하지 않는 단량체(모노머)와 질병을 일으키는, 수십 개의 단량체가 연결된 분자인 멀티머(올리고머)가 있다. 당초 피플바이오가 개발한 프리온 진단 기술은 올리고머를 검출하는 방식이었다. 그는 "올리고머가 유발하는 질환이 있다는 걸 알게 됐다. 모노머와 올리고머와 차이를 이용해 진단하는 방법을 모색해보기로 했다"고 밝혔다.

그렇게 개발하게 된 게 현재 피플바이오의 근간이 된 MDS(Multimer Detection System) 플랫폼이다. 항원을 겹치게 설계해 변형단백질질환에서 특징적으로 나타나는 올리고머를 선택적으로 구별해 검출한다. 변형단백질질환은 단백질의 비정상적인 접힘으로 인한 응집과 올리고머화로부터 시작되는 질병군을 말한다.

강 대표는 "변형단백질질환은 알츠하이머병과 파킨슨병, 백내장 등 고령층에서 문제가 되는 질병이 대다수였고 환자도 많았다. 플랫폼으로 확장 가능한 영역이 많았기에, 소위 '운이 좋다'고 생각했다"고 말했다.

피플바이오는 MDS 플랫폼 기술을 가장 먼저 환자가 많은 알츠하이머 진단에 활용했다. 알츠하이머병의 주요 바이오마커인 아밀로이드베타 올리고머화 정도를 측정해 알츠하이머를 진단할 수 있게 했다. 목표는 조기진단이었다.

그는 "알츠하이머가 계속 진행되다 마지막 단계에서 나타나는 게 치매다. 치매에 걸리면 치매 환자 본인과 가족은 물론, 사회적 비용도 만만찮다. 혈액을 통해 쉽고 간편하게 알츠하이머를 발견할 수 있도록 하는 데 의미를 뒀다"고 했다.

그렇게 알츠하이머 혈액 진단키트 'inBlood OAβ test'는 2009년부터 개발을 시작한 이후 2018년 국내 식품의약품안전처(식약처) 허가를 획득했고, 2019년엔 수출용 허가를 받았다. 이어 2020년엔 유럽 안전 관련 통합규격인증(CE)을, 2021년엔 신의료기술인증을 받았다. 알츠하이머 혈액 진단키트를 상용화한 건 세계 최초다.

피플바이오는 MDS 플랫폼을 활용해 파킨슨병 혈액 진단키트도 개발 중이다. 파킨슨병은 알츠하이머병에 이어 두 번째로 흔한 신경성퇴행성뇌질환이다. 원인 변형단백질인 알파시누클레인을 MDS 플랫폼으로 분석한다. 강 대표는 "2022년 성능평가를 진행했고, 현재 진단키트의 민감도를 높이는 작업을 하고 있다"고 밝혔다. 또한 투자사인 제이어스와 파킨

변형단백질질환에서 특징적으로 나타나는 올리고머를 선택적으로 구별해 검출하는 MDS 플랫폼.

슨병 디지털 진단 바이오마커도 개발 중이며 2025년 상용화한다는 목표다.

또 다른 변형단백질질환인 당뇨병 진단키트 개발에도 박차를 가하고 있다. 혈당 수치로 측정하는 기존 진단 단계에 앞서, 혈액 내 아밀린 올리고머를 검출해 당뇨병을 조기진단하는 방법을 개발 중이다. 현재 시제품을 개발 중인 상황으로, 2025년 상용화가 예상된다.

똘똘한 원천기술은 피플바이오의 경쟁력이 됐다는 게 강 대표 말이다. 그는 "여러 질환으로 확장할 수 있는 플랫폼이 있고, 그 기술이 타깃하는 퇴행성뇌질환 등 변형단백질질환은 고령화사회에서 계속 문제시되는 질환"이라며 "질병 증후가 나타날 때까지 기다렸다가 치료를 하는 게 아니라, 진행되기 전 질병을 예방하는 게 앞으로의 의학 방향이다. 그런 점에서 우리의 플랫폼이 중요한 역할을 할 것"이라고 강조했다.

기존 진단 기술, 후발 주자들 무섭지 않은 이유

피플바이오는 '진단 시장'을 공략한다. 2021년 말 알츠하이머 혈액 진단키트 'inBlood OAβ test'에 대해 신의료기술인증을 받으며, 병·의원에 제품 공급이 가능해졌다. 본격적인 시장 침투가 시작된 셈이다. 그런데 회사가 타깃한 알츠하이머, 파킨슨병, 당뇨병 등 세 질환에 아예 진단법이 없는 것은 아니다. 과연 피플바이오 제품이 시장에서 영향력을 발휘할 수 있을까.

강 대표는 자신감을 표했다. 기존 진단 대비 확실한 강점을 갖췄다는 것. 피플바이오의 알츠하이머 진단키트는 간단하게 혈액을 통해 진단할 수 있다. 고가의 분석 장비가 필요 없다. 가격 경쟁력도 갖췄다. 테스트 당 소비자 가격은 10만 원대다. 그렇다고 민감도와 특이도가 떨어지지도 않는다. 물론 의료 현장에서의 성능은 다르게 나타날 수 있지만 여러 임상 스터디에서 85~90%의 민감도와 특이도를 꾸준히 보여주고 있다.

반면 기존 검사들은 한계가 분명했다. 가장 흔한 문진은 증상이 발현한 후에야 진단이 이뤄진다. 신경심리검사는 검사 시간이 길고 검사에 전문 인력이 필요해 고가다. 자기공명영상장치(MRI)나 컴퓨터단층촬영(CT)은 일정 수준 진행된 알츠하이머만 명확하게 진단할 수 있다. 침습 채취 방식인 뇌척수액검사는 환자 통증을 수반한다. 아밀로이드 양전자방출단층촬영(PET)은 방사선 노출 위험이 있으며 120만~180만 원 정도로 가격이 높다.

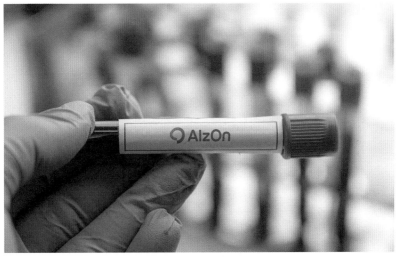

세계 최초 알츠하이머 혈액 진단키트인 알츠온. 알츠하이머 근본 치료제들이 이슈화되면서 조기진단이 가능한 알츠온이 더욱 주목을 받고 있다.

후발 주자들과의 경쟁도 자신 있다는 게 강 대표 말이다. 피플바이오 알츠하이머 혈액 진단키트는 기존 MDS 기술을 확장한 SI(Spiking & Incubation)-MDS 플랫폼을 활용했다. 치매가 진행될 때 나타나는 아밀로이드베타 올리고머화(OAβ)를 검출하는 게 까다로운데, SI-MDS 기술을 활용해 단백질을 응집함으로써 잘 검출될 수 있도록 했다.

그는 "아밀로이드베타 올리고머화를 측정하는 데 기술적 장벽이 있다. 뇌에서 혈액으로 넘어가는 뇌질환 유발 단백질들의 농도가 낮기 때문이다. 그래서 후발 주자들이 나온다 해도 춘추전국시대가 되기는 어려울 것"이라며 "혈액 진단키트를 개발한 경쟁업체들 역시 장비를 통해 정밀하게 검사하는 방법을 택하고 있다"고 내다봤다.

혈액 기반 알츠하이머 진단 기술을 개발한 피플바이오의 경쟁사는 미국 C2N다이어그노스틱스(C2N Diagnostics), 일본 의료기기업체 시마즈제작소와 대만 맥규(MagQu) 등이다. 그러나 세 기업의 제품은 모두 질량 분석기 등 고가 분석 장비가 필요하다.

그만큼 경쟁사들의 제품 가격은 상대적으로 높게 책정됐다. C2N다이어그노스틱스와 시마즈제작소 제품은 각각 1,200달러(약 146만 원) 이상, 500달러(약 61만 원)~900달러(약 109만 원)다. 세 기업 제품 모두 상용화 전이다. C2N다이어그노스틱스 제품은 실험실 자체 개발 검사(LDT) 서비스 중이며, 시마즈제작소는 임상 밸리데이션 중이다. 맥규 제품은 대만 식품의약국 승인을 받은 상태다.

강 대표는 시장 선점을 통해 의료 현장에서의 지위를 확고히 할 수 있다고 내다봤다. 그는 "제약·바이오 분야는 사람의 건강과 직결된 분야다. 그래서 처음에 시장에 진입해 데이터를 쌓은 기술 혹은 제품들이 시장을 선점한다. 알츠하이머 혈액 진단키트를 처음 상용화한 우리가 유리하다고 보는 이유"라고 말했다.

국내외 기업들이 알츠하이머 치료제를 개발하는 상황도 긍정적이라 밝혔다. 진단 이후 치료법을 제시할 수 있으면, 진단하려는 수요가 더욱 늘어날 것이라는 이유다.

물론 근본 치료제가 있으면 가장 좋다. 2023년 미국 식품의약국(FDA)이 승인한 미국 바이오젠과 일본 에자이의 레켐비(성분명 레카네맙)의 경우 병세 악화를 지연해주는 근본 원인 치료제다. 알츠하이머를 일으킨다 알려진 아밀로이드베타 플라크를 제거하는 방식이다. 또한 일라이릴리의 도나네맙 또한 승인을 앞두고 있는 상황이다. 이러한 근본 치료제가 나오게 되면서 조기진단 수요는 더욱 늘어날 것으로 예상된다.

피플바이오가 진출하려는 다른 질환의 진단 시장 상황도 비슷하다는 게 강 대표 설명이다. 파킨슨병도 알츠하이머처럼 뇌세포가 손상된 시점에서야 증상이 나타난다. FP-CIT PET라는 진단법이 있지만 일선 병·의원에서 실시할 수 없고 방사선에 노출된다는 단점을 지닌다. 전문의 진단 오진율은 15~25%에 달한다.

알츠하이머 진행 과정

| 모노머 | 올리고머 | 피브릴 | 플라크 |

당뇨병은 현재 혈액을 검출해 혈당 혹은 당화혈색소 수치를 측정하는 식으로 진단이 이뤄진다. 강 대표는 "당뇨 전 아밀린 올리고머가 형성되는 전당뇨 단계 진단이 목표"라며 "전당뇨 단계에서는 혈당이나 당화혈색소로 진단 시 진단율이 아주 낮게 나온다"고 말했다. 당뇨병은 합병증 위험이 커 조기진단 및 치료가 중요한 질환이다.

한편 시장조사업체 글로벌데이터에 따르면, 피플바이오가 주력하는 글로벌 퇴행성뇌질환 시장은 2016년 약 7조 원에서 2026년 25조 원 규모로 성장할 것으로 전망된다.

알츠하이머병 시장 개화기… 신약 등 신사업도 박차

2020년 10월 기술특례로 코스닥에 상장한 피플바이오의 과제는 실적 증명이다. 2023년 상반기 반기보고서에 따르면 피플바이오는 자본총계 45억 원, 자본금 65억 원으로 나타났다. 유상증자가 완료되면 300~400억 원 수준의 자본이 확충되어 자본잠식 이슈는 해소될 가능성이 높다. 이에 회사는 2023년 6월 경영진을 대상으로 하는 제3자 배정 유상증자를 결정했다. 조달 규모는 54억 원이다. 피플바이오는 2023년 3월 말 기준 부분 자본잠식 상태인데, 급한 불은 껐다는 평가다.

강성민 대표는 앞으로 상황이 달라질 것이라 강조한다. 2024년까지 알츠하이머병 혈액 검사키트 '알츠온(AlzOn)'으로 알츠하이머병 조기진단 시장을 선점하고 2025년부터는 해외 시장으로 진출을 확대한다는 전략이다.

알츠온은 현재 전국 400개 병·의원 검진센터에서 사용되고 있다. 피플바이오 관계자는 "2023년 말까지 (알츠온 사용처가) 600~800개로 늘어날 것 같다"고 밝혔다. 2022년 매출액은 44억 원이다. 이 중에서 알츠온 매출액이 약 28억 원을 차지했다. 2023년 1분기 알츠온 매출은 약 10억원이다.

피플바이오는 국내에서 알츠온 검사 서비스를 통해 쌓은 데이터를 바탕으로 해외 진출을 보다 철저히 준비하겠다는 전략이다. 이 같은 경영 전략은 해외 각 국가의 인허가 및 시장성을 면밀하게 파악하고 시장 개척의 효율성을 높이겠다는 판단이다.

피플바이오는 2023년 4월 27일 싱가포르 유통업체 '올에이츠(All Eights Pte Ltd)'와 체결한 20억 원 규모의 알츠온 공급계약을 취소한다고 공시했다. 앞서 피플바이오는 2022년 4월 29일 싱가포르 보건과학청(HSA)에 전체 평가 제도를 통한 제품 등록 신청을 완료했다. 1년이 지나도 허가가 제대로 이뤄지지 않자 피플바이오는 올에이츠와 계약을 해지하고 새로운 파트너사를 구하기로 했다.

HSA 제도 개정안에 따르면 싱가포르에서 의료기기 승인을 획득하기 위해서는 위와 같은 전체 평가 제도를 사용하거나 호주, 캐나다, 일본, 미국, 유럽의 의료기기 규제기관 중 최소 한 곳으로부터 허가를 따야 한다. HSA는 알츠온이 2020년 11월에 획득한 유럽 CE 인증은 인정하지 않고 있다. 피플바이오는 빠른 시일 내에 일본, 캐나다 등의 허가를 획득한 후 이를 활용할 계획이다.

다만 캐나다와 일본 승인이 신속하게 이뤄진다고 가정하더라도 단기간 내 싱가포르 허가를 획득하기는 어려울 전망이다. 2022년부터 준비했던 캐나다 허가의 경우 현재 의료기기 면허(MDL) 신청 절차를 밟고 있다. 이르면 연내에 캐나다 허가를 받을 수 있지만 2024년으로 넘어갈 수도 있다. 일본 후생노동성(PDMA) 승인은 2025년 상반기를 목표로 하고 있다. 미국 FDA 허가는 전략 수립을 완료한 후 2~3년 내에 획득할 계획이다. 따라서 싱가포르 시장 진출 지연으로 인해 2023년 수출을 통한 전체 매출 견인은 기대하기 어렵게 됐다. 필리핀 외에 연내 새로운 수출 대상 국가가 추가될 가능성도 낮은 상황이다.

피플바이오의 연 매출 목표도 현실적으로 조정할 필요성이 생겼다. 피플바이오는 2022년까지만 해도 2023년 연 매출은 150억~200억 원이 가능할 것으로 예측했었다. 키움증권도 2022년 피플바이오가 해외 사업 모멘텀을 발판으로 2023년 연 매출 200억 원을 달성하고 손익분기점에 도달할 것으로 전망했다. 이러한 추정은 2023년 싱가포르 허가 획득 후 20억 원의 알츠온 공급 매출이 발생할 것을 전제로 한 것이었다.

피플바이오는 2023년 연말까지 연 매출 60억 원 달성을 목표로 하고 있다. 이는 2022년 연매출 44억 원보다 40% 정도 성장한 금액이다. 피플바이오는 2022년 알츠온 국내 서비스를 본격화하면서 매출이 7배 이상 급증했다. 2021년까지만 해도 10억 원을 넘기지 못했던 연매출을 단번에 44억 원까지 끌어올리면서 매출원가가 매출액보다 많았던 기형적인 손익 구조에서도 벗어났다.

이러한 국내 매출 증가는 2022년 하반기 자체적인 영업 조직을 구축하면서 이뤄낸 성과다. 피플바이오는 2022년 화이자 출신 인력을 영입해 내부 영업 조직을 갖추기 시작했다. 2022년 상반기에 5대 메이저 수탁검사기관 등 주요 검사 서비스 기관에 대한 혈액 진단키트 서비스 세팅을 완료했지만, 알츠온 도입 의료기관 수 증가세가 주춤했기 때문이다.

피플바이오 관계자는 "5대 수탁기관과 계약하면 알츠온을 도입하는 의료기관 수가 자연스럽게 증가할 줄 알았는데 그렇지 않았다"며 "약간의 시행착오를 겪으며 영업 조직을 따로 세팅하기 시작하니 일주일에 도입 의료기관이 14~15곳씩 늘고 있다"고 말했다. 현재까지

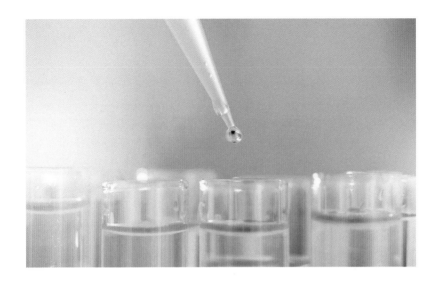

알츠온을 도입한 의료기관 수는 400여 곳에 이른다.

피플바이오는 현재 15명 정도로 구성된 국내 영업 조직을 통해 도입 의료기관 수를 적극적으로 늘리고 있다. 또한 DKSH코리아와 알츠온의 영업 파트너십(CSO) 계약을 체결하면서 종합병원 위주 영업에서 벗어나 1차 의원과 클리닉을 대상으로 영업을 확대하게 됐다.

아울러 피플바이오는 수익성을 개선하기 위해 외부에서 구입해왔던 항체, 장비 등의 내재화를 준비하고 있다. 빠르면 2023년 4분기부터 자체 장비로 대체해 마진율을 높여간다는 계획이다. 피플바이오 관계자는 "장비 내재화 등을 통해 마진율을 높이면 수익구조도 개선될 것"이라고 강조했다.

큐리옥스바이오시스템즈

● 세포 분석 공정의 글로벌 표준을 선도하는 기업 ●

김남용 대표이사
· 카이스트 화학 학사
· 미 매사추세츠공대 화학 석·박사
· 애질런트테크놀로지스 연구원
· 바이오트로브 수석연구원
· 싱가포르 생명공학및나노기술연구소 팀장

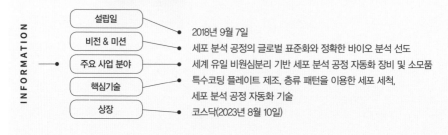

INFORMATION

설립일	2018년 9월 7일
비전 & 미션	세포 분석 공정의 글로벌 표준화와 정확한 바이오 분석 선도
주요 사업 분야	세계 유일 비원심분리 기반 세포 분석 공정 자동화 장비 및 소모품
핵심기술	특수코팅 플레이트 제조, 층류 패턴을 이용한 세포 세척, 세포 분석 공정 자동화 기술
상장	코스닥(2023년 8월 10일)

'호기심'에 시작한 회사로 5년 만에 IPO 성공

"큐리옥스는 독자적인 특허 기반의 세포 분석 공정 자동화 원천기술을 통해 이 분야에서 세계 최초 상용화를 이뤄냈다. 바이오 시장에서 독보적인 입지로 뚜렷한 발자국을 남기겠다."

김남용 큐리옥스바이오시스템즈(이하 큐리옥스) 대표이사는 바이오 소부장(소재·부품·장비) 분야에서 국내 최고의 기업이 될 수 있다며 자신감을 내비쳤다.

큐리옥스는 '호기심'에서 출발한 회사다. 회사 이름 또한 호기심의 영어 표현인 'Curiosity'에서 연상되는 이름으로 지었다. 바이오 제품에 대한 끊임없는 시스템 혁신을 추구하자는 의미가 담긴 이름이다. 김 대표는 미국 매사추세츠공과대(MIT) 출신으로 전형적인 연구원 출신 최고경영자(CEO)다. 김 대표는 지난 20여 년간 연구개발·기술사업 경험이 풍부한 생명공학·의료기기 분야 권위자로 꼽힌다. 카이스트 화학과 학사, MIT 화학 석·박사를 거쳐 해외 바이오텍 회사와 국책연구소의 수석연구원 등을 역임하면서 탄탄한 기술력을 키웠다. 미국 스타트업에서 창업 아이디어를 얻고, 창업을 결심했다. 투자자들이 그의 독자적인 기술 전문성을 먼저 알아봤다. ZIG벤처스, 쿼드자산운용, IMM인베스트먼트, KB인베스트먼트, SV인베스트먼트 등이 투자했다. 김 대표는 "투자자들이 '세포·유전자치료가 바이오의 미래이고, 세포 분석 공정 자동화 기술은 세포 관련 연구개발 활동의 표준화와 세포·유전자치료제(Cell Gene Therapy, CGT)산업의 성장을 위해 꼭 필요한 것'이라며 큐리옥스에 투자했다"고 설명했다.

김 대표는 창업 구상 때부터 글로벌 시장 진출을 염두에 뒀기 때문에 2008년 싱가포르 법인 설립을 시작으로 미국과 중국에도 법인을 설립했다. 주요 경영진도 미국, 유럽, 싱가포르, 중국에 포진해 적극적으로 해외 영업망 확대에 나섰다. 그러다가 2018년 본사를 한국으로 이전해 비즈니스를 전개하고 있다.

김 대표는 "우리 매출의 50% 이상은 미국에서 발생하고 있으며 이어 유럽 20%, 중국 20% 등을 형성하고 있다"며 "미국시장을 중심으로 CGT 연구가 활발히 진행되고 있는 중국과 영국, 스위스 등 주요 유럽 국가로 시장을 더 넓혀 나갈 것"이라고 말했다.

큐리옥스의 기술력을 알아본 글로벌 빅파마도 이 회사 장비를 사용하기 시작했다. 실제 이 회사의 주요 제품인 '래미나 워시(Laminar Wash)'는 화이자, 아스트라제네카, 글락소스미스클라인(GSK) 등 글로벌 톱 20개 바이오 회사 중 18개 사에 공급 중이다. 또한 글로벌 세포치료제, 임상대행(CRO) 선도업체 등 전 세계 250여 곳과 거래관계를 맺고 세포 분석 공정 자동화 시장을 창출하고 있다.

바이오 소부장 기대주로 떠오르는 까닭

세포 전처리란 신약 개발 회사가 세포 실험이나 세포치료제 생산을 하려면 반드시 거쳐야 하는 단계다. 투명한 세포에 색소를 입혀(염색) 어떤 단백질이 붙었는지 구별할 수 있게 만드는 과정과 '세포 세척' 단계에서 큐리옥스 장비가 쓰인다.

유전체와 단백질 분석과 달리 세포 분석은 자동화 시스템 구축이 쉽지 않다. 하지만 최근 CGT 개발이 활발해지면서 세포 분석 자동화에 대한 수요가 큰 상황이다.

전통적인 세포 전처리 방식은 원심분리기를 이용했다. 30분 남짓 소요되며 물리력으로 세포층을 분리하는 과정에서 세포가 충격을 입고 변형을 일으킬 가능성이 있다. 세포 변형이 연구에 따른 결과물인지, 전처리 과정에서의 충격 탓인지 구별하기 어렵다. 실무자의 숙련도에 따라 품질관리에 치명적인 결함으로 이어질 수 있다. 하지만 큐리옥스의 자동화 설비를 사용하면 이런 문제를 줄일 수 있다. 큐리옥스가 개발한 독점 솔루션 래미나 워시는 층류(래미나 플로우) 기반 미세 유체공학 기술을 활용해 세포 손실 및 변형을 최소화한다.

큐리옥스 관계자는 "당사 제품에 구현된 층류 기반 미세 유체공학 기술을 활용해 세포 손실 및 변형을 최소화하고, 연구자 편차 없이 일관된 연구 재현을 입증하는 등 CGT 세포 분석 공정의 필수 절차(SOP)로 활용하고자 하는 수요가 높아지고 있다"고 설명했다.

큐리옥스는 CGT 대상 세포 분석 공정 플랫폼 상용화를 극대화하고, 세포 분석의 글로벌 표준화를 견인한다는 목표다. 특히 미국 국립표준기술연구소(NIST)가 주도하는 세포 분석 표준화 컨소시엄에서 세포 분석 공정 장비 기업으로는 유일하게 참여해 표준화 프로세스에서 중추적인 역할을 담당하고 있다. 큐리옥스는 혁신 기술이더라도 보수적인 제약·바이오 시장 특성상 신규 기술을 잘 받아들이지 않는 경향 때문에 표준화 작업이 필요하다고 판단했다. 큐리옥스 관계자는 "래미나 워시가 NIST의 표준화 백서를 통해 권고안에 포함

원심분리법 대비 래미나 워시 기술의 획기적 장점

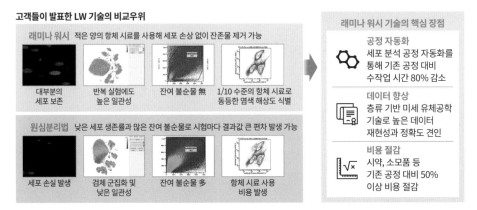

고객들이 발표한 LW 기술의 비교우위

래미나 워시 적은 양의 항체 시료를 사용해 세포 손상 없이 잔존물 제거 가능

| 대부분의 세포 보존 | 반복 실험에도 높은 일관성 | 잔여 불순물 無 | 1/10 수준의 항체 시료로 동등한 염색 해상도 식별 |

원심분리법 낮은 세포 생존률과 많은 잔여 불순물로 시험마다 결과값 큰 편차 발생 가능

| 세포 손실 발생 | 검체 군집화 및 낮은 일관성 | 잔여 불순물 多 | 항체 시료 사용 비용 발생 |

래미나 워시 기술의 핵심 장점

공정 자동화
세포 분석 공정 자동화를 통해 기존 공정 대비 수작업 시간 80% 감소

데이터 향상
층류 기반 미세 유체공학 기술로 높은 데이터 재현성과 정확도 견인

비용 절감
시약, 소모품 등 기존 공정 대비 50% 이상 비용 절감

되면 매출 성장에 큰 도움이 될 수 있을 것"이라고 전망했다. NIST의 결과 발표는 이르면 2024년 중으로 나올 수 있을 것으로 기대하고 있다.

신제품도 개발 중이다. 특정 기능을 전문화한 제품을 라인업에 추가할 예정이다. 가격까지 절감한 제품으로 시장 수요가 높을 것으로 김 대표는 예상했다. 큐리옥스 관계자는 "우리는 세포 분석 공정 자동화라는 새로운 시장을 창조해 다양한 글로벌 빅파마 고객사들에게 기술적으로나 상업적으로 인정받고 있다"며 "CGT 분야에서의 시장지배력을 높이고 전혈 진단 등 신규 제품을 통한 시장 확대로 독보적인 경쟁력에 부합한 기업가치를 견인하겠다"고 밝혔다.

상장 이후 2연속 '따상'… 향후 잠재력은

2023년 8월 10일 큐리옥스가 코스닥에 입성한 후 주가는 상승 추세를 보여왔다. 경쟁자가 없는 독보적인 기술력을 확보한 데 이어 해외 매출 비중이 95%가 넘는 수출 효자 기업이라는 점이 투자자들의 관심이 쏠린 이유로 짐작할 수 있다. 실제 큐리옥스는 화이자 등 글로벌 빅파마(매출 19조 원 이상) 18곳을 고객사로 두고 있다. CGT 시장규모도 매년 늘고 있어 향후 포텐셜(성장잠재력)도 크다.

이런 기대로 인해 큐리옥스는 상장 이후 주가 급등세를 보여주었다. 상장 첫날 공모가(1만 3,000원)보다 33.31% 높은 1만 7,330원에 마감한 데 이어 상장 이튿날에도 강세를 이어갔다. 11일 종가 기준 주가는 전날보다 29.8% 오른 2만 2,500원이었다. 이틀 연속 '따상'을 기록한 것이다. 이후에도 18일, 23일에 걸쳐 상한가를 기록해 약 2주간 공모가의 2배를 웃도는 주가를 형성했다. 25일에도 큐리옥스의 주가는 전장 대비 7.31% 오른 3만 8,900원에 거래를 마감했다. 이날 종가는 공모가 1만 3,000원 대비 199.23% 오른 수준이다. 큐리옥스는 지난 4년간(2019~2022년) 연평균 51%의 매출성장률을 이뤘다.

현재 대표 제품은 HT2000, MINI1000, AUTO1000 3가지이며, HT2000과 MINI1000은 세포의 세척 과정만을 자동화하는 제품으로 각각 8개 샘플과 96개 샘플을 동시에 처리할 수 있다. AUTO1000 제품은 세포 세척 과정뿐만 아니라 세포 분석 공정 전 과정을 자동화해주는 제품이다.

특히 MINI1000 경우 적은 처리량이 요구되는 소형 연구실 및 학교 부속 연구실 위주로 판매된다. 최근 세포 정밀 진단 및 분석을 위해 단일 세포 분석 수요가 증가하고 있으며 이에 따라 단일 세포 분석 시 고가의 세포 유실 및 변형을 막고 정확한 분석이 가능한 MINI1000

세포 분석 공정 자동화 제품 라인업

제품	MINI1000	HT2000	AUTO1000	HT2100	AUTO2.0	VenusHT/AUTO
동시 처리 가능 샘플 수	8	96	96	96	192	96~192
특징	세포 세척 과정 자동화	세포 세척 과정 자동화	세포 분석 전 과정 자동화	자동 유지 기능 추가	40%의 원가 감소, 처리량 및 기능성 향상	대용량 샘플 처리 가능
출시	판매 중	판매 중	판매 중	2023. 3Q	2023. 4Q	2024. 3Q
적용 산업 (기능)	기초연구 및 약물 발견 단계 - 질량 세포 분석 - 단일 세포 염기서열 분석	유세포 분석 및 면역 표현형 분류 - 유세포 분석 - 면역 표현형 분류	임상 및 생산 품질 단계 - 세포/ 유전자치료제 - 장기이식 HLA 교차 분석	유세포 분석 및 면역 표현형 분류 - 유세포 분석 - 면역 표현형 분류	임상 및 생산 품질 단계 - 세포/ 유전자치료제 - 유세포 분석 - HLA 분석, 면역 표현형 분류 - 생산 품질관리	임상 단계 - 전혈 분석 - 세포 진단

수요가 증가하고 있는 추세다. HT2000 제품군의 경우 MINI1000보다 실험 처리 요구량이 큰 생산 준비 및 제품 관리용, 진단 보조용을 대상으로 시장을 공략하고 있으며 주로 제약 회사나 바이오텍 회사들이 HT2000 제품을 사용하고 있다. AUTO 제품군은 세척 과정을 포함한 세포 분석 공정 전 과정을 자동화해야 하는 제약 회사 및 바이오텍 회사들을 대상으로 시장을 공략하고 있는 상황이다. 큐리옥스 관계자는 "이처럼 당사 기기가 고객군에 자리 잡게 되면 전용 플레이트, 부속품, 유지보수 계약 등을 통해 약 20~25% 정도 고정 매출이 발생하게 된다"고 설명했다.

신제품도 준비 중이다. HT2100은 기존의 HT 제품을 업그레이드한 제품으로, 자동 유지 기능이 추가돼 사용자가 제품 사용 후 유지관리를 별도로 할 필요가 없고 그래픽 사용자 인터페이스(GUI) 개선으로 사용자의 편의성을 개선했다. AUTO2.0은 기존 AUTO1000 제품을 업그레이드해 처리량 및 기능성을 향상시키며 원가를 40% 절감한 제품이다. 비너스 AUTO 제품은 기존 제품으로 수행할 수 없었던 전혈에서 자동으로 면역세포 등을 분석할 수 있도록 해주는 제품으로 1~2ml 샘플 처리가 가능하다.

본격적인 성장은 2024년부터일 것으로 예상된다. 회사 측은 2024년 NIST 표준 지정 결과 발표와 함께 2025년부턴 매출이 본격적으로 발생할 것으로 봤다. 지난 3년간 매출은 성장했지만 적자 상태였다. 하지만 회사는 향후 손익구조가 개선돼 2024년에 손익분기점에 도달하는 것을 목표로 하고 있다. 큐리옥스 관계자는 "이미 영업망 기반을 다져놓았고, 기술이 입소문 난 만큼 생산성이 높아진 상태"라며 "점진적으로 수익성이 개선될 것으로 예상한다"고 말했다. 여기에 매출은 CGT를 취급하는 글로벌 빅파마에서 꾸준히 증가할 것으로 보인다.

다수의 글로벌 빅파마 회사들이 실험실 자동화를 전사적인 전략 중 하나로 채택했고 이에 따라 AUTO1000의 구매를 논의 중이다. 또한 연구개발 프로세스의 표준화를 위해 유세포 분석 및 단일 세포 염기 서열 분석의 필수 절차(SOP)로 래미나 워시 기기를 사용하는 것을 검토하고 있다.

큐리옥스 관계자는 "2023년 하반기에 출시되는 HT와 AUTO 신제품이 미국, 유럽, 중국 등 기존 시장에서의 매출성장률을 더욱 증가시킬 것이라 예상한다"며 "비너스 제품 등으로 신규 전혈 시장에 진입함으로써 기기뿐만 아니라 전혈 시약을 공략해 매출 향상에 기여할 것으로 내다보고 있다"고 설명했다.

세계적인 주목과 성과 뒤에는 끊임없이 제품 개선을 위해 노력하는 이들의 열정이 있다.

CE**F**O

CELL ENGINEERING FOR ORIGIN

세포바이오

● 줄기세포치료제 연구개발 기업 ●

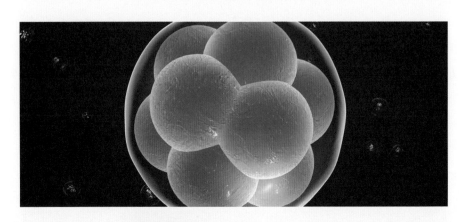

박현숙 대표이사
· 고려대 생물학 학·석사
· 영 임페리얼컬리지 박사
· 한국원자력의학원 선임연구원
· 미즈메디병원 의과학연구소장

INFORMATION

설립일	2011년 9월 27일
비전 & 미션	배양 및 분화 원천기술을 기반으로 지속적으로 발전하는 바이오 기업
주요 사업 분야	줄기세포치료제 개발, 인체 유래 세포 및 배양액, CMO·CDMO 외
핵심기술	하이드로겔을 이용한 줄기세포 3차원 배양 및 분화 기술, 리프로그래밍을 통한 혈액세포의 NK 분화 기술
상장	비상장(2024년 상반기 예정)

박현숙 세포바이오 대표가 '줄기세포 외길' 걷는 까닭

"줄기세포는 생명의 중추적인 근원을 파고드는 분야라고 생각한다. 세포바이오의 기술은 질병 환경에서 필요로 하는 세포로 직접 분화시켜서 그 세포를 넣어서 치료한다. 그게 결정적 차이다."

줄기세포에 대해 설명할 때마다 박현숙 세포바이오 대표의 얼굴에 생기가 돌았다. 자신이 연구하는 분야에 대한 자신감과 자부심에 대한 표출이었다.

줄기세포를 아이템으로 고른 이유는 박사학위 연구 주제가 그쪽이었기 때문이었다고 한다. 당시 그는 점막상피줄기세포를 주제로 해외에서 박사학위 과정의 연구를 진행했다. 이후 한국에 돌아와서도 쭉 관련된 연구를 해왔고 해당 분야에서 창업을 결심하게 됐다.

박 대표는 바이오가 가진 복잡성 때문에 해당 분야 대표는 멀티플레이어가 되어야 한다고 했다. 박 대표에 따르면 살아 있는 세포와 생물을 다루는 바이오 분야는 무생물을 다루는 화학약품이나 타 분야에 비해 표준화나 재현성의 어려움이 있다.

또한 상용화에 이르기까지 기초연구단계, 약효 물질 발굴, 임상 연구, 임상, 규제, 생산 등의 매우 긴 시간과 비용이 소요된다. 단계마다 늘 새로운 종류의 문제에 직면하기 때문에 다양한 분야의 많은 사람과 소통하고 협력해야 한다. 이 때문에 멀티플레이어가 되는 것이 필수적이다. 박 대표는 "그런 점에서 '유능한 주부는 최고의 비즈니스맨이 될 수 있다'고 했던 영국의 신문 기사를 가끔 떠올린다. 주부는 대부분 능숙한 멀티플레이어이기 때문"이라고 설명했다.

박 대표의 세포바이오는 벌써 창업 12년 차에 접어들었다. 그간 어떤 어려움을 겪었는지 물었다. 그는 '데스 밸리(Death Valley)'에 대한 두려움을 이야기했다. 데스밸리는 벤처기업이 연구·개발(R&D)에 성공한 후에도 자금 유치에 어려움을 겪으면서 맞는 도산 위기를 일컫는다.

"처음에 개발하고자 했던 세포치료제 제형을 일부 변경하면서 연구개발 시간이 길어졌고, 투자환경이 꺾이면서 데스 밸리가 찾아온 적이 있다. 그럼에도 기존 투자자들이 믿음의 끈을 놓지 않고 지속해 투자를 해주었고, 국가연구과제 수주, 세포, 배지, 화장품 원료 등 부수적인 매출(2022년 15억 원)의 도움으로 회사는 지속적으로 성장하고 있다"고 박 대표는 설명했다.

박 대표는 "바이오 분야에서의 시행착오는 불가피한 면이 있다고 생각한다"며 이런 어려운 과정을 거쳐 나온 세포치료제가 현재 임상 중인 대퇴골두골괴사 환자들의 삶을 바꿀 수 있다면 고생 중에도 참된 보람을 느끼겠다"고 밝혔다. 이어서 "골절, 불유합, 척추불유합까지 뼈를 재생시키는 치료제의 임상시험을 이어나가고 더 나아가 연골, 인대, 건, 근육까지 근골격계 전반을 책임지는 치료제를 개발해 고령화시대에 즈음한 우리 사회의 건강을 책임지는 데에 기여할 수 있다면 좋겠다"는 포부를 밝혔다.

황우석 박사 이후 … 국내 줄기세포 시장은?

황우석 박사 관련 질의에서는 조심스럽게 답변을 이어갔다. 그에 따르면 황우석 박사는 줄기세포 연구 분야에 공과 화를 다 가져온 사람이다. 공은 줄기세포에 대한 전 국민의 관심을 끌어올려 이 분야의 연구비를 확보하여 저변을 확대한 것이다. 또한 세포응용연구사업단을 통해 자신을 포함한 연구자들이 꾸준히 연구할 수 있게 만들어준 부분도 있다. 당시 학생들이 지금은 교수가 되어 돌아왔다. 그 시간 동안 줄기세포 분야는 기초부터 응용까지 현재 우리나라의 위상을 세계적인 위치에 올려놓았다.

부정적인 부분도 있다. 부정적인 부분은 '설익은 밥을 지었던 것'이라고 박 대표는 은유적으로 말했다. 줄기세포 투자도 줄었다고 했다. 그는 "이제는 밥을 지을 때가 되었는데 설익은 밥의 기억과 트라우마로 밥 짓기를 포기하게 된 것이 현재 우리나라의 상황 같아 아쉽다"라고 설명했다.

하지만 그 과정에서도 줄기세포 기술은 꾸준히 성장하고 있다. 당국에서 치료받은 치료제도 나왔고 해외 진출을 준비하는 기업도 있다.

세포바이오 또한 앞으로가 더 기대되는 기업이다. 최근 시리즈D 투자를 유치했고 기술이전 계약도 논의되고 있다. 대퇴골두골괴사 세포치료제로는 임상1상에서 긍정적 데이터를 수집했고 2상 임상시험계획(IND)을 제출한 상황이다. 화장품 원료로는 인도 제약사와 대형 계약을 앞두고 있다. 회사는 2023년 10월에 기술특례상장 신청서를 제출했고, 2024년 코스닥시장에 상장할 계획이다.

박 대표는 "바이오텍을 운영해 보니 원천기술을 갖는다는 것이 엄청 중요한 것 같다. 원천기술을 바이오 분야에서 확보해 지속가능한 회사가 되는 것이 목표"라며 "2023년 추가적인 투자를 위해 사전 기업공개(pre-IPO)를 진행하고 줄기세포 분야에서 독보적 회사로 키워가겠다"고 말했다.

세포바이오의 파이프라인 현황

프로그램	적응증	2022	2023	2024	2025	2026	2027
CF-M801	대퇴골두골괴사 (ONFH)	임상1상		임상2상		조건부허가	
	골다공증성고관절골절 (*1상 면제)	비임상	임상2상		임상3상		출시
	척추유합술	비임상		임상1상	임상2상	임상3상	출시
DR-NK	중증질환 (췌장암)		비임상		임상1상	임상2상	임상3상

대퇴골두골괴사 치료제, 임상 순항… 기술이전 계약 체결 '초읽기'

세포바이오는 현재 4개의 파이프라인을 보유하고 있다. 이 중 가장 빠른 임상은 대퇴골두골괴사다. 회사 측은 미국 식품의약국(FDA)에 대퇴골두골괴사증으로 해당 물질을 희귀 신약으로 등재 신청을 했다. FDA와 2023년 내에 IND 미팅도 진행할 예정이다.

해당 질환은 과도한 알코올 섭취와 스테로이드 사용이 주된 원인으로 꼽힌다. 남자에게서 더 많이 발병하고 비교적 젊은 나이에서도 발병한다. 현재는 병의 진행을 막거나 재생을 유도하는 치료법이 없다. 환자의 고관절이 다 무너진 후 인공 고관절로 치환하는 것이 유일한 대안이다.

세포바이오 측은 이번 대퇴골두골괴사 임상1상 시험에서 ARCO 1·2 환자에게 저·중·고, 세 가지 용량의 세포치료제를 투여, 3개월간 안전성과 부작용이 없음을 확인했다. 아울러 탐색적 유효성으로 방사선 지표상의 구조적인 변화가 있는지와 함께 환자가 느끼는 기능 개선 및 통증 감소를 관찰, 긍정적 결과를 얻었다.

박 대표는 "회사의 동종골모세포치료제(CF-M801)는 대퇴골두골괴사 외에도 뼈 재생이 필요한 관련 질병에 동일한 기전으로 작용하는 골 재생 플랫폼 치료제로서 골절, 불유합, 척추유합술 등으로 파이프라인이 확대될 예정"이라고 설명했다.

세포바이오의 강점은 '레디 메이드' 형태로 동결 상태에서 보관과 이동이 가능할 뿐 아니라 환자가 필요할 때 바로 제공할 수 있다는 점이다. 즉 따로 배양할 필요가 없는 것. 현재 업계에서 동결 형태로 세포치료제를 개발하는 건 코오롱인보사뿐이라는 게 박 대표의 설명이다.

바이오소부장과 줄기세포화장품 원료 매출 상승세

세포바이오는 줄기세포 분리, 3차원 배양, 분화 등 자체 기술을 기반으로 다양한 세포, 배지, 바이오디바이스 등을 생산하여 연구소, 대학 등에 판매하고 있다. 바이오소부장 기술 개발 및 상업화를 좀 더 진전시키기 위해 바이오 원료 기업 아미코젠과 기술 및 영업 협력도 하고 있다.

화장품 원료 사업도 순항하고 있다. 인도 제약사 시너케어(Synercare)와 독점으로 계약을 맺었고 시너케어는 인도 식품의약품안전처의 허가도 받았다. 이번 계약 규모는 2023년 매출 목표에 들어가지도 않았다. 계약규모가 예상되지 않는 수준이라 터지면 큰 폭의 매출 확대가 기대되는 상황이다.

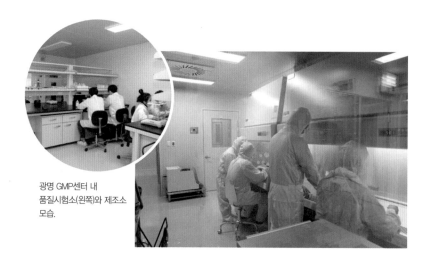

광명 GMP센터 내
품질시험소(왼쪽)와 제조소
모습.

박 대표는 "직원 3명이던 회사가 40명 규모로 커졌고 매출도 꾸준히 늘어나고 있어서 지금이 격변기라고 할 수 있다"고 설명했다.

아울러 신규 파이프라인 도입도 적극적으로 추진하고 있다. 세포바이오는 카이스트로부터 배아줄기세포와 유도만능줄기세포(iPS세포)를 췌장으로 보내는 기술을 도입하기 위해 준비하고 있다. 또한 생명공학연구원과는 혈액에 있는 세포를 NK세포로 분화시키는 기술도 이전을 논의 중이다.

박 대표는 "수술로만 해결할 수 있던 난치성 만성 희귀병에 대한 줄기세포치료제를 개발해 치료하는 데 목적을 둔 것이 세포바이오"라며 "사람의 탯줄에서 줄기세포를 추출, 이를 배양시켜 세포와 세포배양액을 생산해 치료제를 만들고 있다"고 설명했다.

2024년 목표는 코스닥 기술특례상장

박 대표는 '세상에 없는 줄기세포치료제'를 만드는 것이 목표다. 대퇴골두골괴사, 척추유합, 골절 등 골질환 세포치료제가 그 예다. 임상시험에 필요한 재원을 얻기 위해 관련한 다양한 수익원을 확보했다. 화장품 원료, 배지, CDMO 등을 부수입원으로 만든 것이다. 박 대표의 세포 활용법은 놀랍다. 다방면으로 세포배양 물질을 활용한다. 박 대표는 세포를 키우기 전에 배지(바이오 원료)를 판매하고 세포도 판매하고, 세포를 키우는 도중 나오는 일종의 부산물은 떠서 바로 화장품 원료로 판다. 화장품 원료로는 인도 제약사와 대형 계약을 앞두고 있다.

박 대표는 "관련 부수적인 매출로 2022년에는 15억 원을 달성했고 2023년은 20억 원 정도로 예상하고 있다. 2024년엔 인도 매출처 본격적인 론칭, 국내 제약사와 전략적 제휴 등을 통해 매출 30억 원을 올리겠다는 목표를 잡았다"고 설명했다.

다양한 국가로 기술이전 추진… 미국과도 논의 중

기술이전도 추진한다. 세포바이오에 따르면 세포치료제 분야는 해외에서도 보수적인 편이다. 이 때문에 상세한 임상 결과가 요구되고 있다. 최근 골세포치료제의 임상 결과가 나왔고, 임상 진행 때문에 미뤄두었던 연구 결과를 발표하고 있는 상황이다.

박 대표는 "개념증명(Proof of Concept, PoC) 및 작용기전(Mode of Action)을 가지고, 적극적으로 기술이전을 추진할 계획"이라며 "이를 위해 최근 사업개발(BD) 인력도 충원했다"고 설명했다.

기술이전 논의는 전 세계적으로 진행되고 있다. 박 대표는 "현재 북미 쪽은 몇 개 회사와 접촉 중이고 일본 쪽은 한 개 회사와 컨택하고 있다"며 "기술특허 또한 미국, 일본, 중국, 유럽연합(EU) 외에 추가로 캐나다와 인도 등의 국가까지 확대했다"고 설명했다.

파이프라인 확대도 계획하고 있다. 세포바이오는 2020년 환자의 혈액을 NK세포로 직분화시키는 원천기술을 생명공학연구원으로부터 기술이전 받았다. 키메릭항원수용체(CAR)-NK세포도 연구재단 과제를 통해 공동 개발 중에 있다. 이에 대한 비임상시험을 이미 마쳤고 적응증 및 유효성 전임상 시험을 준비 중에 있는 상황이다.

아울러 임상 진행 중인, 뼈의 상처 부위를 치료하는 치료제 외에 뼈의 골절을 예방하는 치료제를 개발하고 있으며, 천연물 유래의 골다공증 예방 물질을 농촌진흥청·경북대로부터 기술이전받아 건강기능식품으로 개발 중에 있다고 회사 측은 설명했다.

바이오오케스트라
● RNA 전달 플랫폼 및 신약 개발 전문기업 ●

류진협 대표이사
· 일 쓰쿠바대 생명환경과학 석사
· 미 하버드대 매사추세츠종합병원(MGH) 연구원
· 일 도쿄대 병리면역미생물학 박사

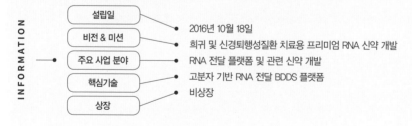

INFORMATION

설립일	2016년 10월 18일
비전 & 미션	희귀 및 신경퇴행성질환 치료용 프리미엄 RNA 신약 개발
주요 사업 분야	RNA 전달 플랫폼 및 관련 신약 개발
핵심기술	고분자 기반 RNA 전달 BDDS 플랫폼
상장	비상장

RNA 설계 및 전달 업계 신성이 되다

첨단 생명공학 기술로 떠오른 리보핵산간섭(RNAi)은 우리 몸의 생체 기능을 담당하는 2만여 개의 단백질 생성을 유전자 단계에서 조절하는 것을 의미한다. 이는 결국 원하는 단백질의 유전자 발현에 영향을 미치는 짧은간섭리보핵산(siRNA)이나 안티센스리보핵산

(asRNA), 마이크로리보핵산(miRNA) 등을 설계하는 일에서 시작한다.

2016년 바이오오케스트라를 설립한 류진협 대표는 이 중 miRNA 분야 연구로 일본 쓰쿠바대와 도쿄대에서 각각 석사와 박사학위를 취득했다. 그는 알츠하이머와 같은 특정 신경퇴행성질환을 일으키는 원인물질을 분해하거나 그 생성을 억제할 수 있는 RNA의 염기서열을 설계하는 연구를 주로 수행했다.

류 대표는 "우리 몸엔 약 2,500개의 miRNA가 있고, 하나의 miRNA는 전체의 60%에 달하는 유전자의 발현에 관여할 정도로 폭넓게 작용한다"며 "miRNA의 일종인 'miR-485-3p'를 타깃하도록 상보적인 염기서열을 구성해 만든 '역배열 올리고뉴클레오티드(Anti-sense Oligonucleotide, ASO)'를 신약으로 직접 개발해보고자 졸업 직후 창업을 시도하게 됐다"고 설명했다. 이어 "창업 당시에는 miRNA 관련 물질을 설계할 수 있었지만 이를 전달하는 기술은 없었다"며 "RNA 전달 플랫폼 확보가 시급하다고 판단했다"고 말했다.

바이오오케스트라는 2017년 중소벤처기업부 주관 기술창업지원사업(TIPS)에 선정돼 5억 원의 시드 투자를 받았다. 류 대표는 "첫 시드 투자를 받은 뒤 나노 물질 전달 기술 분야에서 저명한 가타오카 가즈노리(片岡 一則) 도쿄대 교수를 떠올렸다. 그 교수 밑에서 연구하던 민현수 박사를 초빙해 고분자 기반 약물전달시스템을 연구하기 시작했다"고 운을 뗐다. 민 박사는 2018년 말부터 바이오오케스트라의 연구개발본부장으로 근무 중이다.

이후 바이오오케스트라는 시리즈A~C까지 총 900억 원 이상 투자금을 유치했고, RNA 전달 시스템 및 파이프라인 연구개발에 주력하면서 류 대표는 추가 인재 확보에 힘을 쏟았다. 일례로 회사는 국제 무대에서 임상 개발을 이어가기 위해 2021년 미국 모더나 창립 멤버였던 루이스 오데아(Louis St.L. O'Dea) 박사를 최고의학책임자(CMO)이자 바이오오케스트라USA 대표로 영입했다. 2022년 8월에는 스위스 노바티스와 영국 아스트라제네카 등을 거친 가브리엘 헴링거(Gabriel Helmlinger) 박사를 미국법인 부대표로 선임한 바 있다.

루이스 오데아 바이오오케스트라USA 대표(위)와 가브리엘 헴링거 바이오오케스트라USA 부대표(아래).

류 대표는 "현재 한국과 미국 등 바이오오케스트라에 소속된 전체 인원(98명) 중 70여 명이 석·박사급 연구 인력으로 높은 전문성을 띠고 있다"며 "기술적 차별성과 신약 임상 사업을 이어가도록 총력을 기울이고 있다"고 말했다.

1.1조 원 규모 BDDS 기술수출 성공, BMD-001 미 임상 준비도

결국 바이오오케스트라는 회사의 이름을 딴 고분자 기반 RNA 약물 전달 플랫폼 'BDDS(Brain Targeting Drug Delivery System)'를 확보했다. BDDS는 2023년 3월 미국의 한 제약사에 총 8억 6,100만 달러(한화 약 1조 1,000억 원) 규모로 기술수출하는 데 성공하며 주목받았다.

류 대표는 "BDDS의 기술적 가치를 인정받은 첫 사례"라며 "다양한 RNA를 전달하는 데 적용될 수 있는 만큼 일회성이 아닌 추가 기술수출을 노려볼 수 있을 것으로 생각한다"고 자신했다.

또 바이오오케스트라는 'BMD-001'에 대한 근위축성측삭경화증(ALS, 루게릭병) 및 알츠하이머, 전두측두엽성치매, 파킨슨병, 교모세포종다형체, 헌팅턴병 등 6종의 질환 관련 전임상 연구 자료를 두루 확보했다. BMD-001은 miR-485-3p 타깃용 ASO와 BDDS를 접목해 만든 신약후보물질로 알려졌다. 회사는 BMD-001에 대한 비임상시험관리규정(GLP)에 따른 독성 분석용 임상을 마무리하는 대로 미국 식품의약국(FDA)에 임상시험계획(IND)을 제출하고 루게릭병 적응증 개발을 위한 임상을 시도할 계획이다.

바이오오케스트라의 파이프라인 현황

프로그램	적응증	약물 타입	연구 및 탐색	전임상	공동연구 파트너
BMD-001	알츠하이머	BDDS™ – ASO (miR-485-3p Antagomir)			
	루게릭병	BDDS™ – ASO (miR-485-3p Antagomir)			
	파킨슨병	BDDS™ – ASO (miR-485-3p Antagomir)			
BMD-0131	전두측두엽성치매	BDDS™ – siRNA(비공개)			
BMD-0231	알파시누클레인병	BDDS™ – siRNA(비공개)			
BMD-0311	뇌전증	BDDS™ – ASO(비공개)			SK바이오팜
BMD-0431	녹내장	BDDS™ – RNAi(비공개)			
BIOK-0031	중추신경계 질환	BDDS™ – siRNA(비공개)			비공개
BIOK-0221	중추신경계 질환	BDDS™ – ASO(비공개)			비공개

아울러 바이오오케스트라는 2023년 말 또는 2024년 상반기 중 코스닥 상장을 완료한다는 목표를 갖고 있다. 류 대표는 "BMD-001의 임상 개발과 추가 후보물질 확보, BDDS의 기술수출 등 세계적인 RNA 신약 개발사로 성장해나가겠다"고 포부를 밝혔다.

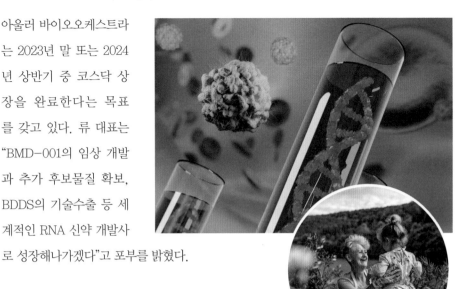

창업 밑거름된 miRNA는 무엇?

류 대표는 "신경퇴행성뇌질환은 신경세포에서 노폐물 처리 시스템인 '자가포식(Autophagy, 오토파지)' 작용이나 쓸모없는 단백질을 제때 없애주는 '유비퀴틴화(Ubiauitination)' 과정 등과 같은 세포 내 주요 기전들이 복잡한 원인으로 인해 망가질 때 발생한다"며 "이런 문제를 해결하고 신경세포의 기능을 정상화하는 데 영향을 미치는 miRNA를 조절할 수 있는 물질에 대한 아이디어를 떠올렸다"고 말했다.

그는 이어 "miR-485-3p라 명명된 miRNA에 상보적으로 결합할 수 있는 염기서열을 구성해 만든 ASO가 현재 주력 후보물질의 토대가 됐다"며 "회사의 창업 이전부터 지금까지 해당 ASO를 가지고 여러 신경퇴행성뇌질환 관련 상관관계 연구를 꾸준히 수행했다"고 말했다.

실제로 바이오오케스트라는 설치류나 영장류를 대상으로 miR-485-3p 타깃용 ASO를 실험했다. 알츠하이머부터 루게릭병, 전두측두엽성치매, 교모세포종다형체, 헌팅턴병, 파킨슨병까지 6종의 질환에 대한 전임상 연구를 수행했다. 일례로 해당 ASO가 조기 알츠하이머 환자에서 발생하는 아밀로이드베타의 생성을 줄일 수 있다는 연구 결과가 2021년 오픈 액세스 저널인 〈알츠하이머 앤 디멘시아〉 등에 게재되기도 했다.

류 대표에 따르면 바이오젠이 개발한 항체 기반 치매 신약 '레켐비(성분명 레카네맙)'는 이미 생성된 아밀로이드베타를 잡아서 없애는 방식이다. 이와 달리 miR-485-3p 타깃용

BDDS 작용 모식도

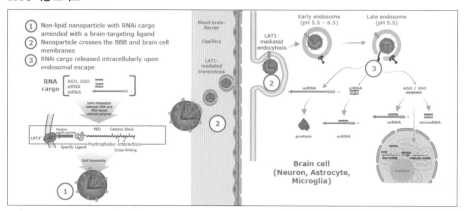

뇌 신경세포 표면에 많은 LAT1 수용체를 타깃하는 고분자성 아미노산에 양이온을 띠는 PEG와 음이온을 띠는 RNA 치료 후보물질을 결합시키는 기술. 오른쪽은 뇌 속에서 LAT1과 결합해 신경세포 안으로 들어가 기능을 되돌리는 과정이다.

ASO를 넣으면 신경세포의 기능을 정상으로 되돌려 이상 단백질이 쌓이지 않도록 환경을 되돌릴 수 있을 것으로 분석되고 있다. 이 밖에도 바이오오케스트라는 뇌전증과 관련된 miRNA 타깃용 ASO 1종, 전두측두엽성치매 및 파킨슨병 관련 siRNA 2종 등 3종의 신약 후보물질을 추가로 확보하기 위한 설계 연구도 병행하고 있다.

7%! 압도적 뇌 투과율 자랑하는 BDDS 개발 완료

바이오오케스트라가 설립 직후부터 주목한 것은 뇌 투과율을 높일 수 있는 RNA 약물전달 기술이다. 이를 개발하기 위해 류 대표는 고분자 나노기술 기반 RNA 전달 시스템으로 저명한 연구자인 가타오카 가즈노리 도쿄대 교수 연구실에 있던 민현수 박사를 2018년 말 회사의 개발본부장으로 영입했다. 두 사람이 주도한 3년여간의 연구 끝에 2021년 완성한 것이 바로 BDDS다.

류 대표는 "RNA 관련 물질을 발굴해 신약으로 개발하기 위해서는 피할 수 없는 것이 혈액뇌관문(BBB)를 뚫고 뇌 속으로 약물을 전달하는 '뇌 투과율'을 높이는 것인데, 기존의 단일 항체 기반 물질은 뇌 투과율이 1% 미만으로 알려졌다"며 "우리가 개발한 BDDS는 이를 7% 수준으로 끌어올렸다"고 강조했다.

바이오오케스트라에 따르면 BDDS는 뇌 속 신경세포 표면에 많은 'LAT1' 수용체를 타깃하는 고분자성 아미노산에 양이온(+)을 띠는 폴리에틸렌글리콜(Polyethylene Glycol, PEG)을 붙인 약물 전달체다. 이 전달체에 음이온(−)을 띠는 RNA를 이온 결합시킨 다음 화학적

처리를 하면 구형을 이뤄 혈액을 타고 뇌로 전달할 수 있다는 설명이다. siRNA, miRNA, 메신저리보핵산(mRNA) 등 그 종류에 관계없이 RNA성 물질을 BDDS에 탑재시킬 수 있는 것으로 확인됐다.

한편 RNA 전달체 및 신약 개발과 관련한 선도기업으로는 미국 앨나일람파마슈티컬스(앨나일람)가 꼽힌다. 앨나일람은 미국이나 유럽연합(EU) 등에서 siRNA 기반 아밀로이드성 신경병증 치료제 '온파트로(성분명 파티시란)'를 업계 최초로 승인받았다.

앨나일람은 현재 RNA 물질을 전달하기 위한 'N-아세틸갈낙코사민(GalNAc, 갈낙)'과 'C16' 접합 기술 등을 보유하고 있다. 간으로 약물을 전달하는 데 쓰는 갈낙은 이미 온파트로 등에 적용됐지만, 뇌 전달을 위한 C16은 아직 신약으로 입증받지 못한 상태다. 앨나일람의 C16은 짧은 길이의 지질 분자로, RNA와 접합해 물질을 이동시키는 것으로 알려졌다. 회사는 현재 C16에 siRNA를 붙인 알츠하이머 신약후보물질 'ALN-LPP'의 임상1상을 진행 중이다.

류 대표는 "앨나일람의 RNA 뇌 전달 기술인 C16에 대해 공개된 자료가 부족해 우리의 기술과 직접 비교는 어려운 상황이다"라며 "다만 C16을 적용한 약물이 척수강 투여 방식으로 개발되고 있다. 정맥 투여가 가능한 우리 BDDS가 투약 이점이 있다고 본다"고 부연했다.

회사에 따르면 BDDS 관련 특허는 물질특허 26건 및 개량특허 9건 등 총 35건이며, 현재 24개국에서 출원 중이다.

류 대표는 "뇌로 전달하는 데 초점을 맞춘 BDDS를 개량해 신체 내 다른 장기로 전달하는 연구도 진행 중이다"라며 "BMD-001 미국 임상 진입과 효능평가를 통해, 신약 개발에 있어 BDDS의 실효성도 재입증해 보이겠다"고 부연했다.

Merck Grand Award 수상

독일 과학기술기업 머크라이프 사이언스(Merck Life Science) 사업부가 주관한 제1회 '2023 유망 바이오 스타트업 발굴 공모전'에서 바이오오케스트라가 'Merck Grand Award(1위)'를 수상했다. 이 공모전은 머크사가 국내에서 처음 시행한 프로그램으로, 바이오 의약품을 개발하고 있는 스타트업 중에서 우수한 플랫폼 기술을 보유한 기업을 발굴해 차세대 유망 의약품 개발 및 상용화를 위한 제품과 서비스를 지원한다.

라파스

● 세계 최초 마이크로니들 제조 기술 보유 기업 ●

정도현 대표이사
· 연세대 생명공학 학사 및 석·박사
· 그린바이오텍 선임연구원
· 뉴트렉스테크놀로지 부사장
· 오산대 겸임교수

INFORMATION

설립일	2006년 3월 30일
비전 & 미션	글로벌 마이크로니들 분야 선두 기업
주요 사업 분야	마이크로니들 패치, 화장품, 의약품, 의료기기, 건강기능식품
핵심기술	전신 약물전달시스템, 용해성 마이크로니들/DEN 제조 기술
상장	코스닥(2019년 11월 11일)

작은 연구실에서 출발해 글로벌 바이오 기업으로 성장

"라파스는 실험실의 작은 아이디어가 논문 속 연구로만 그치는 것이 아닌 사람들에게 직접 도움을 주는 제품으로 만들고 싶다는 꿈에서 출발했다. 그 꿈이 점차 현실화되고 있으며 최근에 세계 최초의 마이크로니들 여드름 패치라는 성공적인 결과물도 나왔다. 라파스가 보유한 독자적인 기술과 대량생산 능력으로 이른 시일 내 백신 패치도 상용화해 명실상부한 세계 마이크로니들 분야의 선두 기업이 되겠다."

정도현 라파스 대표가 밝힌 비전이다. 라파스는 2006년 설립된 마이크로니들 패치 중심의 바이오 기업이다. 라파스는 2023년 4월 미국에서 세계 최초로 여드름 마이크로니들 패치를 출시하면서 국내외 바이오업계의 주목을 받았다.

마이크로니들이란 길이가 1mm 이하인 미세바늘로 피부에 의약품을 고통 없이 전달하는 미세구조체를 말한다. 기존 주사제·경구제를 대체할 차세대 기술로 꼽히는 마이크로니들은 1997년에 관련 연구논문이 세계 최초로 발표된 뒤 주로 피부에 직접 작용하는 화장품 분야에서 활용돼왔다.

정 대표는 연세대 생명공학과를 졸업한 뒤 대학원 석사 시절에 천연물화학을 전공했다. 천연물화학이란 식물이나 동물 등에서 얻어지는 유효한 약리 약물을 찾아내는 연구 분야로 의약품이나 건강기능식품, 농약 등을 만드는 데 활용된다.

석사과정을 마친 뒤 정 대표는 1995년 동방제약에 연구원으로 입사하면서 바이오산업과 첫 인연을 맺었다. 이후 바이오 벤처 그린바이오텍에서 선임연구원을 역임하고, 뉴트렉스테크놀로지 부사장을 거쳤다. 뉴트렉스테크놀로지 재직 시절 연세대 생명공학 박사과정도 마무리했다. 정 대표가 마이크로니들에 본격적인 관심을 갖게 된 계기는 미국에서 나노바이오를 전공하고 돌아온 뒤 마이크로니들을 연구하는 대학 동기를 만나면서부터다. 대학 동기가 개발한 마이크로니들 제조 방법 특허 기술을 토대로 양산 기술개발을 시작했고, 양산 기술을 완성하는 데 4년이라는 시간을 소요했다.

정 대표는 우연찮은 기회로 마이크로니들 사업의 물꼬를 트게 됐다. 정 대표의 지인이 일본 천연물 소재 기업 코요샤를 찾아 얘기를 나누던 중 라파스의 작은 실험실에서 만든 샘플을 보여주며 소개한 것이 발단이 됐다.

그는 "코요샤는 약 60년의 역사를 지닌 전통 있는 유통 기업"이라며 "당시 지인이 코요샤 관계자에게 작은 실험실에서 만든 샘플을 보여주며 향후 제품 양산 계획 등에 대해 설명했다. 이에 코요샤가 큰 관심을 보이며 계약에 흔쾌히 응했다"고 말했다. 해외 기업이 라파스의 기술력을 먼저 알아본 셈이다.

라파스는 2012년 마이크로니들 패치의 양산 기술을 확보한 뒤 이듬해인 2013년 20억 원의 매출을 올리며 본격적인 성장 궤도에 올랐다. 2014년 매출은 91억 원으로 전년 대비 4배 이상 증가했다. 글로벌기업 로던앤드필드(R&F)와 계약한 영향이다. 라파스의 2022년 매출은 236억 원으로 10년 전과 비교해 10배 이상 늘었다. 사업도 확대됐다. 새로운 성장 동력으로 화장품을 넘어 마이크로니들 의약품 시장을 겨냥하고 있는 것이다. 라파스는 지분 23.8%(2023년 6월 기준)를 보유한 정 대표가 최대주주다.

그는 "여드름 패치제를 시작으로 백신, 천식 치료제, 치매약 등을 패치제로 만들어 글로벌 바이오 시장에 새로운 바람을 일으키겠다"고 말했다.

라파스의 파이프라인 현황

구분	프로젝트	적응증	재형 연구	전임상	임상1상	임상2상	임상3상	상업화	파트너사
BMD-001	RapMed-2302	-							
	RapMed-2303	-							
	RapMed-2304	-							TBD
	Killa ES	여드름							
전문의약품	RapMed-1506	비염							
	RapMed-2003	당뇨·비만							대원제약
	RaPMed-2201	치매							보령제약
	RapMEd-1504	골다공증							
백신	RapVac-2201	결핵							
	RapVac-2301	인플루엔자							
	RapVac-2302	B형간염							세럼
	DNA Vaccine	코로나19							에이비온

세계 최초 여드름 이어 백신 마이크로니들 패치 상업화

라파스는 세계 최초 마이크로니들 여드름 패치에 이어 백신 패치 개발에 박차를 가하고 있다. 라파스가 세계에서 유일하게 마이크로니들 패치를 대량생산할 수 있는 시설을 갖췄기에 가능한 일이다. 이러한 역량을 바탕으로 알러지성 비염, 골다공증, 당뇨·비만 치료 마이크로니들 패치 등도 개발하고 있다.

라파스는 2023년 4월 글로벌 최대 백신 생산 기업인 인도 세럼인스티튜트와 세계보건기구(WHO)에 승인된 B형간염백신의 물질 공급계약을 체결하고 백신 패치 개발 작업을 진행하고 있다. 라파스는 연내 마이크로니들 백신 패치의 임상시험계획(IND)용 비임상시험을 완료하고 2024년 중 임상시험을 마무리하는 것을 목표로 하고 있다.

앞서 라파스는 2018년 B형간염백신을 이용해 마이크로니들 패치 제형 개발에 성공해 동물

실험의 면역 유도능을 확인한 경험이 있다. 라파스는 이번 B형간염백신 원료 물질 공급계약으로 국내에서 임상시험을 진행할 수 있는 계기를 확보했다. 바이오업계에 따르면 세계 B형간염백신 시장은 2022년 70억 달러(약 9조 원) 규모에서 2030년 300억 달러(약 40조 원) 시장으로 성장이 예상된다.

정 대표는 "마이크로니들 기술을 응용할 수 있는 가장 좋은 분야가 바로 백신"이라며 "백신은 면역세포를 자극해 활성화하는 것으로, 면역세포가 가장 많이 분포돼 있는 곳이 피부 바로 아래쪽"이라고 설명했다. 이어 "피부 아래 있는 면역세포가 외부 물질을 인식해 몸에 있는 면역세포를 활성화한다"며 "마이크로니들은 기존 주사제보다 백신 접종 양은 줄이고 더 좋은 효과를 볼 수 있다"고 말했다.

라파스는 결핵 이종 부스터 백신 패치도 개발하고 있는데 최근 보건복지부 글로벌백신기

마이크로니들 백신 패치의 장점

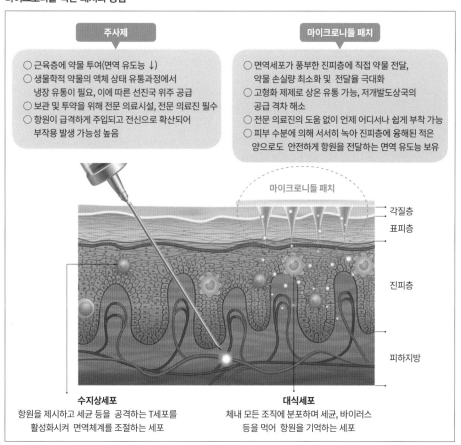

주사제
- 근육층에 약물 투여(면역 유도능 ↓)
- 생물학적 약물의 액체 상태 유통과정에서 냉장 유통이 필요, 이에 따른 선진국 위주 공급
- 보관 및 투약을 위해 전문 의료시설, 전문 의료진 필수
- 항원이 급격하게 주입되고 전신으로 확산되어 부작용 발생 가능성 높음

마이크로니들 패치
- 면역세포가 풍부한 진피층에 직접 약물 전달, 약물 손실량 최소화 및 전달율 극대화
- 고형화 제제로 상온 유통 가능, 저개발도상국의 공급 격차 해소
- 전문 의료진의 도움 없이 언제 어디서나 쉽게 부착 가능
- 피부 수분에 의해 서서히 녹아 진피층에 융해된 적은 양으로도 안전하게 항원을 전달하는 면역 유도능 보유

마이크로니들 패치

각질층
표피층
진피층
피하지방

수지상세포
항원을 제시하고 세균 등을 공격하는 T세포를 활성화시켜 면역체계를 조절하는 세포

대식세포
체내 모든 조직에 분포하며 세균, 바이러스 등을 먹어 항원을 기억하는 세포

술선도사업단의 IND 승인신청을 위한 신규 국책과제에 선정됐다. 이로써 글로벌백신기술선도사업단으로부터 임상시험 진입을 목표로 23억 원 규모 연구비를 지원받는다. 라파스는 결핵 부스터 백신과 관련해 2023년 내 전임상에 진입해 2024년 IND를 신청할 계획이다. 바이오업계에 따르면 세계 결핵백신(BCG 부스터) 시장은 2020년 5,100만 달러(약 680억 원)에서 2028년 6,900만 달러(약 920억 원)로 성장할 전망이다.

정 대표는 "마이크로니들 백신 패치가 기존에 허가받은 백신과 동등한 효과를 나타내는 것이 1차 목표"라며 "백신 패치는 2030년쯤 상용화될 것으로 예상한다. 우리 회사는 마이크로니들 패치 생산시설을 전 세계에서 유일하게 확보하고 있기 때문에 상용화 시점을 예상보다 앞당길 수 있다"고 말했다.

라파스는 천안 공장에 마이크로니들 의약품 전용 1개 생산 라인을 보유하고 있다. 생산 라인 전 공정이 자동화돼 있으며 1개 생산 라인에서 하루 약 5만 개의 패치를 생산할 수 있다. 2022년 말 천안 공장을 완공하면서 생산공정 합리화도 마쳤다. 기존 마이크로니들 제조 기업이 생산에 12시간을 투입한다면 라파스는 2~8분 만에 생산이 가능하다. 특히 열 건조 과정을 거치지 않기 때문에 열에 취약한 바이오의약품에 적용하기 용이할 것으로 예상된다.

라파스는 독자적인 마이크로니들 몰드 프리(Droplet Extension, DEN) 제조 기술을 보유하고 있다. DEN 기술은 2033년까지 특허를 통해 보호된다. 마이크로니들은 초기에 미세

마이크로니들의 분류 및 종류

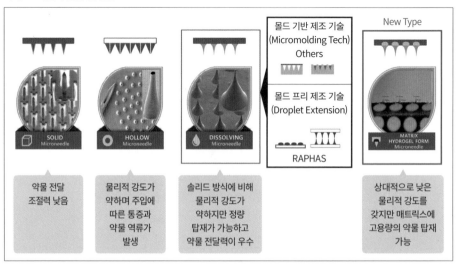

한 금속 침(니들) 형태로 개발돼 활용됐지만 금속 침이 부러지거나 사용 시 체내에 남을 수 있는 문제가 발생했다. 이에 라파스는 안전성 문제를 해결하고자 용해성 마이크로니들 기술을 기반으로 연구를 진행해 DEN 기술을 개발했다.

라파스의 용해성 마이크로니들 패치는 경피전달시스템의 한 종류로, 모기 침만큼 가는 바늘을 피부에 침투시켜 약물을 효율적으로 도달하게 하는 방법을 사용한다. 용해성 마이크로니들 패치는 기존 주사기를 사용하는 방식의 단점으로 꼽는 통증이나 외상은 물론 감염, 두려움, 거부감 등을 해소해 '무통증 주사'라고도 불린다. 또 사용이 간편하고 장시간 연속 투여가 가능하며 혈중 농도를 조절하기 쉬운 장점을 지녔다는 평가를 받는다.

특히 기존 용해성 마이크로니들은 몰드 타입으로 생산에 장시간이 소요돼 대량생산과 상용화에 어려움이 있었다. 하지만 라파스의 DEN 기술은 패치 위에 직접 유효성분으로 구성된 액체 방울을 떨어뜨리고 점도를 이용, 반대쪽 패치를 접촉한 뒤 인장하는 방식으로 마이크로니들을 성형·고체화해 상하 2개의 마이크로니들 패치를 제작한다. 이 제조 기술은 타사의 제조 방법보다 공정이 단순하고 양산성이 우수하다는 평가를 받는다. 라파스는 DEN 기술을 활용해 2023년 4월 미국에서 세계 최초 여드름 치료제 첫 출하에 성공했다.

이밖에 라파스는 알레르기성비염 면역 치료 패치(RapMed-1506)를 개발 중이며 연내 임상1상 결과를 확인할 수 있을 것으로 예상된다. 당뇨·비만 치료 패치(RapMed-2003)는 대원제약과 공동 개발 중으로 연내 임상1상 IND 신청을 목표하고 있다. 골다공증 치료 패치는 임상1상 IND를 승인받은 상황이다.

정 대표는 "마이크로니들 패치 백신을 상용화하는 것이 우리의 최종 목표"라며 "백신 패치가 상용화될 2030년쯤 명실상부한 글로벌 마이크로니들 선두 기업이 돼 있을 것"이라고 말했다.

미국에서 출시한 마이크로니들 여드름 패치.

오픈 이노베이션·제품 판매 확대로 흑자전환 박차

라파스는 2023년 영업 흑자전환을 노리고 있다. 2006년 설립 이후 매출은 꾸준히 증가했지만 연구개발 비용 증가 등에 따라 7년 연속 영업적자가 지속되고 있다. 2022년 매출은 236억 원으로 전년 대비 증가했지만 영업손실은 전년보다 적자 폭이 확대된 66억 원으로 집계됐다. 라파스는 2023년 4월 미국에서 출시한 세계 최초 여드름 패치의 판매 지역 확대와 더불어 오픈 이노베이션, 자회사와의 시너지 등을 통해 2023년 하반기 흑자전환 원년을 이루겠다는 전략이다. 분위기는 좋은 편이다. 2023년 1분기 영업손실 폭을 10억 원에서 6억 원으로 줄였다.

라파스의 사업 로드맵은 화장품을 시작으로 일반의약품, 전문의약품을 거쳐 백신 패치까지 총 4단계로 구성돼 있다. 그만큼 연구개발 비용 등이 지속적으로 필요하다. 이 때문에 영업적자가 2016년 이후 7년째 지속되고 있다. 신제품 TV 광고선전비와 홈쇼핑 유통 채널 판매 수수료 증가 등이 수익성 악화 요인으로 작용했다.

라파스는 이번 여드름 패치의 미국 출시가 흑자전환의 분수령이 될 것으로 보고 있다. 그동안 화장품이 실적 대부분을 차지했으나 의약품으로 수익처가 다변화됐기 때문이다. 존슨앤드존슨과 닥터자르트, 로레알 등 글로벌 대형 뷰티 기업과의 제조업자개발생산(ODM)과 자체 브랜드 '아크로패스'를 통한 매출이 전체의 85% 이상을 차지한다.

정 대표는 "라파스의 최대 현안은 흑자전환"이라며 "그동안 매출은 꾸준히 증가했지만 영업이익을 실현하지 못했다. 바이오 기업이라면 매출과 영업이익을 발생시켜야 한다"고 말했다. 이어 "코로나19 팬데믹 시절에도 매출이 성장해온 점은 고무적인 일"이라며 "일반의 약품인 여드름 패치 출시로 2023년 하반기와 2024년 상반기를 거치면서 안정적인 실적을 확보할 것"이라고 덧붙였다.

한편 라파스는 미국을 시작으로 국내와 유럽에서도 여드름 패치를 출시할 예정이다. 시장 조사업체 퍼시스턴스마켓리서치(Persistence Market Research)에 따르면 전 세계 여드름 치료 시장은 2020년 58억 달러(약 8조 원) 규모로 오는 2031년까지 연평균 6% 이상 성장할 것으로 전망된다. 미국에서는 매년 약 5,000만 명이 여드름 치료를 받고 있는 것으로 알려져 있다.

라파스는 오픈 이노베이션도 확대하고 있다. 일본 오이시코세이도제약과 나라트립탄 약물을 탑재한 마이크로니들 패치 편두통 치료제를 공동연구개발한다. 오이시코세이도제약은 1907년 설립돼 약 100여 년 이상 동안 경피약물전달기술을 이용한 의약품 제조 전문기업이다.

자회사와의 시너지도 강화한다는 방침이다. 라파스는 동물 진단 기업 포스트바이오를 비롯해 알레르기 진단 및 면역 치료 추출 기업 프로라젠 등 8개의 계열사를 거느리고 있다. 특히 라파스는 포스트바이오가 백신에 대한 기초 기반 기술과 네트워크를 확보하고 있는 만큼 추후 협력을 강화한다는 계획이다.

정 대표는 "라파스는 일반약에 이어 전문약 성과 도출에도 집중해 분야별 제품군은 물론 기술수출 등으로 매출처를 다양하게 확보하는 선순환 구조를 구축할 예정"이라고 말했다. 그러면서 "마이크로니들산업이 성장하기 위해서는 정부의 적극적인 지원도 필요하다"며 "일례로 미국과 호주 기업들은 코로나19 팬데믹 이전에 자사보다 임상 단계가 뒤처져 있었다. 하지만 코로나19 팬데믹 이후 정부 차원의 적극적인 지원과 투자가 이뤄지면서 임상 단계에서 앞서게 됐다"고 말했다.

이어 "우리나라도 새로운 기술 분야에 대해 열린 자세로 육성하는 제도적 뒷받침이 필요하다"며 "미국 등과 같이 포지티브가 아닌 네거티브 규제 시스템 도입 등을 통해 새로운 기술이 잘 육성될 수 있는 토대를 마련해줘야 한다"고 강조했다.

디티앤씨알오

● 국내 유일 풀 서비스 CRO 전문기업 ●

박채규 대표이사
· 부산대 전자공학 학사
· 디티앤씨 대표이사

INFORMATION

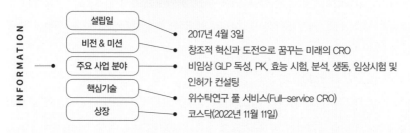

설립일	2017년 4월 3일
비전 & 미션	창조적 혁신과 도전으로 꿈꾸는 미래의 CRO
주요 사업 분야	비임상 GLP 독성, PK, 효능 시험, 분석, 생동, 임상시험 및 인허가 컨설팅
핵심기술	위수탁연구 풀 서비스(Full-service CRO)
상장	코스닥(2022년 11월 11일)

인재가 경쟁력… 동종업계 대비 이직률 20~30% 낮아

임상시험수탁기관(CRO)은 제약사가 신약 개발의 임상시험 연구를 아웃소싱하는 기관이다. 제약사 의뢰를 받아 신약 임상시험 진행의 설계, 컨설팅, 모니터링, 데이터 관리, 허가 대행 등 업무를 대행한다.

CRO업계는 요즘 만성적인 인력 부족 문제를 겪고 있다. 신약 개발에 나서는 기업들이 늘면서 CRO 수요가 크게 늘었고 업무 특성상 1년 이상 직원 교육을 거쳐야 하는 등 진입장벽이 있어서다. '인력 빼가기'도 문제다. 교육을 시켜 투입해도 얼마 지나지 않아 제약사나 글로벌 CRO에서 종종 인력을 빼가곤 하는데, 이는 CRO 경쟁력 약화 요인으로 꼽힌다.

국내에서 유일하게 비임상부터 임상 단계까지 모든 임상 니즈를 다루는 디티앤씨알오의 박채규 대표도 "CRO산업은 자본 투자 규모가 크지 않고 제약, 생명공학, 의학, 통계, IT 등 지식을 갖춘 전문인력이 임상시험 설계 및 시행부터 데이터 관리, 보고서 작성 업무를 종합적으로 수행한다"며 "임상시험의 경험, 전문성을 보유한 전문 인력 확보가 핵심 경쟁력"이라고 강조했다. 디티앤씨알오는 수준 높은 인력을 확보하는 데 집중하고 있으며 이에 따라 이직률도 다른 CRO 대비 20~30%가량 낮아졌다고 설명했다.

박 대표는 "모든 분야가 그렇듯 임상 분야도 결국 임상 경험과 노하우가 풍부한 인력 확보가 관건"이라며 "인력 숫자도 중요하지만 디티앤씨알오는 수준 높은 인력을 확보하는 데 주력해왔고 그 결과물로 인력 유출이 점차 줄고 있다"고 말했다.

디티앤씨알오는 서울과 경기도 용인에 효능·비임상·임상·분석 등 4개 센터를 보유하고 있다. 전체 직원 210명 중 직접적으로 연구와 임상시험을 진행하는 센터 직원은 173명으로 87%를 차지한다. 효능평가센터는 박사 3명, 석사 9명 등 총 17명, 비임상센터는 박사 5명, 석사 20명 등 68명, 분석센터는 박사 1명, 석사 8명 등 53명, 임상센터는 석사 5명, 학사 30명 등 총 35명으로 구성돼 있다.

효능평가센터장은 서울대 분자생물학 박사과정을 밟은 후 충북대 교수, 미국 프레드허친슨암연구소 연구원직을 역임한 최수영 사장이 맡고 있다. 분석센터는 서울대 화학 석사 과정을 밟은 뒤 LG BMI, LG생명과학에서 CRO 경력을 16년가량 쌓아온 이복만 부사장이 지휘하고 있다. 비임상센터장은 경희대에서 약학 석사학위를 받고 국립독성연구소 연구원으로 활동하다 바이오톡스텍에서 경력을 쌓은 김윤정 이사, 임상센터장은 성균관대 약학 박사과정을 수료한 후 바이오썬텍 등에서 15년가량 경험을 쌓아온 김수환 상무가 각각 맡고 있다.

디티앤씨알오는 2023년 4월 600평 규모의 효능평가센터를 완공한 데 이어 5월부터 안정성평가센터 리모델링 증설 작업을 한창 진행 중이다. 이 밖에 2024년 5월 완공을 목표로 신약 개발 초기 필수 실험을 위한 약동학·약력학(PK·PD)센터 구축도 준비 중이다.

효능 및 안전성평가센터 증설을 위해 투입되는 비용은 약 107억 원, PK·PD센터 설립에

207억 원을 투입하며 총 314억 원이 투자될 예정이다. 2022년 11월 상장을 통해 모집한 238억 원의 자금 중 대부분을 시설 투자에 쏟아부었다. 이를 통해 효능 및 독성시험 등 비임상시험부터 임상1상 단계까지 서비스가 가능한 독자적 풀 서비스(Full Service) CRO 지위를 보다 견고하게 다진다는 계획이다.

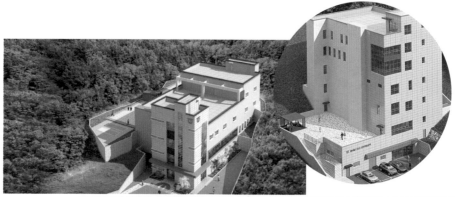

국내 유일 풀 서비스 CRO를 가능하게 하는 센터들. 왼쪽 위부터 시계 방향으로 안전성평가센터, 효능평가센터, 분석센터다.

국내 유일 원스톱 CRO 서비스, 매출 고성장 동력

디티앤씨알오는 사업 영역을 지속적으로 넓히고 있다. 2018년 식품의약품안전처(식약처)로부터 생물학적 동등성(생동성) 시험기관으로 지정받은 후 2019년 비임상시험 실시시관(GLP) 인증을 받았다. 2022년에는 신약 효능평가 기업 이비오를 인수, 효능시험 사업에 본격적으로 뛰어들었다.

통합 임상시험 지원 서비스와 함께 꼽히는 회사의 또 다른 경쟁력은 CRO에 정보기술(IT)과 인공지능(AI)을 접목한 것이다. 디티앤씨알오는 코스닥 상장사이자 정보통신 사업 기반

인증 서비스 업체인 디티앤씨의 자회사다. 이런 정체성을 바탕으로 바이오테크놀로지(BT)와 인포메이션 테크놀로지(IT)의 결합을 통해 차별화를 노린다는 포석이다.

대표적으로 AI를 활용한 스마트 임상시험 플랫폼 'STC'가 있다. STC 플랫폼은 임상 참여자로부터 획득한 임상 정보를 실시간으로 전자 임상시험데이터 관리 시스템(e-CRF)에 자동 입력하는 서비스다. 데이터 획득 시간, 수정 시간 등이 감시 추적 관리되기 때문에 임상시험 원본 데이터 분실이나 변조 등 우려가 없다는 설명이다.

비임상시험에 활용되는 SEND 플랫폼은 비임상자료 교환표준(SEND) 변환 서비스다. 모든 독성시험데이터가 자동으로 실험실 정보 관리 시스템(LIMS)에 기록되기 때문에 수기로 작업했을 때 생길 수 있는 데이터 손실과 오류를 사전에 방지할 수 있다는 설명이다. SEND는 기업이 미국 식품의약국(FDA)에 신약 허가(NDA)나 임상시험계획(IND) 신청을 할 때 제출하는 독성시험 등 비임상데이터 서류들이 갖춰야 하는 전자문서 양식이다.

박 대표는 "연구자는 임상시험 대상자를 관리만 하면 되기 때문에 업무 강도가 현행보다 50%가량 감소하고 임상시험 기간도 30% 이상 감축할 수 있다"며 "STC 플랫폼을 사용할 경우 임상시험데이터와 전자의무기록(EMR)은 완전히 분리돼 개인 의료정보 유출에 대한 우려도 전혀 없다"고 말했다.

회사는 최근 눈에 띄는 실적 성장세를 나타내고 있다. 지난 2019년 106억 원이었던 매출액은 2022년 440억 원으로 4배가량 늘었고, 20억 원 수준의 영업손실 역시 53억 원 흑자로 돌아서며 수익성이 개선된 상태다. 2022년까지만 해도 임상1상과 생동성 서비스에 집중했지만 2023년부터는 임상2상, 3상까지 영역을 확대한다는 목표다.

박 대표는 "2017년 임상 쪽 서비스를 먼저 시작했고 2019년에 비임상 서비스를 선보였다. 2021년에는 신약 효능평가 기업 이비오를 인수하는 등 꾸준히 사업 다각화 방안을 모색해왔다"며 "성장 시기마다 각기 다른 사업부 실적이 올라오면서 전체적으로 우상향하는 매출을 달성할 수 있었다"고 말했다.

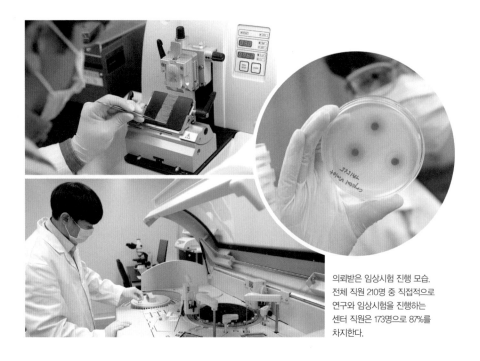

의뢰받은 임상시험 진행 모습.
전체 직원 210명 중 직접적으로
연구와 임상시험을 진행하는
센터 직원은 173명으로 87%를
차지한다.

가열되는 CRO 시장, "국내 유일 서비스로 돌파"

CRO 사업은 다른 바이오 벤처들의 신약 개발 사업과 비교했을 때 리스크가 크지 않은 분야로 꼽힌다. 고정비용과 초기 투자금이 많지 않고 주요 인력 위주로만 운영된다는 점에서다. 이 때문에 CRO 시장은 달아오르고 있다. 2019년만 해도 15억 2,768만 달러 수준이던 국내 CRO 시장규모는 2027년 33억 1,737만 달러로 2배 이상 성장할 것으로 예상된다. 세계시장으로 넓혀봐도 사업 전망은 밝다. CRO 시장 연평균 예상 성장률은 7.7%에 달한다. 2024년 90조 원 규모로 커진다는 관측이다.

국내에서도 적지 않은 CRO들이 기업공개(IPO)를 추진하고 있다. 2022년 11월 상장한 디티앤씨알오를 비롯해 바이오인프라가 2023년 3월 코스닥에 상장했다. 클립스비엔씨는 연내 IPO 절차에 돌입하겠다는 목표다. 한국의약연구소는 2021년 9월부터 코스닥 상장에 도전하고 있다.

커지는 시장규모만큼 경쟁이 치열해진다는 점은 투자자들이 유념해야 할 부분이다. 당장 생동성 시험 사업만 해도 업계에서는 '치킨게임(어떤 문제를 둘러싸고 대립하는 상태에서 서로 양보하지 않다가 극한으로 치닫는 상황)'으로 치닫고 있다는 의견이 나온다. 수익도 그렇게 높지 않을 뿐 아니라 경쟁업체들이 계속해서 나오면서 가격 경쟁으로 이어질 것이란 분석이다.

한 CRO 관계자는 "생동성 시장이 최근 3년간 제네릭 관련 몇몇 법안들 영향으로 급성장했다"며 "생동성 시험 대행 시장에서 경쟁력은 단가이기에 가격 경쟁이 심해지면 수익성이 악화될 것으로 생각된다"고 말했다.

디티앤씨알오는 '원스톱' 서비스 구축을 통해 글로벌 CRO 업체로 성장하겠다는 각오다. 효능, 안전성, 임상, 분석까지 CRO 전 영역의 인프라를 확보하고 있으며, 2024년부터 연간 수용 능력 약 400억 원 규모의 국내 유일 PK·PD센터를 확보할 예정이다. 시장에서는 2023년 효능평가센터와 안전성평가센터 생산능력 확대를 시작으로 주요 사업들이 본격적으로 가동이 시작되는 2024년부터는 다시 성장하는 사이클로 진입할 것이란 전망이 나온다.

디티앤씨알오는 2022년 말 코스닥 상장을 통해 약 238억 원의 신규 자금을 조달했다. 조달된 자금은 사업 확장을 위한 설비·인원 확대를 위해 쓰이고 있다. 효능평가센터는 2023년 6월 확장 이전했다. 기존에는 랫, 마우스 시험만 가능했으나 토끼, 기니아피그, 비글로 시험 동물 종류를 확장했다.

안전성평가센터는 2023년 하반기 증설 완료될 예정이다. 2023년 말까지 의약품, 의료기기, 화학약품 분야의 모든 비임상시험 관리 기준(Good Laboratory Practice, GLP) 인증을 취득할 예정이다. 기존의 생동성·임상1상 위주의 시험을 넘어 임상2상, 3상, 4상까지 임상 커버리지 확대를 위해 관련 인력 채용과 STC 플랫폼 서비스 강화를 계획하고 있다.

2024년 오픈 예정인 PK·PD센터는 디티앤씨알오의 큰 성장모멘텀이 될 전망이다. 국내 단백질 관련 분석시험 시장은 약 500억 원의 규모로 추정되나, 국내에서 분석을 진행하는 곳이 없어서 대부분 해외에 시험을 의뢰하고 있는 상황이다. 2024년 디티앤씨알오가 PK·PD센터를 설립한다면 현재 해외에서 진행하는 시험들이 국내에서도 가능할 전망이다.

06
의료기기로 세상을 바꾼다

엠투웬티

● FDA 의료기기 허가 획득한 스마트 헬스케어 리더 ●

김진길 대표이사
· 연세대 경영전문대학원
· 온에어미디어 설립
· 방송 시사교양 PD

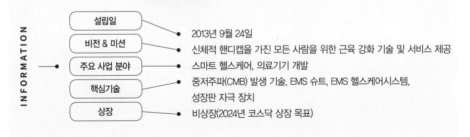

INFORMATION

설립일	2013년 9월 24일
비전 & 미션	신체적 핸디캡을 가진 모든 사람을 위한 근육 강화 기술 및 서비스 제공
주요 사업 분야	스마트 헬스케어, 의료기기 개발
핵심기술	중저주파(CMB) 발생 기술, EMS 슈트, EMS 헬스케어시스템, 성장판 자극 장치
상장	비상장(2024년 코스닥 상장 목표)

김진길 대표, 시대의 창으로 미래를 보다

2010 SBS 〈그것이 알고 싶다〉, MBN 〈시사고발 사각지대〉, KBS 〈추적 60분〉 등. 국내 주요 방송사들을 대표하는 시사 프로그램이자 근감소증 솔루션 기업 엠투웬티 김진길 대표의 손을 거쳐 간 작품들이기도 하다. 의료기기 기업 대표로는 색다른 이력이지만 그에게는

'고령화시대'라는 시대적 흐름 속에서 새로운 사회적 문제로 떠오른 근감소증을 꿰뚫어 보고, 해법까지 찾아 나설 수 있게 해준 원동력이다.

근감소증은 노화에 따라 근육량, 근력이 감소하며 신체 기능이 떨어지는 질병이다. 수명 증가, 고령화에 따라 최근 세계적인 주목을 받고 있다. 대표적인 증상으로는 보행 속도 저하나 무력감, 피로감 등이 있다.

이러한 근감소증은 낙상, 골절, 당뇨병, 심혈관질환 등의 위험을 크게 높이고 노년 삶의 질에 악영향을 미친다. 명지병원 노인의학센터에 따르면 근감소증 환자는 정상군에 비해 사망 위험도가 3.7배나 높았다. 2017년 9~10월 요양원 9곳에 거주하는 노인 279명을 대상으로 한 연구 결과다. 세계보건기구(WHO)는 2017년에 근육이 자연 감소하는 근감소증을 질병으로 분류했다. 우리나라에서도 2021년 한국표준질병사인분류(KDC)에 질병코드가 등재됐다.

원천기술인 자체 중저주파 근육 자극 기술 CMB를 적용해 개발한 헬스케어 플랫폼 마요홈.

세상의 문제를 파헤치는 '냉철함'에서 사람을 보는 '따뜻함'으로 삶의 무게 중심을 옮긴 김 대표는 2013년 엠투웬티(M20)를 창업했다. 엠투웬티는 건강을 위한 '하루 20분(20minute) 운동'을 의미한다. 신체 운동이 어려운 고령층이나 장애 또는 건강 문제로 운동이 쉽지 않은 환자, 몸 관리가 필요하나 의지가 따라주지 않는 사람들에게 김 대표가 제시한 답이다.

"그게 가능해?"라는 세상의 반문에 답하기 위해 그는 꼼꼼히 과제를 풀어냈다. 실마리는 중저주파 전기 근육 자극 요법(Electro Muscular Stimulation, EMS)에서 찾았다. 근육의 움직임과 자극을 단순 운동이 아닌 중저주파 EMS로 자극하는 게 핵심이다. EMS는 미국 항공우주국(NASA)에서 우주인들의 근육 유지를 위해 활용하는 기술로 잘 알려져 있다.

김 대표는 "유럽에서는 1~100Hz 저주파를 활용한 근육 자극 기술을 근육 강화에 일찍부터 활용해왔다"며 "고령화시대에 맞물려 그 중요성이 커지고 있어 직접 사업에 뛰어들게 됐다"고 말했다.

창업 초기에는 관련 기술이 없어 독일 슈바디메디코 EMS 장비를 주문자상표생산부착(OEM) 방식으로 사업을 진행했다. 관련해 2017년 국내 공장도 설립하고, 생산 라인 구축도 완료했다. 하지만 김 대표는 OEM으로는 성장의 한계가 있다고 판단했다. 원천기술인 자체 중저주파 근육 자극 기술 'CMB(Core Muscle Booster)'를 2018년 개발하고, 이를 적용한 헬스케어 플랫폼 '마요홈'을 2019년 상용화한 배경이다.

김 대표는 "우리 근육은 보통 50대부터 매년 1%씩 줄기 시작해 80대에 이르면 30대의 50%밖에 남지 않는다"며 "CMB는 고령인구, 장기 입원 환자, 고도비만인과 신체적 핸디캡을 가진 사람들까지 모두 이용 가능한 유일한 근육 강화 기술"이라고 설명했다.

마요홈은 시장에 출시되자마자 큰 주목을 받았다. 2019년 유포리아 스타일링과 벨기에·네덜란드·룩셈부르크 3개국에 대한 210만 달러 규모 마요홈 수출 계약, 2020년 미국 곤잘레

마요홈은 원하는 트레이너와 온라인 1:1 수업이 가능할 뿐 아니라 체성분 분석, 골격 밸런스, 모바일 앱 지원을 통해 맞춤형 콘텐츠와 식단, 건강기능식품까지 제안하는 AI 홈트레이닝 플랫폼이다.

스투자그룹과 1,100만 달러 규모의 마요홈 북미 수출 계약 등을 체결했다. 보수적인 의료기기 시장에서는 이례적인 성과로 평가된다. 이후 코로나19로 사업이 주춤했지만, 2023년 다시 활기를 찾고 있다.

엠투웬티는 새로운 도약을 위해 코스닥 상장에도 도전한다. 2023년 2월 삼성증권을 대표 주간사로 선정하고 관련 계약을 체결했다. 상업 성장과 경쟁력 강화를 위한 기업공개(IPO) 수순을 밟는 것이다.

김 대표는 "차별화된 경쟁력과 비전으로 시장으로부터 가치를 인정받고 더불어 향후 성장 재원을 확보할 계획"이라며 "조기에 구체적인 성과가 나올 수 있도록 최선을 다할 것"이라고 강조했다.

세계 첫 중저주파 헬스케어 플랫폼 마요홈, 미·중 간다

엠투웬티는 자체 중저주파 근육 자극 기술 CMB에 기반한 피트니스 장비와 의료기기를 전문으로 한다. 중저주파 발생 기술, CMB 슈트, 서비스 플랫폼 등 모든 핵심기술을 자체 개발했으며 특허도 확보하고 있다.

이를 바탕해 2019년 세계 최초로 2,000~6,000Hz 중저주파 근육운동을 가능하게 한 헬스케어 플랫폼 마요홈을 내놨다. 마요홈은 골격근 측정과 강화라는 기본적인 기능에 더해 체성분 측정 등 다양한 헬스케어 서비스도 제공한다. 이를 통해 가정에서나 헬스장, 병원 등에서 건강 상태를 측정하고, 부족한 부분을 가장 효율적으로 보완할 수 있게 해준다.

엠투웬티 관계자는 "기존 저주파 제품들이 피부 표면만 자극했다면, 마요홈은 중저주파를 활용해 근육을 직접 자극한다는 게 특장점"이라며 "가격도 경쟁사 제품 대비 절반 이하 수준에 최첨단 기술인 스마트 미러까지 채용했다"고 설명했다.

엠투웬티는 인공지능(AI)을 접목한 스마트 홈트레이닝 장비 '마요홈 AI'를 연내 출시할 방침이다. 더불어 인체 데이터를 측정해 운동 목표를 달성하면 가상화폐 '마요코인'으로도 보상받을 수 있게 한다. 해당 코인을 활용해 건강기능식품(건기식) 및 식단 주문과 결제까지 가능하다. 업계에서는 이 같은 시스템이 다른 헬스케어 기기의 플랫폼으로 진화할 수 있을 것으로 보고 있다.

국내외 관련 기업들이 엠투웬티에 큰 관심을 보이는 이유다. 2023년만 해도 건강 데이터 서비스업체 '디케이닥터', 부동산 개발시행사 '디오스컴피니' 등 국내 기업들이 엠투웬티와 경쟁력 강화를 위해 손잡았다.

특히 현장형 신속 검사업체 휴마시스는 엠투웬티에 전략적 투자를 단행하고, 제품 개발을 지원하기로 했다. 지난 2023년 2월 남궁견 휴마시스 회장이 이끄는 미래아이앤지의 자회사 아티스트(구 아티스트코스메틱)에 경영권을 넘긴 후 첫 외부 투자와 협력이다. 그만큼 가치를 높이 평가한다는 뜻이다.

이를 통해 휴마시스는 마요홈에 대한 근감소증 예방과 치료기기, 성장판 자극기로서 가능성을 확인하는 임상에 힘을 싣기로 했다. 임상이 성공적으로 완료되면 의료기기로서 기업 간 거래(B2B) 시장은 휴마시스가 전담한다. 엠투웬티는 기존 소비자와 기업 간 거래(B2C) 스마트 홈트레이닝 장비에 집중하기로 했다. 1차 투자는 전환사채를 인수하는 방식이며, 향후 추가적인 협력도 모색할 계획이다.

엠투웬티 회사 전경. 엠투웬티라는 사명에는 '건강을 위한 하루 20분 운동'이라는 뜻이 담겨 있다.

미국과 중국 등 세계시장도 외부 협력을 통해 적극 나서고 있다. 미국시장에서는 에소코핏을 통해 보폭을 넓히고 있다. 2023년 9월 마요홈이 워싱턴DC에 진출했으며, 10월 뉴욕에도 새로운 매장을 열었다. 2023년 5월, 마요홈에 대해 중저주파 EMS 기기로 미국 식품의약국(FDA) 승인을 받은 후 현지 진출에 속도를 내는 것이다. 에소코핏은 엠투웬티의 전문가용 중저주파 EMS 기기인 '마요프로'와 마요홈을 활용해 누워서 간단하게 근육을 강화하는 콘셉트의 다이어트 숍이다.

중국시장은 현지 메이투안디엔핑과 공략하고 있다. 메이투안디엔핑은 약 7억 명 이상의 글로벌 회원을 보유한 세계 최대 규모의 온·오프라인 연계 플랫폼 업체다. 중국 정보통신(IT) 기업 중 세 번째로 시가총액 1,000억 달러를 넘겼으며, 약 500만 개의 판매점과 3,500만 개 이상의 입점 업체를 보유하고 있다.

이처럼 국내외 기업들이 엠투웬티와 적극적으로 새로운 사업에 나서는 이유는 성장잠재력 때문이다. 시장조사업체 글로벌인더스트리아날리스트(GIA)에 따르면 글로벌 디지털 헬스케어 시장은 2020년에 1,525억 달러에서 연평균 성장률 18.8%로 성장해 2027년 5,088억 달러에 이를 것으로 관측된다.

엠투웬티 관계자는 "CMB는 근감소증 솔루션 외에도 다양한 부문에 적용할 수 있다"며 "우선 2023년 11월 반려견의 슬개골 치료기기를 선보이고, 향후 성장판 자극기기 등도 내놓을 계획"이라고 말했다.

라메디텍
● 레이저 의료기기 및 미용기기 대표기업 ●

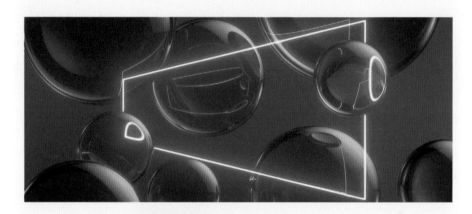

최종석 대표이사
· 아주대 기계공학 학사
· 세메스 연구원
· 비앤비시스템 수석연구원

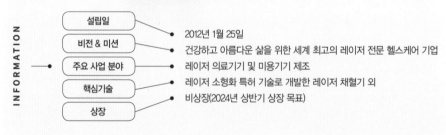

INFORMATION

설립일	2012년 1월 25일
비전 & 미션	건강하고 아름다운 삶을 위한 세계 최고의 레이저 전문 헬스케어 기업
주요 사업 분야	레이저 의료기기 및 미용기기 제조
핵심기술	레이저 소형화 특허 기술로 개발한 레이저 채혈기 외
상장	비상장(2024년 상반기 상장 목표)

삼성 출신 최종석 대표, 중소벤처서 '초격차' 실현

초격차. 비교 자체가 불가능한 절대적 기술 우위와 끝없는 조직 혁신에 따른 구성원의 격 (格)을 의미한다. 삼성전자가 오늘날 세계적인 기업으로 성장할 수 있었던 배경으로 꼽힌 다. 권오현 전 삼성전자 종합기술원 회장의 저서 〈초격차〉가 2018년 베스트셀러로 등극하며, 경영인에게는 물론 일반인에게도 자주 회자되는 말이 됐다.

하지만 의료·미용기기 전문업체 라메디텍 최종석 대표에게는 2012년 회사를 설립할 당시 경영방침으로 내세울 만큼 일찍부터 익숙한 단어였다. 삼성전자 계열사였던 '세메스'와 사내벤처 분사였던 '비앤비시스템'에서 10년 넘게 근무하며, 현장에서 체득한 덕분이다.

경영자로서 꿈을 키운 것도 이 때문이다. 역설적이지만 삼성도 주요 사업이 아니었던 의료기기 부문은 최고라고 할 수 없었다. 국내 전체 산업으로 따져도 외산에 의존하는 시장이었다. 후발 주자가 들어가기에는 보수적인 시장 분위기와 기술적인 한계 등으로 장벽이 높았던 탓이다. 하지만 최 대표는 오히려 의료기기 시장이 기회의 땅이라고 봤다. '혁신적인 레이저 기술을 통한 인류의 건강하고 아름다운 삶 실현'이라는 비전으로 지인들과 합심해 라메디텍을 세운 이유다. 비앤비시스템에서 함께 근무했던 박병철 이사 등은 오늘날에도 핵심 멤버로 함께하고 있다.

이들은 우선 차별화를 위해 바늘 없는 레이저 채혈기 개발을 목표로 했다. 미국과 중국 등에서 상용화된 제품도 있었지만 가격, 품질, 성능 등에서 경쟁 우위를 가져갈 수 있다는 판단에서다.

하지만 중소벤처기업이 초격차를 실현할 수 있는 기술을 확보하기는 녹록지 않았다. 레이저 채혈기 개발, 식품의약품안전처(식약처) 의료기기 인허가, 병원 판매를 위한 임상 자료 등으로 판매까지 무려 8년 걸렸다. 매출 없이 회사를 일구기는 쉽지 않았으나, 경영자로서 뚝심과 성공에 대한 자신감이 있었기에 가능한 일이었다.

바늘 없는 레이저 채혈·혈당측정기 '핸디레이글루'에 대한 시장 반응은 뜨겁다. 2023년 초 미국 라스베이거스에서 열린 '국제전자제품박람회(CES) 2023'에 참가해 핸디레이글루로 '디지털 헬스케어 부문 혁신상'을 받았을 정도다. 미국 식품의약국(FDA) 인증, 유럽 안전 관련 통합규격인증(CE) 등으로도 신뢰를 확보했다.

최 대표는 그간 회사가 안정적 성장을 위한 토대를 마련한 만큼 2023년부터는 규모의 성장에 본격 나선다는 계획이다. 2023년 50억 원 이상의 매출액을 목표하고 있으며 매년 배 이상의 성장을 거둘 수 있을 것으로 본다. 더불어 2023년 코스닥 예비심사청구를 신청하고 늦어도 2024년 상반기에는 코스닥에 진입한다는 방침이다.

최 대표는 "기술력과 수익성을 갖춘 의료기기 업체들은 코로나19 사태에도 기업공개(IPO) 시장에서 의미 있는 성과를 거둬왔다"며 "코스닥 상장을 디딤돌 삼아 글로벌 헬스케어 기업으로 도약할 것"이라고 말했다.

통증이 적고 2차 감염 우려가 낮은 레이저 채혈기인 핸드레이는 병원용인 프로(왼쪽)와 개인용인 라이트(오른쪽) 두 종류로 출시됐다. 식약처의 허가를 받은 국내 유일 레이저 채혈기다.

외부 협력으로 의료·미용·반려동물 3대 먹거리 키운다

라메디텍은 의료와 미용기기 시장을 차별화된 제품을 바탕으로 공략하고 있다. 회사의 핵심 경쟁력은 초소형 고출력 모듈이다. 기존 병원에서 사용하는 장비는 레이저 모듈의 크기가 아무리 작은 것도 50cm 정도 된다. 라메디텍은 이를 10분의 1 수준으로 줄이면서도 성능은 유지한 모듈을 생산할 수 있는 설계·광학 제조 기술을 확보하고 있다. 관련해 국내외 지식재산권 45건을 출원했으며, 26건을 등록했다.

의료 부문의 주력 제품은 레이저 채혈기 '핸디레이' 시리즈다. 국내에서 유일하게 레이저 채혈기로 식약처의 허가를 받은 제품이다. 레이저가 피부를 증발시켜 만든 마이크로 크기의 미세한 홀을 통해 혈액을 채취하는 원리에 기반한다. 바늘 없이 레이저로 채혈해 통증이 적고 2차 감염을 예방할 수 있다. 적은 혈액으로도 혈당 측정이 가능하고 모바일 애플리케이션을 통한 개인 맞춤 통합 관리까지 할 수 있다는 게 특장점이다. 전문가용과 개인용으로 구분된다.

특히 2023년 핸디레이 시리즈는 레이저 채혈 기술이 신의료기술평가에서 안전성과 유효성을 인정받아 신의료기술(신의료기술 명칭: 레이저 천자 기구를 이용한 피부 천자)로도 등록됐다. 이뿐만 아니라 미국 FDA, 유럽 CE, 브라질 위생감시국(ANVISA) 등 총 31개의 인증허가를 획득했다. 품질과 안전성 면에서 높은 평가를 받고 있다는 뜻이다.

라메디텍 관계자는 "핸디레이 시리즈는 바늘 채혈기보다 통증이 훨씬 작으면서도 정확하고 안전하게 채혈할 수 있게 해준다"며 "기존 레이저 채혈기의 한계인 혈액 변성 문제도 해결해 큰 호평을 받고 있다"고 강조했다. 이는 세계 140여 곳에서 제품을 판매하고 있는 현장 진단 전문업체 바디텍메드가 라메디텍의 지원에 나선 배경이기도 하다. 바디텍메드는 2023년부터 3년간의 라메디텍의 개인용 '핸디레이 라이트', 병원에서 사용되는 전문용 '핸디레이 프로'와 일회용 소모품을 도맡아 유통하기로 했다. 대한당뇨병학회에 따르면 글로벌 채혈기 시장규모(2021년)는 약 11조 원이다.

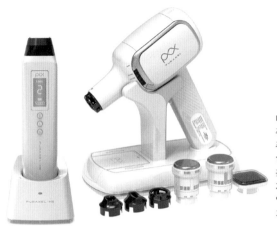

미용 분야 주력 제품인 퓨라셀(오른쪽). 홈케어 버전인 퓨라셀미(왼쪽)는 한 샷으로 약 100여 개의 레이저 마이크로 홀을 생성. 레이저 본연의 재생 효과와 더불어 앰플 등의 영양분 침투를 촉진해 피부 개선에 도움을 준다.

라메디텍의 미용 부문 주력 제품은 피부미용 의료기기 '퓨라셀'이다. 라메디텍은 바디텍메드와 협력으로 의료 부문이 안정된 만큼 2023년 미용기기 사업 확장에도 속도를 내고 있다. 이를 위해 퓨라셀의 홈케어 버전인 '퓨라셀미'를 전면에 내세웠다. 한 샷으로 약 100여 개의 레이저 마이크로 홀을 생성, 레이저(어븀야그) 본연의 재생 효과와 더불어 앰플 등의 영양분 침투를 촉진하는 메커니즘으로 피부 개선에 도움을 주는 제품이다.

라메디텍은 퓨라셀미의 외연도 외부 협력을 통해 확장하고 있다. 최근 뷰티·화장품 전문 기업 '올바른'과 손잡았다. 퓨라셀미를 주문자위탁생산(OEM)해 규모의 경제를 이뤄낸다는 목표다. 2023년 5월에는 근감소증 솔루션 기업 '엠투웬티'와 사업 활성화를 위한 업무협약도 체결했다. 양사는 퓨라셀과 엠투웬티 헬스케어 플랫폼 '마요홈'의 기술협력을 강화하고 새로운 비즈니스 모델을 구축하기로 했다. 시장조사업체 빈츠리서치에 따르면 세계 피부미용 의료기기 시장규모는 2024년 178억 달러로 커진다.

라메디텍 관계자는 "2023년 의료, 미용 부문뿐만 아니라 반려동물을 사업도 본격적으로 확장해 회사의 3대 먹거리로 키울 것"이라며 "아토피성피부염, 식이성알레르기염, 염증성 피부염 등에 관한 임상데이터에 기반해 반려동물 전용 제품으로 차별화를 꾀할 것"이라고 강조했다.

메디아나

● 생체 신호 측정 기술 기반 의료기기 전문기업 ●

길문종 대표이사
· 연세대 의용전자공학 학사
· 미 폴리텍대 바이오공학 석사
· 연세대 의용전자공학 박사
· 메디슨 해외영업부

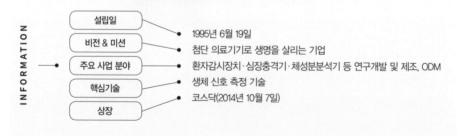

INFORMATION

설립일	1995년 6월 19일
비전 & 미션	첨단 의료기기로 생명을 살리는 기업
주요 사업 분야	환자감시장치·심장충격기·체성분분석기 등 연구개발 및 제조, ODM
핵심기술	생체 신호 측정 기술
상장	코스닥(2014년 10월 7일)

'30년 뚝심' 결실… 안정적 수익 기반 확보

1995년 길문종 대표가 세운 메디아나는 생체 신호 기술을 기반으로 환자감시장치, 심장 제
세동기, 체성분분석기를 개발·제조하는 의료기기 전문기업이다. 2014년 10월 코스닥시장
에 입성했다.

길 대표는 메디슨(현재 삼성메디슨) 해외영업부장 출신으로 30년 가까이 의료기기 업계에 몸담고 있다. 우리나라가 의료기기 불모지나 다름없던 시절 의료기기산업에 뛰어든 1세대 창업자이기도 하다. 그는 미국 의료기기 회사 휴렛팩커드의 환자감시장치 국내 대리점을 운영하며 익힌 기술을 바탕으로 1995년 메디아나를 세웠다. 2000년부터 자체 개발한 환자감시장치를 아일랜드 의료기기 업체 코비디언에 공급하며 사업이 본궤도에 올랐다. 코비디언은 지난 2017년 메드트로닉에 인수됐다. 메드트로닉은 현재 매출액 기준 글로벌 1위 의료기기 기업이다. 메드트로닉과의 제조업자개발생산(Original Development Manufacturing, ODM, 개발 능력을 갖춘 제조업체가 판매망을 갖춘 유통업체에 상품 또는 재화를 제공하는 생산방식) 사업으로 인한 매출 비중은 29.7%를 차지한다.

메디아나가 20여 년간 ODM 사업으로 전 세계에 납품한 장비 수는 100만여 대에 달한다. 외부 주문에 의존하기 때문에 해당 국가 경기 흐름 등에 영향을 많이 받기도 하지만 그만큼 브랜드 인지도를 높일 수 있었다. 'Made in Korea by Mediana'가 적힌 상품들을 수출하면서 메디아나를 알렸고 이는 매출 증대로 이어졌다. 길 대표는 "많은 국내 의료기기 업체들이 ODM 방식으로 글로벌기업에 제품을 납품했지만 살아남은 기업은 많지 않다"며 "제품 하나에만 문제가 생겨도 전량 리콜이 되는 등 위험 요소가 많기 때문에 결코 쉽지 않은 사업"이라고 말했다.

ODM 외에도 메디아나의 포트폴리오는 환자감시장치, 자동심장충격기, 체성분분석기, 소모품 카테터, 중심정맥 카테터(PICC)로 나눌 수 있다. 메디아나는 이 제품들을 전 세계 80개국 이상에 수출하고 있으며 전체 매출의 80%가 수출에서 나온다. 메디아나가 차세대 성장 동력이 될 것으로 기대하는 제품은 체성분분석기와 PICC(체내에 삽입하는 관)다. 체성분분석기의 경우 2023년부터 본격적으로 시장에 진입해 매출 점유율을 높여나갈 예정이다. 2019년 선보인 보급형 체성분분석기 i20, i30에 이어 고급형 i50, i55도 2022년 출시했

환자감시장치

| M50 | M50s | M40 | M32 | M20_Vet |

다. 미국을 중심으로 글로벌 시장을 적극 공략하겠다는 전략이다.

사업 다각화를 위해 의료용 소모품 개발에도 박차를 가하고 있다. 카테터의 일종인 PICC 는 암 환자 혹은 만성질환자를 대상으로 심장에 직접 약물을 투여할 수 있게 하는 제품이다. 전문가용 소모품 소재로, 2022년부터 서울아산병원, 국립암센터, 충북대병원 등을 비롯한 국내 주요 대학병원에 납품을 시작해 시장에 성공적으로 안착했다는 평가다.

'투자→매출 증가→재투자' 선순환 구조 완성

메디아나의 포트폴리오는 크게 ODM 납품, 환자감시장치, 자동심장충격기, 체성분분석기, 소모품 카테터, 중심정맥 카테터(PICC)로 나눌 수 있다.

ODM의 경우 세계적인 의료기기 회사인 메드트로닉, 독일 지멘스 등과 계약을 통해 해외 진출을 계속해서 확대해가고 있다. 세계적인 글로벌기업들이 요구하는 수준의 제품 생산과 관리능력을 갖춘 회사는 국내에선 메디아나가 거의 유일하다. 이 같은 거래관계를 기반으로 안정적인 영업 구조를 다졌고 자사 브랜드를 발전시킬 수 있었다.

최근 인공지능(AI), 원격의료, 웨어러블 의료기기 등이 전 세계적으로 성장함에 따라 메디아나도 관련 기술을 제품에 접목시키고 있다. 메디아나 대표 제품인 환자감시장치의 경우 기존 환자감시장치에 AI 기술을 접목한 신제품을 2024년 출시할 예정이다. 현재 환자감시장치에는 환자 맥박과 호흡수, 환자 의식 상태 등을 체크하는 EWS(Early Warning Score)가 탑재돼 있다. 메디아나는 이를 발전시켜 뷰노, 연세대 산학협력단과 함께 'AI 기반 중증 악화 예측 시스템'을 개발 중으로, 식품의약품안전처(식약처) 임상계획 승인을 받은 후 임상시험을 진행하고 있다. 2024년 국내 허가를 받겠다는 목표다. 메디아나의 환자감시장치는 2022년 약 120억 원의 매출을 기록했다. 다만 글로벌 의료기기 기업과의 치열한 경쟁은 불가피한 상황이다. 시장분석기관 글로벌데이터의 분석에 따르면 2020년 세계 환자감

바이탈 모니터

| V20 | V10 |

고급형 심장충격기(제세동기)

| D700 | D100 |

시장치 시장규모는 약 58억 달러(약 7조 6,500억 원)로 추정된다. 전 세계 환자감시장치 시장의 60% 이상을 글로벌 의료기기 기업인 필립스, GE헬스케어가 점유하고 있다. 상위 6개 업체가 전체 시장의 90%를 차지하고 있다. 메디아나의 매출액을 근거로 세계시장 점유율을 추정하면 약 0.8%다. 국내시장에서 메디아나 환자감시장치의 점유율은 약 20% 정도다. 한편 2023년 1분기 가장 매출 비중이 높은 제품은 자동심장충격기다. 2022년 10월 유럽 의료기기 제품 인증(Medical Device Regulation, MDR CE)을 받으면서 자동심장충격기 부문 사업 성장에 탄력이 붙었다. 자동심장충격기 매출은 2021년 96억 원에서 2022년 134억 원으로 40% 가까이 올랐다. 메디아나는 2022년 10월 자동심장충격기 제품 중 하나인 'A16'에 대해 기존 유럽 MDD(Medical Device Directive) CE 인증에서 요건이 더욱 강화된 유럽 의료기기 인증 MDR CE 인증을 3등급 제품으로 획득했다. 이는 국내 자동심장충격기 제조사 중 최초다. MDR CE 인증은 임상 평가된 고품질의 의료기기를 환자가 선택, 접근할 수 있는 객관적인 규칙과 규정이다. 국내 제조사 중 가장 먼저 획득해 유럽시장은 물론 글로벌 시장에서 유리한 고지에 올라섰다는 평가다. 길 대표는 "메디아나의 축적된 생체 신호 처리 기술과 위험 관리 및 기능 안전 기술이 자동심장충격기 개발 초기부터 집중 투입되도록 투자됐다"며 "판매 초기부터 8년간 환자 데이터를 꾸준히 확보·분석해 나라별 임상 평가 규제에 빠르게 대처한 점이 MDR CE 인증에 주효했다"고 말했다.

글로벌 헬스케어 기업 목표… M&A 적극 추진

PICC의 성공적 시장 안착은 메드트로닉 등 글로벌 의료기기 기업에 ODM식으로 제품을 납품하는 과정에서 쌓아온 인지도가 시장 진입에 유리하게 작용했다는 분석이 나온다. 카테터는 고부가가치 제품이고 고령화 등 영향으로 관련 산업도 급성장하고 있다. 세계 카테터 관련 산업은 2020년 기준 47조 원에 이르며 연평균 성장률은 7.2%에 달한다.

중앙집중감시장치

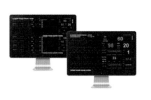

InfowareG

자동 심장충격기(제세동기)

A16   A15   AED Trainer T15 / T16

체성분분석기의 경우 2023년부터 본격적으로 시장에 진입해 시장점유율을 높여나갈 예정이다. 2023년 예상 매출액은 40억 원이다. 체성분분석기는 최근 전 세계적으로 비만과 과체중 인구 증가로 수요가 늘어나는 추세다. 연평균 성장률은 8.7%로 알려져 있다. 메디아나는 2019년 보급형 체성분분석기 i20, i30를 출시했고 2022년에는 고급형 제품인 i50, i55를 출시했다. 미국을 중심으로 글로벌 시장을 적극 공략하겠다는 전략이다.

이처럼 수익 다각화에 성공하면서 매출도 꾸준히 성장세다. 2022년에는 매출액 683억 원, 영업이익 106억 원을 각각 기록했다. 코로나19 팬데믹 당시 산소호흡기와 환자감시장치 수요 폭발로 기록한 매출액(675억 원)을 경신한 사상 최대 매출이다. 2023년 예상 매출액도 850억 원에 육박할 것으로 회사는 기대하고 있다. 2025년에는 1,000억 원 매출 달성도 가능할 것이란 전망이 나온다.

일각에서는 회사가 탄탄한 현금성자산을 바탕으로 인수합병(M&A)에 나설 수 있다는 가능성도 제기된다. 회사의 현금보유액은 460억 원이며, 회사의 부채비율은 2022년 말 기준 14.2%, 자본금과 이익잉여금을 합친 자본총계는 916억 원에 달한다. 자본총계는 지난 2017년 이후 2배 이상 성장했다. 시가총액은 914억 원(2023년 6월 30일 종가 기준) 수준이다. M&A와 관련해 길 대표는 "중장기적으로 실속 있는 비즈니스 모델을 찾고 있다"며 "AI나 메타버스, 로봇 관련 기술은 아직 완성도가 낮지만 산업 흐름이 그쪽으로 움직이고 있는 만큼 해당 업체들을 위주로 검토하고 있다"고 말했다.

메디아나는 궁극적으로 글로벌 헬스케어 기업을 목표하고 있다. 2024년까지는 성장과 확장에 집중하고 2025년에는 포트폴리오 완성과 지속적인 성장 체계 구축을 마친다는 계획이다. 그 과정에는 체성분분석기 다양화, 카테터 사업 및 소모품 소재 사업 다양화 등이 중심축으로 자리 잡을 전망이다.

체성분분석기

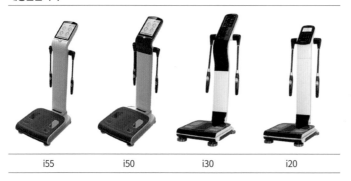

| i55 | i50 | i30 | i20 |

플라즈맵

● 바이오 플라스마 의료기기 개발 전문기업 ●

임유봉 대표이사
· 카이스트 물리학 학·석·박사
· LG전자 연구원
· 한화테크엠 연구원

윤삼정 대표이사
· 서울대 화학생물공학 학사
· 보스턴컨설팅그룹(BCG) 이사
· Modu Communications COO

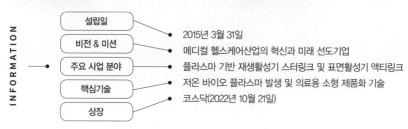

INFORMATION

설립일	2015년 3월 31일
비전 & 미션	메디컬 헬스케어산업의 혁신과 미래 선도기업
주요 사업 분야	플라스마 기반 재생활성기 스터링크 및 표면활성기 액티링크
핵심기술	저온 바이오 플라스마 발생 및 의료용 소형 제품화 기술
상장	코스닥(2022년 10월 21일)

바이오용 저온 플라스마 멸균기, 스터링크로 스타트

바이오 플라스마 의료기기 전문기업인 플라즈맵은 2015년 임유봉 대표가 카이스트 물리학과 박사과정을 밟던 중 설립한 바이오 벤처다. 카이스트 및 미국 퍼듀대에서 물리학 학사 및 석사, 그리고 박사과정을 밟은 임유봉 대표가 인공위성에 사용되는 플라스마 엔진 기술을 바이오 분야로 전환하며 멸균기 사업에 뛰어든 것이 플라즈맵의 시작점이다. 플라즈맵은 다양한 사업 아이템을 성공적으로 출시하며 2022년 10월 코스닥시장에 기술특례로 상장했다.

플라즈맵은 다양한 의료기기들의 2차 감염을 예방하기 위해 활용되는 플라스마 저온 멸균기와 임플란트 등 생체 식립 소재의 활성도를 올려주는 플라스마 표면처리기 등 크게 2개의 사업 모델을 보유하고 있다.

플라즈맵의 대표 제품인 플라스마 멸균기 '스터링크(STERLINK)'는 회사 설립 후 2년 반만에 완성한 제품으로, 지난 2021년 11월 미국 식품의약국(FDA)으로부터 세계에서 4번째로 2등급 의료기기 품목허가를 받았다. 스터링크는 플라스마 멸균기 영역에서 미국 외 지역 기업으로는 최초로 FDA 허가를 획득한 사례였다. 또한 승인 당시 미국 내 출시된 멸균기 제품과 차별성이 있는 소형 플라스마 멸균기였다.

임 대표는 "병원에서 쓰는 수술 도구 등 수많은 물품이 멸균을 거쳐야 하는데, 기존에 많이 활용되는 고온 증기 대형 멸균기는 다양한 문제점이 있었다"며 "멸균 시간이 수 시간 이상으로 오래 걸리고, 실리콘 및 플라스틱 기구들은 열손상의 위험에 노출돼 사용이 불가능하다는 문제도 있었다"고 운을 뗐다.

플라즈맵의 스터링크는 맞춤형 파우치인 '스터팩'을 통하여 55℃ 이하의 저온에서 7분 만에 멸균을 진행하며 기존 시장의 방식을 완전히 변화시켰다. 멸균제인 과산화수소를 스터

과산화수소 직주입 방식이 최초로 도입된 스터링크 내부 모습.

팩에 직접 주입하는 멸균 방식과 이를 운용할 수 있는 기기적 특성을 구현하기 위해 150개가 넘는 특허를 출원했으며, 이러한 성능을 인정받아 FDA와 유럽 안정 관련 통합규격인증(CE) 등 50여 개국 이상에서 인증을 받고 제품을 출시한 바 있다.

최근 최초 시장 진입 업체인 존슨앤드존슨의 플라스마 멸균기와 관련된 일부 특허가 만료되면서, 국내외에서 저온 플라스마 시장에 진입하는 업체가 많이 생겼으나 미국과 유럽 등 주요국에서 동시에 성능을 인정받은 소형 멸균기를 내놓은 기업은 플라즈맵뿐이다. 이러한 성능적 차별성을 기반으로 최근 북미 재향군인회에 군납을 진행하는 등 해외 시장에서의 보폭을 빠르게 넓혀가고 있다.

멸균→임플란트까지, 두 번째 사업 모델도 시장 안착 성공

플라즈맵의 두 번째 사업 모델은 임플란트, 인공 관절, 3D 프린팅 소재 등 생체 식립 소재와 관련된 시장을 정조준한다. 약 55조 원이 넘는 대형 시장인 식립 소재 시장에서는 각종 임플란트 및 인공 소재가 수술 후 안정적으로 식립되는 것을 의미하는 '본 투 임플란트(Bone to Implant)' 수치가 높게 나오는 것이 가장 중요한 요소다. 플라즈맵은 플라스마 표

면처리를 통해서 각종 임플란트의 식립성을 2배 이상 개선할 수 있는 획기적인 제품인 표면활성처리기 '액티링크(ACTILINK)'를 개발해 출시하는 데 성공했다.

임 대표는 "임플란트나 인공고관절 등은 티타늄 재질로 구성돼 있고, 아무 처리도 하지 않으면 티타늄 표면에 유기물 등 불순물이 없는 깨끗한 공간은 약 40%에 그친다"며 "이를 끌어올려 생체적합률을 높일수록 임플란트 이식 성공률이 증가하며 부작용은 감소한다. 액티링크는 1분의 처리시간을 통해 깨끗한 표면적을 90%까지 끌어 올린다"고 설명했다.

그는 이어 "'무균'과 '깨끗함' 등 두 가지 개념을 일반적으로 '같다'고 생각하는 경향이

1분 내로 깨끗한 표면적을 90%까지 끌어올리는 표면처리기 액티링크 시리즈. 차례로 플러스(Plus), 리본(Reborn) 모델.

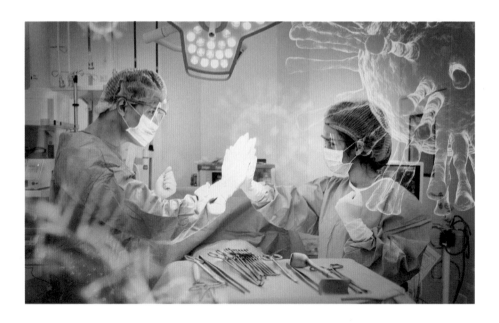

있다"며 "멸균을 통해 균을 죽인 상태가 무균이며, 그 자리에 죽은 균의 시체가 남아 있기 때문에 깨끗하다고 볼 수 없다. 균의 시체는 물론 멸균을 위해 사용한 멸균제의 독성까지 없애야만 '깨끗하다'고 말할 수 있다"고 덧붙였다. 모든 식립 소재는 멸균을 거쳤음에도 깨끗하지 않은 상태이며, 이를 액티링크를 통해서 깨끗한 상태로 만들면 본 투 임플란트 수치가 올라갈 수 있다는 얘기다.

액티링크의 경우 하버드대 교수진과 동물실험에서 성공적인 결과를 도출했으며, 현재 뉴욕대와 임상시험을 진행하고 있다. 특히 플라즈맵 연구진은 미국에서 진행한 전임상 및 임상시험을 기반으로 2024년 초 FDA에 신기술 의료기기 등록허가를 진행할 것이라고도 발표했다.

이러한 두 가지 사업 모델을 기반으로 플라즈맵은 2020년 20억 원, 2021년 63억 원, 2022

⬡⟨⟩⬡ 스터링크 미니 FDA 인증

소형 플라스마 멸균기 스터링크 미니와 부속품 카트리지 스터로드 미니가 미국 FDA 인증을 획득했다. 스터링크 미니는 2021년 FDA 인증을 받은 스터링크 15sp의 소형 제품이다.

기흥에 위치한 플라즈맵 연구소 전경.

년 133억 원의 매출을 기록하며 고속 성장을 이어왔다. 플라즈맵의 공동대표인 윤삼정 대표는 "최근 3년간 연속 2배 이상 매출이 성장했고, 2023년 수익성이 과거 대비 큰 폭으로 개선됐다. 1,500억 원에 달하는 수주잔고와 해외시장에서 신규 제품에 대한 반응을 미뤄볼 때 빠르게 손익분기점(BEP)을 달성할 수 있을 것으로 확신한다"고 강조했다.

실제 북미의 재향군인회 및 정형외과 전문병원인 HSS(Hospital for Special Surgery) 등 종합병원에서 플라즈맵의 제품 활용도가 빠르게 증가하고 있으며, 일본 등 타 국가에

기존 일반 소형 멸균기보다 10배 이상 빠른 7분 만에 물품을 깨끗한 상태로 만들 수 있는 스터링크 시리즈. 차례로 FPS-15s 플러스(Plus, 14리터), 미니(Mini, 7리터), 라이트(Lite, 6리터) 모델.

서도 출시와 함께 폭발적인 반응을 보여주고 있다.

한편 플라즈맵은 새로운 사업 모델로 로봇수술 및 3D 프린팅 소재를 위한 멸균기와 표면처리가 동시에 되는 제품, 그리고 피부조직 자극처리기 등을 개발하고 있다고 밝혔다. 회사 측은 개발 중인 제품들 또한 다양한 국가의 종합대학 연구진과 임상 및 전임상을 두루 진행하고 있어, 2024년 이후 새로운 성장동력을 시장에 선보일 수 있을 것으로 전망하고 있다.

하이센스바이오
● 난치성 치과 질환 치료제 개발 기업 ●

박주철 대표이사
· 조선대 치의학 학사·석사
· 서울대 치의학 박사
· 서울대 치의학대학원 교수
· 한국연구재단 전문위원
· 국제치과연구학회 한국지부회 회장

INFORMATION

설립일	2016년 7월 25일
비전 & 미션	세계적인 난치성질환 전문 치료제 개발 기업
주요 사업 분야	난치성 치과 질환 치료제 개발
핵심기술	치과 질환 전문 치료제 개발 기술 덴토파인
상장	비상장(2023년 8월 현재 한국거래소 예비심사 신청)

세상에 없는 상아질 재생 기술

2016년 하이센스바이오를 설립한 박주철 대표는 치학 연구 권위자로 평가받는다. 1999년
부터 20여 년간 치아 발생 및 상아질 재생 원천기술을 연구해왔다. 그 결과 상아질 재생 핵
심 물질인 '코핀7(CPNE7)' 단백질을 발굴했고, 본격적으로 재생 치과 치료제 개발에 돌입

했다. 해당 기술에 가장 먼저 주목하고 관심을 보인 것이 황만순 한국투자파트너스 대표다. 최근에는 오리온홀딩스가 관심을 보였고, 조인트벤처를 설립했다.

현재 서울대 치의학대학원 교수로도 재직하고 있는 박 대표는 "당시 황만순 한국투자파트너스 상무가 상아질 재생 기술을 살펴보고 먼저 관심을 표시했다. 기술에 대한 가능성을 보고 투자까지 제의했다"며 "하이센스바이오가 지금까지 올 수 있었던 것은 황 대표의 역할이 크다"고 말했다. 황 대표는 국내 최대 벤처캐피털(VC)인 한국투자파트너스를 이끌고 있고, 바이오 투자 일인자로 손꼽힌다. 황 대표는 "오리온홀딩스와 하이센스바이오가 하고자 하는 치과 치료제는 세상에 없던 것을 만드는 것이다. 현재까지 치아 재생 기술을 개발한 곳은 하이센스바이오 외에 없다"며 "국내 임상1상에서 이미 안전성과 유의성을 확인한 상태로 시장성은 무한하다"고 평가했다. 하이센스바이오는 상아질 재생 기술로 대한치의학회 학술상 금상을 수상했다. 2019년에는 산업통상자원부로부터 '이달의 신기술' 상을 받았다. 중소벤처기업부로부터는 '아기유니콘'으로 선정됐다.

하이센스바이오는 CPNE7 단백질 유래 펩타이드인 셀코핀타이드(Selcopintide)를 세계 최초로 개발하여 그동안 재생이 불가능한 것으로 알려진 치아 상아질과 치주인대를 재생하는 기능을 통해 치아지각과민증(시린이)과 치주질환 치료제를 개발하고 있다. 임상1상에서 안전성을 확인했고, 임상2a상을 성공적으로 완료하고 2b상을 준비하고 있다. 박 대표는 "셀코핀타이드가 상아모세포에 작용해 상아세관을 봉쇄하고 생리적 상아질을 재생시킨다"며 "재생 기반 신규 물질로 치과 질환 치료제를 개발하고 있는 기업은 우리가 세계 최초"라고 강조했다.

상아질 재생 기술은 최근 바이오를 신사업으로 택한 굴지의 유통기업 오리온 눈에도 띄었다. 하이센스바이오의 기술력과 시장성을 확인한 오리온은 오리온홀딩스를 통해 6 대 4 비율로 오리온바이오로직스라는 조인트벤처까지 설립했다. 오리온에 하이센스바이오를 소개한 인물은 이승호 데일리파트너스 대표다. 하이센스바이오에 투자한 VC 중 한 곳인 데일리파트너스는 제약·바이오 애널리스트 출신 이 대표가 이끌고 있으며, 바이오 전문 투자 VC로 외연을 확장하고 있다.

오리온바이오로직스는 하이센스바이오가 개발 중인 시린이 치료제에 대해 중국, 러시아, 동남아시아 판권에 이어 국내 판권까지 확보했다. 이를 전문의약품 치료제와 소비재 치약으로 개발해 치과 사업을 추진하고 있다. 이들 시장을 제외한 미국, 유럽 등 다른 지역의 판권은 하이센스바이오가 또 다른 기술이전을 추진하고 있다.

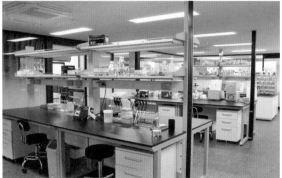

하이센스바이오는 2023년 5월 코스닥 기술특례상장을 위한 기술성평가에서 A, BBB 등급을 획득하며 통과했다. 이어 7월 25일에는 상장예비심사를 청구한 상태다.

세상에 없던 상아질 재생 기술에 시장도 높은 관심을 보이고 있다. 회사가 상아질 재생 기술로 개발하고 있는 치과 치료제는 시린이, 충치 치료제다. 해당 시장은 세계적으로 약 35억 명의 환자가 있는데 반해 근본적인 치료제가 아닌 물리적 치료만 이뤄지고 있어 블루오션으로 평가받고 있다.

박 대표는 "하이센스바이오가 타깃하고 있는 치과 치료제 시장은 약 250조 원에 달한다. 개발에 성공하면 '퍼스트인클래스' 제품이 된다"며 "치료제 개발에서 더 나아가

퍼스트인클래스 치과 치료제 개발에 매진하고 있는 하이센스바이오의 본사 전경(맨 위)과 재생치의학연구소 내부 모습.

예방이 가능한 시스템을 구축할 것"이라고 말했다.

핵심 파이프라인 시린이 치료제, 2023년 2b상 신청

하이센스바이오의 파이프라인은 총 6개로 치아지각과민증(시린이), 상아질우식증(충치), 법랑질형성부전증, 치주질환, 동물 치주질환, 기능성 치약 및 가글 개발을 추진 중이다.

이 중 임상 진행 속도가 가장 빠른 파이프라인은 시린이 치료제 'KH-001'이다. 현재 국내

하이센스바이오의 덴토파인 파이프라인 현황

프로그램		적응증	연구 및 탐색	전임상	임상1상	임상2상	임상3상
상아모세포 활성화	KH-001	치아지각과민증(시린이)					
	KH-002	상아질우석증(충치)					
	HBO-001	법랑질형성부전증					
치주인대 섬유모세포 활성화	KH-201	치주질환					
	HB-902	동물 치주질환					
소비재 확장	HBC-001	기능성 치약/가글					

임상2a상을 완료했는데, 근본적인 치료가 가능한 퍼스트인클래스 제품이다. 시린이는 물리적 또는 화학적 원인에 의해 상아질이 손상되고, 상아질 및 상아세관 내 신경이 외부에 노출돼 생기는 질환이다. 20대 후반부터 발생할 수 있고, 연령에 따라 이환율도 높아진다. 찬물 등 다양한 외부 자극에 노출될 때 시리거나 찌릿한 강렬한 통증이 동반되는데, 한 번 이환되면 현재로서는 치료법이 없는 실정이다. 다만 기존 치료는 치과재료에 중점을 둔 치료법으로, 근본적인 치료가 어려워 새로운 접근 및 치료법에 대한 니즈가 크다. 실제로 미국, 영국, 프랑스, 독일, 이탈리아, 스페인 등 주요 국가 의료진의 근본적인 시린이 치료제에 대한 니즈는 80% 이상으로 집계됐다.

KH-001은 세계 최초 생리적 상아질 재생 기전을 갖고 있다. 상아모세포를 재활성화하고, 노출된 상아세관의 생리적 재광화에 의한 봉쇄를 통해 최종적으로 생리적 상아질을 재생시킨다. 구강 내 산성 환경 대비 낮거나 높은 열 환경에서도 안정성을 확인했다. 노출된 상아세관의 생물학적 봉쇄로 조직액 누출 방지 효과도 입증했다. 해당 연구 성과는 미국 〈근관치료학회지(Journal of Endodontics)〉에 게재된 리뷰 논문을 통해 하이센스바이오의 원천기술만이 생리적 상아질 재생을 가능케 했음을 확인받았다.

KH-001 임상1/2a상에서는 시험군 전체 안전성을 확인했다. 또 시험군에서 시린이 경감 효과를 확인했다. 2023년 내 국내 임상2b상을 추진할 예정이다. 오리온바이오로직스에 중국 등 일부 국가에 한해 기술이전을 한 데 이어 2023년 9월에는 한국을 대상으로 한 기술이전 계약도 체결했다. 북미, 유럽 등 선진국 시장 진입을 위해 국내 1/2a상 결과를 바탕으로 미국 임상도 추진 중이다. 글로벌 임상시험수탁기관(CRO)인 시네오스헬스케어와 계약을 맺고 사전 임상시험계획(pre-IND) 협의를 진행 중이다. 회사는 국내 임상 결과를 통해 미국에서 임상1상 면제도 가능할 것으로 기대하고 있다.

박 대표는 "연구 중심 바이오 벤처로서 오픈 이노베이션 전략 하에 지역별 가장 이상적인 파트너와 함께 사업을 진행할 계획이다"라며 "오리온바이오로직스를 통해 치과 치료 환경이 열악한 중국과 동남아 지역에서 치약 등의 소비재를 출시해 빠른 사업화를 진행하고, 선진국은 임상시험과 파트너링 활동을 병행해 사업을 진행할 것"이라고 말했다.

퍼스트인클래스 시린이 치료제 KH-001 기전

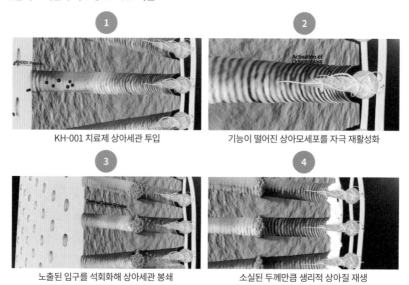

KH-001 치료제 상아세관 투입	기능이 떨어진 상아모세포를 자극 재활성화
노출된 입구를 석회화해 상아세관 봉쇄	소실된 두께만큼 생리적 상아질 재생

시린이 치료제와 함께 핵심 파이프라인으로 분류되는 치료제가 충치 치료제 'KH-002'다. 충치 억제제라는 표현이 더욱 정확하다는 게 회사 측 설명이다. KH-002를 충치 진행 부위에 바르면 상아모세포를 활성화해 상아세관 봉쇄, 상아질 재생, 세균 진행 정지, 염증 악화를 예방하는 기전이다.

박 대표는 "KH-002를 충치 억제제라고 표현하는 이유는 KH-002로만 충치를 치료하는 것은 아니기 때문이다. 충치가 생기면 아말감 또는 레진 치료를 하게 되고, 결국에는 임플란트까지 이어진다. 하지만 재발률이 높은 것이 문제"라며 "충치 치료를 할 때 우선 KH-002를 바른 뒤 기존 치료를 하게 되면 상아세관에 잔존하는 박테리아를 소멸시켜 충치 재발률이 현저히 떨어진다"고 설명했다.

이 외에도 하이센스바이오는 상아질 재생 기술을 통해 희귀질환으로 분류된 법랑질형성부전증 증상인 통증을 개선하는 치료제도 개발 중이다. 법랑질형성부전증은 법랑질의 불완전한 형성으로 인해 치아 마모 및 파손, 손실, 충치 등이 발생하고 이에 따른 극심한 통증이 특징이다. 미국에서 희귀질환으로 지정됐고, 해당 치료제도 2023년 2월 미국 식품의약국(FDA)에 희귀의약품 지정을 신청한 상태다. 회사는 치료제를 통해 극심한 고통을 줄이는 것을 1차 목표로 하고 있다.

동물 치주질환 치료제로 캐시카우까지 확보

하이센스바이오는 세계적 수준의 치의학 연구 전문 인력과 치의학 관련 전문 학술 및 경영자문단을 통해 세상에 없던 치료제를 개발 중이다. 전체 인력 34명 중 60%인 23명이 연구원이다. 이 중 치과의사 3명, 치위생사 3명, 약사 3명, 수의사 1명, 치의(과)학 박사가 11명에 달한다.

이 회사는 인간 대상 근본적인 치과 치료제와 함께 동물 치과 치료제를 개발하고 있어 글로벌 애니멀 헬스케어사의 관심을 한 몸에 받고 있다. 하이센스바이오가 개발 중인 동물 치과 치료제는 치주질환을 타깃한다. 반려견과 반려묘가 증가하는 것과 더불어 치주질환도 증가 추세다. 하지만 이를 예방하거나 치료할 수 있는 전문의약품은 전무하다.

하이센스바이오에 따르면 늘어나는 반려동물 개체수로 인해 수의치과 시장이 빠르게 성장하고 있다. 미국의 경우 전년 대비 17%나 성장했다. 고양이의 경우 약 70%, 강아지의 경우 3세 이상 87%에서 치주질환이 발생한다. 실제로 그랜드뷰리서치 등에 따르면 글로벌 반려동물 치주질환 치료 시장규모는 2021년 22억 달러(약 2조 8,963억 원)에서 연평균 6.5% 성장해 2030년 36억 달러(약 4조 7,394억 원)에 달할 것으로 전망된다.

박 대표는 "고양이와 강아지는 충치가 없다. 치아가 부식되는 충치가 생기려면 산성이 돼야 하는데, 고양이와 강아지의 입안은 알칼리성이기 때문"이라며 "대신 알칼리성으로 인해 치아 연조직 파괴가 많이 일어난다. 고양이와 강아지들에게 치주질환이 많이 생기는 이유"라고 설명했다.

동물 치주질환은 치아 주변의 치은과 치주인대 및 골조직의 염증이 발생하는 것을 의미한다. 염증으로 인한 잇몸 부종 및 출혈, 치주낭 발생, 치주인대 및 치조골 파괴로 인한 치아 상실 등의 증상이 나타난다. 특히 치주염을 방치하게 되면 간질환, 당뇨, 심내막염, 관절염 등 전신질환으로 악화할 가능성이 높다. 현재 치료법으로는 발치가 유일하고, 치료비용 과다로 예방 및 치료 기술에 대한 글로벌 동물 제약사의 관심이 증가하고 있다.

회사가 개발하고 있는 동물 치주질환 치료제 'HB-902'는 치주염 비임상시험 모델을 이용해 치주조직 재생 기술을 확인했다. 해당 치료제는 반려동물용 간식이나 기능성식품으로

미국수의치과협회에 따르면 반려견의 경우 세 살 때까지 80%가
잇몸질환 초기 상태에 이른다. 반려동물의 경우 치주질환을 방치하면
전신질환으로 악화되지만 현재 이를 예방하거나 치료할 수 있는
전문의약품은 없는 상태다. HB-902는 치주염 비임상시험 모델을
이용해 치주조직 재생 기술을 확인했다.

는 한계가 있던 치주질환 예방법과는 전혀 다
른 방식으로, 펩타이드 성분이 함유된 다양한 제
형으로 개발해 치주질환 케어를 가능케 한다.

박 대표는 "서울대 수의대 병원에서 비글견 40마리를 대
상으로 HB-902의 연구자 임상을 진행하고 있다"며 "원래 동물 치과 질환 치료제는 개발
범위에 있지 않았으나 우리 기술을 본 글로벌 동물 제약사에서 우리가 갖고 있는 기술에
관심을 보이면서 치료제 개발을 제안, 본격적으로 개발을 시작하게 됐다"고 말했다.

복수의 글로벌 동물 제약사와의 협의를 통해 한국보다 엄격한 동물 임상 글로벌 스탠더드
프로토콜을 확립했으며, 임상 결과 확인 후 빠른 기술이전까지 제안받은 상태다. 유럽의
경우 비글견을 대상으로 한 실험은 금지된 상태다. 따라서 동물 치과 치료제 개발에 꼭 필
요한 비글견 실험을 할 수 없던 차에 하이센스바이오 기술을 접하고 상당한 가능성을 봤다
는 게 회사 측 설명이다.

동물 치주질환 치료제 HB-902는 시린이 치료제 KH-001보다 개발 기간이 짧아 가장 먼
저 캐시카우 역할을 할 전망이다. 하이센스바이오는 2022년 매출 약 60억 원, 영업손실 약
1억 원을 기록했다. 이는 오리온바이오로직스로부터 받은 기술이전 금액이 매출로 잡힌 것

으로, 2023년 역시 KH-001 국내 판권에 대한 기술이전에 따른 매출 유입이 예상된다. 영업손실도 다른 신약 개발 기업처럼 연간 몇백억 원씩 쓰는 구조가 아니라는 점에서 HB-902 상업화에 따른 흑자전환도 기대해볼 수 있다.

박 대표는 "현재 파이프라인 중 HB-902 상업화가 가장 빠르게 이뤄질 것이다. 치과 치료제 개발은 다른 신약 기업과 달리 비용이 많이 들지 않는다. 단기간 임상이 가능하고 비용이 적게 드는 저비용 고효율 분야"라면서 "HB-902 동물실험 결과는 2023년 10월 말에 나올 예정이다. 그 결과가 나오면 글로벌제약사와 기술이전 계약이 체결될 것으로 기대한다"고 말했다.

07
세계의 미에 답하다

제테마

비올

제테마

● 연구 중심의 뷰티 바이오 제약 기업 ●

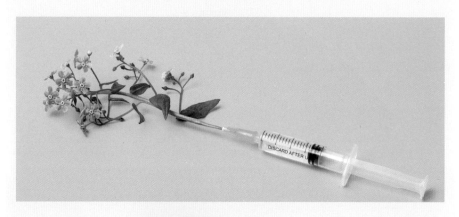

김재영 대표이사
· 경희대 의학 박사
· 휴메딕스 대표이사

INFORMATION

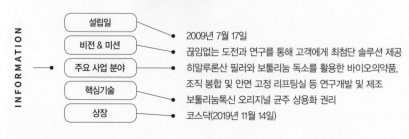

설립일	2009년 7월 17일
비전 & 미션	끊임없는 도전과 연구를 통해 고객에게 최첨단 솔루션 제공
주요 사업 분야	히알루론산 필러와 보툴리눔 독소를 활용한 바이오의약품, 조직 봉합 및 안면 고정 리프팅실 등 연구개발 및 제조
핵심기술	보툴리눔톡신 오리지널 균주 상용화 권리
상장	코스닥(2019년 11월 14일)

물질·계약·인력·시설 완벽⋯ 2024년 매출 1,000억 원 돌파

"2024년엔 매출 1,000억 원을 넘어설 것입니다."

김재영 제테마 대표가 내놓은 실적 전망이다. 제테마는 상장 4년 차에 불과하지만, 벌써 매출 1,000억 원이 가시권에 들어왔다. 제테마의 매출액은 2020년 207억 원→2021년

332억 원→2022년 460억 원→2023년 650~700억 원(전망) 순으로 가파르게 증가했다. 대한민국에서 매출액 1,000억 원을 달성한 벤처기업은 739개(2021년 기준)뿐이다.

김 대표는 "제테마가 식품의약품안전처(식약처)로부터 필러 허가를 받은 마지막 회사"라면서 "그럼에도 제테마의 에티피크 필러는 국내에선 3~4위, 해외에선 60개국에서 고속 성장 중"이라고 진단했다. 이어 "그만큼 에피티크 필러의 제품력이 우수하다"고 강조했다.

제테마 필러는 부작용 요인으로 꼽히는 가교제 함량이 1% 수준으로 경쟁사들의 평균 5% 비중보다 낮다. 그럼에도 몰딩감은 경쟁사 제품과 유사하다. 더욱이 독자적인 공법으로 필러 입자를 균일하게 제조해 뭉침 현상 없이 정교한 시술이 가능하다.

제테마가 뛰어난 필러 제조 기술을 확보할 수 있었던 데는 김 대표가 있다. 그는 휴메딕스 창업자 출신으로, 국내 필러 1세대 기업인이다. 다만 여타 1세대가 필러 시장의 고성장·고마진에 도취했다면, 김 대표는 필러 품질개선에 몰두했다. 그 결과로 명품 필러를 만들어냈다. 김 대표는 "1세대 필러 제품 가운데 가교제 함량이 12%인 제품이 아직 팔리고 있다"면서 "10년 전 제품과 달라진 것이 없다"고 말했다. 이어 "히알루론산 필러는 가교제 함량이 적으면 물처럼 흘러내린다"면서 "가교제 함량을 줄이면서 높은 응집력을 나타내는 게 기술이다. 제테마는 그 기술을 가지고 있다"고 덧붙였다.

제테마 필러는 전 세계 60개국에 진출했다. 해외 진출 중심엔 윤범진 사장이 있다. 윤 사장은 JW중외제약을 거쳐 명인제약에서 전무이사를 역임했다. 윤 사장은 코로나19 시기에도 필러 국외 인허가를 주도했다. 코로나19가 물러가자 제테마 필러의 우수한 제품력과 해외 인허가 확대 전략 효과가 맞물리며 폭발적인 주문이 들어오고 있다.

김 대표는 "2022년 9월 2.5배 증설한 용인 필러 전용 공장이 1년도 안 돼 완전(Full) 가동 상태"라며 "필러 공장 추가 증설을 고민 중"이라고 밝혔다.

제테마의 또 다른 경쟁력은 논란 없는 완전무결한 보툴리눔톡신 균주를 유리한 계약 조건으로 확보한 것이다.

제테마는 영국 국립보건원(PHE) 산하 국

뛰어난 제조 기술로 가교제 함량은 낮추고 제품력은 높여 고속 성장 중인 에피티크 히알루론산 필러.

립표준배양균주보관소(NCTC)로부터 3종류(A, B, E타입) 보툴리눔톡신 균주 상업화 권리를 확보했다. 이 균주는 입센(Ipsen), 멀츠(Merz)의 상용화 균주와 같다.

김 대표는 "비밀 유지 계약에 따라 내용을 자세히 공개하긴 어렵지만 PHE 로열티 조건은 입센보다 유리한 조건"이라고 밝혔다.

입센의 경우 로열티 지급 기간은 42년, 지급률은 8% 수준이다. 반면, 제테마는 로열티 지급 기간이 10년 이내, 로열티 지급률은 입센보다 훨씬 낮은 조건으로 확인됐다.

제테마의 톡신은 최근 국내 임상3상을 끝내고 품목허가 절차를 준비 중이다. 이 톡신은 이미 중국, 브라질, 호주·뉴질랜드, 터키 등 7,000억 원 규모의 사전 수출 계약을 맺었다.

제테마에 톡신 전문가들이 포진해 있다는 점도 향후 기대감을 높이는 요인이다. 우선 대웅제약 신공장센터장으로 cGMP(미 FDA 인증 우수의약품 제조·관리 기준) 경험이 있는 정하종 전무가 있다. 차윤경 상무는 대웅제약 나보타사업센터장 출신으로, 톡신 제제의 미식품의약국(FDA) 승인을 지휘했었다. 김승호 연구소장은 이수앱지스 상무 출신으로 톡신 제제의 임상시험 경험을 보유했다.

제테마는 필러, 톡신을 양대 축으로 물질, 계약, 인력, 시설(원주 톡신 공장, 용인 필러 공장) 등을 완벽하게 확보했다는 평가를 받고 있다.

톡신, 글로벌 경쟁력 갖춰… E타입 균주 확보로 잠재력↑

제테마는 애브비의 '보톡스'와 같은 분자량으로 톡신을 개발해 빠른 시장 침투를 자신하고 있다. 세계 시장점유율 1위(80%)인 애브비(Abbvie)의 보톡스(Botox)는 900킬로달톤(kDa)인데 비해 입센 400kDa, 멀츠 150kDa, 닥시 150kDa 등으로 천차만별인 상황이다. 킬로

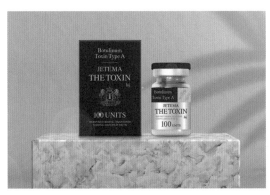

달톤은 분자량을 의미한다. 달톤은 원자 질량 단위로, 주로 단백질과 같은 고분자 물질에 대해 사용한다.

제테마 관계자는 "톡신 분자량이 다르다는 것은 의사 입장에선 시술법이 완전히 다르다는 것을 의미한다"면서 "보톡스로 시술해오던 성형외과 의사가 경쟁사 제품

세계 시장점유율 1위인 애브비의 보톡스와 같은 분자량으로 개발돼 출시 전부터 7,000억 원 규모의 사전 수출 계약을 맺은 제테마의 '더톡신'.

으로 전환하기 어려운 이유"라고 설명했다.

이런 이유로 제테마 톡신은 보톡스와 동일한 900kDa로 개발했다. 제테마 톡신이 제품 출시하기도 전에 7,000억 원 규모의 사전 수출 계약을 맺게 된 배경이다.

게다가 제테마 톡신의 신경독소 함유량은 보톡스의 절반 수준이다. 제테마 톡신의 신경독소 함유량은 2.48나노그램(ng)/100유닛(unit)으로 보톡스의 4.03ng/100unit 보다 크게 낮다. 이 수치는 톡신 중 신경독성 함유량이 가장 낮다고 알려진 제오민 '멀츠'의 2.57ng/100unit 보다도 낮다. 1g은 10억ng과 같다.

제테마 관계자는 "우리 회사의 톡신은 포테이토 기반 펩톤을 기반으로 식물 유래 배지를 사용했다"면서 "기존 동물 유래 배지에서 나올 수 있는 알레르기 원인물질을 제거하고 정제 공정을 간소화하며 톡신 순도를 높인 결과"라고 설명했다. 제테마 톡신은 2019년 세 차례에 걸친 순도 시험에서 99.7%의 고순도를 나타냈다.

생산성에서도 기존 제품을 압도한다. 분말 형태로 만들어지는 제테마 톡신은 건조 공정에서 자체 개발한 특수 감압건조 방식을 이용한다. 상용화된 톡신 제제 중에는 감압건조 방식을 이용하는 보톡스(애브비)와 나보타(대웅제약)를 제외한 대부분의 톡신 제제가 동결건조로 생산 중이다. 제테마가 개발한 특수 감압건조는 보툴리눔톡신이 온도 저항성이 높은 것에 착안해 40℃ 이하의 온도에서 감압 건조하는 방식이다.

제테마 관계자는 "특수 감압건조는 동결건조 대비 제제 불활성화 비율이 낮고 역가 손실을 최소화할 수 있는 장점이 있다"면서 "그 결과 8시간 이상 소요되는 동결건조 방식 대비 건조시간이 2시간으로 단축된다. 특수 감압건조 방식은 1일 1배치 생산으로 높은 생산성을 나타낸다"고 설명했다.

제테마 톡신의 또 다른 경쟁력은 E타입 톡신 균주를 확보했다는 점이다. 제테마는 지난 2017년 A타입 균주에 이어 2019년 E타입 균주를 PHE로부터 도입하는 계약을 체결했다. E타입 균주는 톡신 주입 후 24시간 이내 효과가 나타난다. 대신 톡신 효과는 한 달 이내로 짧다. A타입 균주가 한 달 이후 효과가 나타나 6개월 이상 지속되는 것과 큰 차이다.

김 대표는 "E타입 톡신은 결혼식, 행사, 중요 미팅 등에 앞서 톡신의 단기 효과를 원하는 시장 수요가 클 것"이라며 "아울러 외과수술 후 단기 통증 감소를 목적으로 하는 의료 시장 수요도 상당할 것"이라고 진단했다.

현재 글로벌 시장에서 E타입 균주를 확보한 톡신 기업은 극소수다. 제테마가 이 중 한 곳이다.

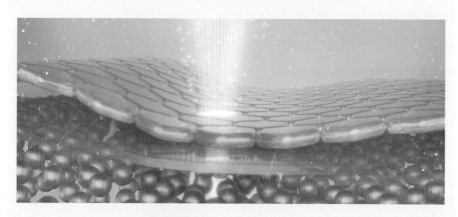

비올
● 피부 미용에서 종합 의료기기 기업으로 도약 ●

이상진 대표이사
· 경북대 회계학 학사
· DMS 최고재무책임자
· 오이티 최고경영자
· 보성풍력발전 감사

INFORMATION

설립일	2009년 10월 22일
비전 & 미션	글로벌 종합 의료기기 기업
주요 사업 분야	피부 미용 의료기기
핵심기술	마이크로니들 고주파
상장	코스닥(2019년 9월 2일)

독자적 마이크로니들 고주파 기술 보유… DMS 인수 후 급성장

국내 피부 미용 의료기기 기업 비올이 성장 가도를 달리고 있다. 비올은 세계 최초 마이크로니들 고주파(RF) 원천기술을 보유한 기업으로 종합 의료기기 기업으로의 도약을 노리고 있다. 특히 비올은 2022년 사상 최대 실적을 기록하면서 2023년 실적 경신 기대감을 키우

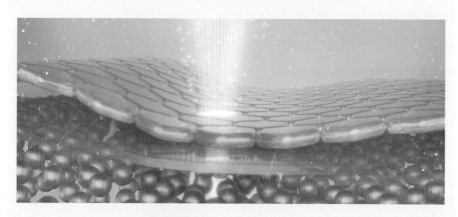

고 있다.

2009년 설립된 비올의 창업주는 라종주 고문이다. 라 고문은 연세대 의대를 졸업한 뒤 순천향대에서 해부학 박사학위를 받았다. 비올의 마이크로니들 고주파 원천기술 중 하나인 '나 이펙트(NA Effect)'는 라 고문이 세계 최초로 발견하고 체계화한 핵심기술이다. 라 고문이 피부과 원장을 지냈던 경험을 토대로 기술을 개발했다. 비올이 최근 비약적으로 성장한 데는 이런 독자적인 기술력이 큰 역할을 했다. 고주파는 피부에 전기신호를 흘려 피부에 자극을 준다. 고주파는 전류가 피부를 통과하면서 전기에너지가 열에너지로 전환돼 40~60℃의 열을 발생시킨다. 열이 발생하면 피부 속 단백질 구조가 변화되고 단백질 응고 등의 변화가 일어난다. 이를 통해 상처가 낫고 조직이 재생되는 효과가 있다.

마이크로니들링 시술은 피부에 미세하게 상처를 내 성장인자를 활성화하고 피부의 자연 치유 과정을 통해 재생시킨다. 비올은 고주파와 마이크로니들링의 장점을 결합한 마이크로니들 고주파 기술을 제품에 활용한다. 이를 통해 비침습 시술보다 더 정확하고 효율적으로 원하는 피부층을 표적할 수 있다. 특히 비올은 세계 최초로 지름이 300마이크로미터(㎛, 100만분의 1m)에 불과한 마이크로니들을 이용한 고주파 피부 미용 의료기기를 개발했다. 마이크로니들을 활용한 의료기기를 만들기가 쉽지 않은 이유는 고주파 사용 시 발생한 열로 피부에 화상을 입을 수 있기 때문이다. 비올은 비(非)절연 방식의 자사 보유 기술을 통해 열을 조절한다.

비올은 2004년 세계 최초로 더마스탬프를 개발해 제품화했다. 더마스탬프는 마이크로니들로 피부를 찔러 약물 흡수용 통로를 만들고 피부 내 섬유질들을 끊어 피부 재생을 촉진하는 수직형 마이크로니들 치료 제품(MTS)이다. 라 고문이 상표권과 디자인 특허를 갖고 있다.

핵심원천기술 '나 이펙트(Na Effect)' 시술 기전

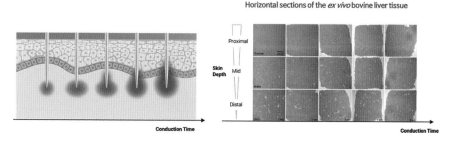

비절연 마이크로니들을 이용한 바이폴라 고주파의 피부 반응을 관찰한 연구에서 발견된 '나 이펙트(Na Effect)'. 마이그로니들 전극 끝에서 조직 응고가 시작돼 전도 시간이 증가함에 따라 물방울 모양의 열응고점이 형성되며 넓게 에너지를 전달하고, 표피의 열손상은 적게 나타난다.

특히 비올은 2019년 중견 디스플레이 장비 기업 DMS에 인수된 뒤 가파르게 성장하고 있다. 비올 인수 당시인 2019년 매출은 111억 원이었고 2022년 매출은 311억 원을 기록하며 3배 이상 증가했다. 영업이익도 37억 원에서 116억 원으로 3배 이상 늘었다. 인수 당시 400억 원 수준이었던 기업가치도 7배 이상 증가한 것으로 전해진다.

모그룹 DMS의 든든한 지원과 더불어 인수 과정에서 대표이사를 맡게 된 이상진 대표의 영향이 컸다는 분석이다. 이 대표는 대우증권과 평화은행, DMS 최고재무책임자(CFO) 등을 거친 재무통으로, 연구통인 라 고문과 시너지를 일으키고 있다는 것이 업계의 평가다. 또한 이 대표와 이상호 상무(CFO)의 주도로 2020년 코스닥시장에 성공적으로 상장했다. 특히 이 대표는 2021년 마케팅부서를 신설하며 비올의 인지도를 높이는 데도 주력했다. 그 결과 비올은 2022년 매출액과 영업이익 모두 창사 이래 최대 규모를 기록했다.

2022년 영업이익률도 42%에 달했다. 관련 업계 영업이익률 평균 29%와 비교하면 13%포인트 이상 높다. 이러한 높은 수익성은 의료기기를 포함한 모든 제조업 분야에서 보기 드문 수준이다. 차입금이 전혀 없는데다 고정비용 위주로 비용 지출 구조가 형성된 점이 이유로 꼽힌다. 비올은 2023년 1분기 기준 DMS가 34.8%의 지분을 보유해 최대주주에 자리에 올라 있다.

이상진 대표는 "독자적인 기술력을 앞세워 세계 의료기기 시장에서 우리나라의 위상을 높일 것"이라며 "자사는 피부‧미용 의료기기에서 종합 의료기기 기업으로 도약하는 것이 최종 목표"라고 말했다.

선택의 폭이 넓어진 제품 라인업

마이크로니들 고주파			레이저		LED
스칼렛 SCARLET	실펌 SYLFIRM	실펌엑스 SYLFIRM X	카이저300 KAISER 300	에이플러스레이저 A+LASER	스마트룩스 SMARTLUX

마이크로니들 고주파에서 레이저·LED로 제품군 확대

종합 의료기기 기업으로 도약하기 위해 비올은 제품 경쟁력을 강화하고 있다. 주력 제품인 피부 미용 마이크로니들 고주파 의료기기를 비롯해 레이저, 발광다이오드(LED) 등 제품군을 다양화하면서 고객 선택의 폭을 넓히고 있다.

대표적인 제품은 스칼렛(SCARLET)과 실펌(SYLFIRM) 시리즈가 있다. 두 제품 모두 고주파 방식을 사용하는데, 고주파를 피부 깊숙이 전달하는 방식으로 얇고 노화된 피부에 적합하다.

스칼렛은 비올 제품 중 가장 이른 2010년에 출시됐다. 주름 개선, 피부 리프팅, 여드름, 흉터 치료 등에 시술 효과가 있다. 스칼렛은 피부에 복수의 비절연형 마이크로니들을 삽입, 양극성 고주파 전기신호를 피부 진피에 속에 직접 전달해 피부 콜라겐 및 엘라스틴 재형성을 유도한다. 우리나라를 비롯해 미국, 유럽, 중국 등에서 품목허가를 받았다. 스칼렛은 2010년부터 2023년 1분기까지 총 2,600대가 판매됐다.

실펌은 하이퍼 펄스 고주파(Hyper Pulsed RF) 세계 최초 색소 치료 고주파 시스템 기술을 이용했다. 2015년에 출시됐으며 우리나라와 유럽, 캐나다의 제품 인증을 획득했다. 실펌은 기미와 홍조, 이상 혈관, 기저막 강화 등의 용도에 주로 사용되고 있다. 피부 타입에 제한 없이 사용 가능하다는 점에서 높은 평가를 받고 있다. 실펌은 기존에 사용하던 레이저장비를 대체할 수 있다.

2020년에 출시된 실펌엑스(SYLFIRM X)는 스칼렛과 기존 실펌의 시스템을 통합해 장점을 모두 구현할 수 있다. 시술 즉시 바로 효과가 나는 실펌엑스는 피부 탄력성이 지속적으로 유지되며 무엇보다 통증이 최소화됐다는 것 등이 장점이다. 실펌엑스는 실펌의 모공 수축 효과와 스칼렛의 타이트닝(조이기) 효과를 동시에 체감할 수 있다. 실펌엑스의 누적 판매량은 1,100여 대다.

비올은 레이저 장비인 카이저300(KAISER 300), 에이플러스레이저(A+LASER)도 보유하고 있다. 카이저300은 300㎛를 대상으로 하는 피부 재생이 목적이다. 열손상 범위를 최소화해 빠른 회복이 가능한 것이 카이저300의 특징이다. 에이플러스레이저는 1,450나노미터(nm) 파장대를 사용한 여드름 개선 장비로 피지 조절과 콜라겐 재생을 목적으로 하고 있다. 발광다이오드 장비인 스마트룩스(SMARTLUX)도 보유 중이다. 스마트룩스는 저레벨 레이저(LLLT)를 이용한 복합 피부 관리 장비로 네 가지 파장을 조합해 환자 맞춤형 시술이 가능하다.

실펌엑스 시술 기전

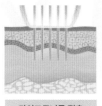

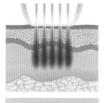

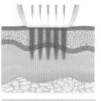

마이크로니들 접촉   고주파 에너지 전달   조직 응고 작용

보유 기술과 관련된 일화도 있다. 고주파 피부 미용 의료기기 관련 세계 특허를 보유한 미국 C사가 한국을 포함한 전 세계 각국 업체들을 대상으로 특허 침해 소송을 진행한 것이다. 일부 국내 기업들은 C사에 막대한 규모의 로열티를 지급하고 있지만 비올을 상대로는 소송을 제기하지 않았다. 비올이 보유한 기술은 전혀 다르다는 것을 인지했기 때문이라는 게 비올의 설명이다.

비올의 제품 생산능력은 연 3,000대 수준이다. 수출 비중이 높아 2023년 1분기 전체 매출 (95억 원)에서 수출이 차지하는 비중은 약 87%(83억 원)에 달한다. 미국을 비롯해 영국, 중국, 일본 등 60여 개국에 제품을 수출하고 있다. 보유 특허는 2023년 1분기 기준 69개로 세계 20여 개국에서 인증을 획득했다.

이 대표는 "시장조사를 비롯한 의료기기 연구개발부터 임상·제조·유통 상용화까지 모든 밸류 체인(공급망)을 내재화해 원천기술과 독자적인 기술력을 확보하고 있다"고 말했다.

실펌네오 등 2024년 신제품 3종 출시해 성장 가속화

비올은 2024년에 신제품 3종을 출시할 예정이다. 의료기기업계는 비올이 다양한 신제품을 내놓는 만큼 성장에 속도가 붙을 것으로 내다보고 있다. 특히 비올은 상대적으로 매출 비중이 낮은 국내시장에 신제품을 출시해 공략에 나선다는 방침이다.

신제품 중 2종은 비올이 기존에 선보이지 않은 제품군 위주로 구성될 전망이다. 창사 이래 처음으로 고강도 초점초음파(HIFU, 하이푸) 방식을 사용하는 피부 미용 의료기기 듀오타이트(DUOTITE)를 개발 중이다. 듀오타이트는 얼굴과 몸의 리프팅(당김)과 타이트닝(조이기) 시술이 주요 목적이다. 하이푸 방식은 높은 에너지의 음파를 이용해 세포나 조직을 파괴하는 방법이다. 음파가 열을 발생해 세포를 죽인다. 2024년 1월 출시가 목표다.

한편 피부를 침투하지 않는 비(非)침습 방식의 피부 미용 의료기기도 준비 중이다. 셀리뉴로 불리는 이 의료기기는 피부를 관통하지 않고 신체의 어떤 구멍도 통과하지 않는다는 점이 특징이다. 기존에 마이크로니들 고주파 방식의 침습 방식을 사용해왔던 만큼 비침습 의료기기 출시를 통해 다양한 제품 라인업을 갖추게 된다.

비올은 실펌네오(SYLFIRM NEO)도 개발하고 있다. 실펌네오는 종합 솔루션 고주파 피부미용 의료기기로, 기존 실펌 시리즈의 장점을 종합한 제품이 될 것으로 업계는 보고 있다. 실펌네오도 2024년 1월 출시가 목표다. 비올은 신제품 3종을 국내에 출시할 계획인데, 마이크로니들 고주파 제품이 해외에서 선전하고 있는 만큼 상대적으로 매출 비중이 작은 국내에 론칭해 인지도 제고와 함께 실적 개선에 나선다는 방침이다.

피부 미용 의료기기는 산업 특성상 매출 성장이 본격화하면서 입소문 등으로 시술이 늘면 고마진 소모품의 매출이 확대돼 이익이 더 가파르게 증가하는 경향이 있다. 실제 비올의 소모품(시술팁) 매출은 매년 증가하고 있다. 소모품 매출은 2020년 21억 원을 기록한 뒤 2021년 46억 원, 2022년 91억 원으로 꾸준히 늘어나고 있다.

비올은 소모품 직접 생산을 위해 로보틱 생산 시스템을 구축했다. 로보틱 생산 시스템 적용으로 300㎛ 시술이 가능한 초정밀 자동 팁 생산이 가능하다.

해외시장 공략도 강화한다. 2022년 중국에서 허가를 받은 스칼렛이 2023년부터 본격적으로 판매되고 있고, 실펌엑스도 조만간 중국에서 판매될 예정이다. 2022년 중국 시후안그룹과 5년간 180억 원 규모의 실펌엑스 현지 독점 공급계약을 맺었기 때문이다. 북미와 일본, 아세안, 중남미시장 공략도 강화한다. 비올은 2022년 멕시코 현지 기업과 스칼렛 공급계약을 체결했다.

비올의 실적 전망은 밝다. 에프앤가이드에 따르면 증권사들은 비올의 2023년 매출액과 영업이익을 각각 477억 원, 219억 원으로 예상했다. 이는 매출과 영업이익 모두 사상 최대 규모다.

이 대표는 "2022년 창사 이래 처음으로 매출 300억 원을 넘겼다"며 "이는 무차입 경영과 선급금 활용 등 효율적인 경영을 하고 있기 때문"이라고 말했다. 이어 "앞으로 연구개발 인력을 확충하는 등 자사 경쟁력 강화와 더불어 직원 모두가 행복할 수 있는 일터를 만들기 위해 최선을 다하겠다"고 말했다.

2024 대박 날 바이오 다크호스

펴낸 날	초판 1쇄 발행 2023년 10월 27일
회장·발행인	곽재선
대표·편집인	이익원
지은이	팜이데일리 특별취재팀
기획·편집	이데일리 미디어콘텐츠팀
디자인	베스트셀러바나나
인쇄	엠아이컴
등록	2011년 1월 10일(제318-2011-00008)
주소	서울시 중구 통일로 92 KG타워, 이데일리
E-mail	abrazo@edaily.co.kr
가격	25,000원
ISBN	979-11-87093-25-1(13320)

2024

대박 날
바이오
다크호스